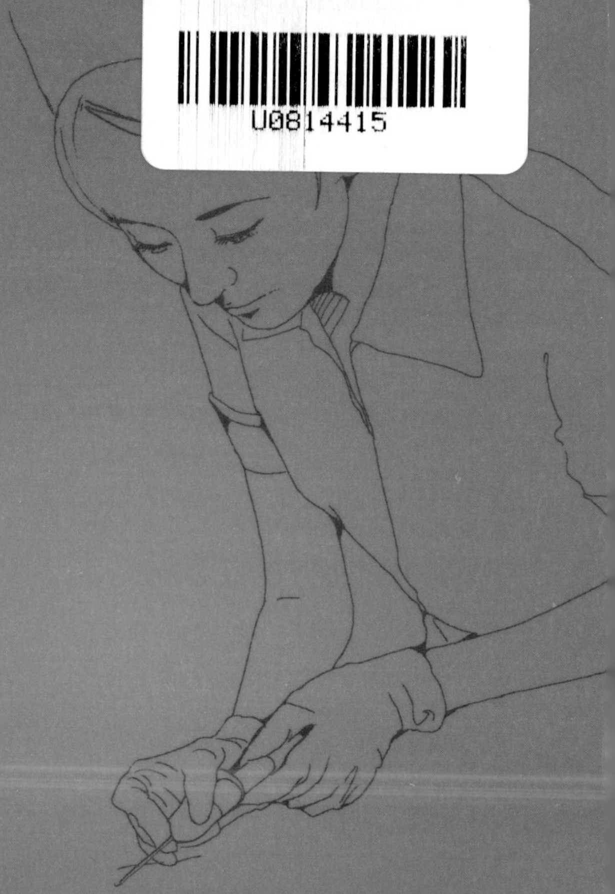

以心灵沟通心灵

用生命温暖生命

——与学习护理的同学共勉

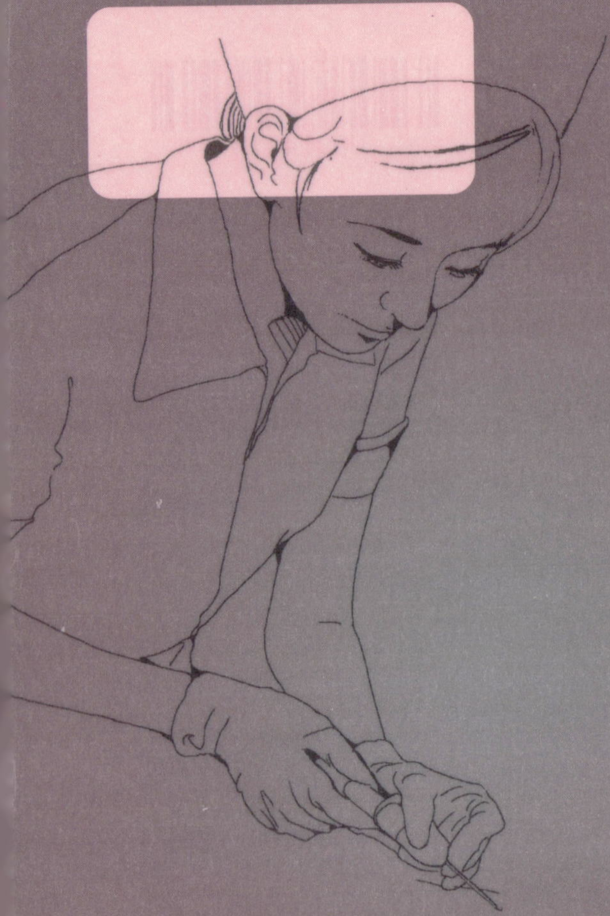

以心灵沟通心灵

用生命温暖生命

——与学习护理的同学共勉

“十二五”职业教育国家规划教材
经全国职业教育教材审定委员会审定
国家职业教育护理专业教学资源库配套教材

YIHU FALÜ JICHU

医护法律基础

主编 张大凯 吴海峰

高等教育出版社·北京

内容提要

本书为“十二五”职业教育国家规划教材，在参考众多卫生法文献、教材及总结多年卫生法学课程教学经验的基础上，结合高职高专特点和医药卫生类各专业人才培养目标，本着适用、够用原则而编写的，旨在对医护专业学生进行有效的法制教育的教材。全书共十章，主要内容为医护法律基本理论、医疗卫生技术人员管理的法律制度、疾病预防控制方面的法律制度、健康相关制品管理的法律制度及医疗损害与医疗事故处理的法律制度，并注重执业活动的需要，增加了临床护理的相关法律规定，以满足依法执业的实际需要，这也正是本教材的创新点之一。

本书主要适用于护理专业，也可以供医药卫生类其他专业使用，也可供社会学习者自学所用。

图书在版编目（CIP）数据

医护法律基础/张大凯，吴海峰主编. —北京：高等教育出版社，2013.7（2015.1 重印）

ISBN 978-7-04-037728-6

Ⅰ.①医… Ⅱ.①张… ②吴… Ⅲ.①医药卫生管理-法规-中国-高等职业教育-教材 Ⅳ.①D922.16

中国版本图书馆 CIP 数据核字（2013）第 133165 号

策划编辑 夏 宇　　责任编辑 肖 娴　　封面设计 季 倩 杨立新　　版式设计 杜微言
责任校对 窦丽娜　　责任印制 刘思涵

出版发行	高等教育出版社	咨询电话	400-810-0598
社　　址	北京市西城区德外大街4号	网　　址	http://www.hep.edu.cn
邮政编码	100120		http://www.hep.com.cn
印　　刷	北京人卫印刷厂	网上订购	http://www.landraco.com
开　　本	787mm×1092mm 1/16		http://www.landraco.com.cn
印　　张	12.5	版　　次	2013年7月第1版
字　　数	256千字	印　　次	2015年1月第2次印刷
购书热线	010-58581118	定　　价	24.00元

本书如有缺页、倒页、脱页等质量问题，请到所购图书销售部门联系调换。

物 料 号 37728-A0

《医护法律基础》编写人员

主　编　张大凯　吴海峰

副主编　王翠玲　史君榕

编　者　（以姓氏拼音为序）

高梅梅（安徽医学高等专科学校）

江成鹏（雅安职业技术学院）

兰玉梅（天津医学高等专科学校）

史君榕（黔南民族医学高等专科学校）

王翠玲（泉州医学高等专科学校）

温俊轶（廊坊卫生职业学院）

吴福林（泉州医学高等专科学校）

吴海峰（重庆医药高等专科学校）

熊俊霞（雅安职业技术学院）

邢秀兰（聊城职业技术学院）

张大凯（雅安职业技术学院）

张革秋（黑龙江护理高等专科学校）

张明勇（重庆医药高等专科学校）

翟晓璞（商丘医学高等专科学校）

钟响玲（重庆三峡医药高等专科学校）

国家职业教育护理专业教学资源库建设参与院校

（按首字笔画排序）

上海医药高等专科学校	大庆医学高等专科学校
山东医学高等专科学校	广西卫生职业技术学院
天津医学高等专科学校	长春医学高等专科学校
四川中医药高等专科学校	乐山职业技术学院
宁波卫生职业技术学院	永州职业技术学院
江西护理职业技术学院	江苏建康职业学院
安徽医学高等专科学校	苏州卫生职业技术学院
沧州医学高等专科学校	武汉大学医学职业技术学院
昌吉卫生学校	金华职业技术学院
贵阳护理职业学院	重庆三峡医药高等专科学校
重庆医药高等专科学校	泉州医学高等专科学校
济南护理职业学院	泰州职业技术学院
盐城卫生职业技术学院	聊城职业技术学院
廊坊卫生职业学院	商丘医学高等专科学校
淄博职业学院	雅安职业技术学院
黑龙江护理高等专科学校	湖北职业技术学院
滨州职业学院	福建卫生职业技术学院
漯河医学高等专科学校	漳州卫生职业学院
黔南民族医学高等专科学校	襄阳职业技术学院

出版说明

教材是教学过程的重要载体，加强教材建设是深化职业教育教学改革的有效途径，推进人才培养模式改革的重要条件，也是推动中高职协调发展的基础性工程，对促进现代职业教育体系建设，切实提高职业教育人才培养质量具有十分重要的作用。

为了认真贯彻《教育部关于"十二五"职业教育教材建设的若干意见》（教职成〔2012〕9号），2012年12月，教育部职业教育与成人教育司启动了"十二五"职业教育国家规划教材（高等职业教育部分）的选题立项工作。作为全国最大的职业教育教材出版基地，我社按照"统筹规划，优化结构，锤炼精品，鼓励创新"的原则，完成了立项选题的论证遴选与申报工作。在教育部职业教育与成人教育司随后组织的选题评审中，由我社申报的1338种选题被确定为"十二五"职业教育国家规划教材立项选题。现在，这批选题相继完成了编写工作，并由全国职业教育教材审定委员会审定通过后，陆续出版。

这批规划教材中，部分为修订版，其前身多为普通高等教育"十一五"国家级规划教材（高职高专）或普通高等教育"十五"国家级规划教材（高职高专），在高等职业教育教学改革进程中不断吐故纳新，在长期的教学实践中接受检验并修改完善，是"锤炼精品"的基础与传承创新的硕果；部分为新编教材，反映了近年来高职院校教学内容与课程体系改革的成果，并对接新的职业标准和新的产业需求，反映新知识、新技术、新工艺和新方法，具有鲜明的时代特色和职教特色。无论是修订版，还是新编版，我社都将发挥自身在数字化教学资源建设方面的优势，为规划教材开发配备数字化教学资源，实现教材的一体化服务。

这批规划教材立项之时，也是国家职业教育专业教学资源库建设项目及国家精品资源共享课建设项目深入开展之际，而专业、课程、教材之间的紧密联系，无疑为融通教改项目、整合优质资源、打造精品力作奠定了基础。我社作为国家专业教学资源库平台建设和资源运营机构及国家精品开放课程项目组织实施单位，将建设成果以系列教材的形式成功申报立项，并在审定通过后陆续推出。这两个系列的规划教材，具有作者队伍强大、教改基础深厚、示范效应显著、配套资源丰富、纸质教材与在线资源一体化设计的鲜明特点，将是职业教育信息化条件下，扩展教学手段和范围，推动教学方式方法变革的重要媒介与典型代表。

教学改革无止境，精品教材永追求。我社将在今后一到两年内，集中优势力量，全力以赴，出版好、推广好这批规划教材，力促优质教材进校园、精品资源进课堂，从而更好地服务于高等职业教育教学改革，更好地服务于现代职教体系建设，更好地服务于青年成才。

高等教育出版社

2014年7月

序

为了更好地贯彻《国家中长期教育改革和发展规划纲要(2010—2020年)》关于“大力发展职业教育”的精神，根据《关于全面提高高等职业教育教学质量的若干意见》(教高〔2006〕16号)中“不断推进教学资源的共建共享”的要求，来自全国示范性高职院校、骨干高职院校等30余所高职高专院校的护理专业带头人及这些院校所在地的护理行业专家共同组成建设团队，自2010年起开展国家职业教育护理专业教学资源库建设。在护理专业教学资源库建设初具规模之际，全国高职高专医药类专业教学资源建设专家委员会共同携手，以多种形式积极推广资源库建设成果，不断扩大资源库项目影响力，深入发掘资源库的内在价值，有力地促进护理专业的教学改革和教学模式转变。而建设教学资源库配套规划教材，即是此项工作的关键一环。现在，我们欣喜地看到，在专家委员会强有力的规划指导和整体部署下，在高等教育出版社的统筹组织下，经过所有编者的不懈努力，“国家职业教育护理专业教学资源库配套教材”即将完成。

根据高职高专院校护理专业教学的实际需要，专家委员会在资源库建设的课程体系框架和强大项目团队的基础上，为本套教材总计规划了33种选题，遴选了62位主编，最终由38所院校分别牵头，400余位来自院校的专业骨干教师和来自医疗单位的资深行业人士作为编者，共同完成了全套教材的编写。

本套教材的建设理念与护理专业教学资源库建设一脉相承，即以临床护理岗位任务引领为出发点，以技术应用为重点，注重临床技术与教学过程有效对接，教学资源与教学内容有效对接，打破传统教学的固定思维，努力改变护理职业教育的教学形态，是护理职业教育教学改革的一次创新体验。我们真诚地希望，通过本套教材的建设和使用，与全国护理职业院校分享教学经验与改革成果，继续为医药卫生职业教育的教学改革、内涵建设和人才培养水平提升贡献力量。

国家职业教育护理专业教学资源库建设项目组

2012年6月于上海

前　言

《医护法律基础》是以《国家中长期教育改革和发展规划纲要(2010—2020年)》精神为指导，在总结卫生法相关课程教学改革及教学资源建设经验的基础上，结合当今高职高专护理专业教学更加突出对学生职业能力和职业素养培养的新要求，在全国高职高专医药类专业教学资源建设专家委员会领导下组织编写的，属于国家职业教育护理专业教学资源库配套教材。

教材本着高职高专特别是护理专业人才培养目标及学生今后依法执业的需要来安排编写内容。主要涉及医护法律基本理论、医疗卫生技术人员管理的法律制度、临床护理法律规定、疾病预防控制方面的法律制度、健康相关制品管理的法律制度及医疗损害与医疗事故处理的法律制度等共十章的内容。

本教材突出点在于：第一，注重创新。教材体系、结构与护理实际岗位、工作内容相结合。在保持卫生法理论体系基本完整的基础上，对传统教材内容体系进行了大胆创新，融合了多章节，也根据需要增加了新的适用内容，突出了对学生职业能力及素养的培育。第二，科学、规范、简明。在理论内容安排上本着实用、够用的原则，把握大二学生特点及知识能力积累，摒弃了过多的法理理论，用语科学、规范，表述简单明了，易于把握。第三，注重实用性。教材内容突出护理职业特点，突破传统教材内容，特别注重临床护理执业活动的需要，专门编写了临床护理的相关法律规定。第四，增强可读性。内容编写上注重知识学习与职业素质的培养，每章以案例思考开头，通过针对案例提出简单的问题来反映本章的主要内容及重、难点，激发学生的学习兴趣。章后再辅以案例分析，帮助学生理解、巩固本章所学知识。同时，兼顾学生执业资格考试的要求，后续配备的习题库等学习资源的开发，能够比较好地帮助学生理解、掌握和运用相关知识。第五，体现知识拓展需求。教材在内容上做到与时俱进，反映最新的法律成果。同时，通过知识链接项目，着重介绍当今社会其他国家相关方面的法律法规，以便让学生增长见识，扩大知识面。第六，针对性与广泛性相结合。教材既侧重护理执业对相关法律知识的需要，又能够满足其他医药卫生类专业技术人员执业的需要，使教材既有针对性，又具有广泛的适应性。

《医护法律基础》旨在有效提高医护专业学生的医护法律素养，增强守法、用法意识和依法解决实际问题的能力，提升其整体素质。教材既有规范的逻辑理论体系，又有灵活的学习方法指导；既有法理的阐述，又有案例的应用；既注重知识法规的传授，又注重分析思考和解决实际问题能力的培养；既注重眼界的开阔，又注重目前的实际需要。融科学性、理论性、知识性、趣味性和创新性于一体。使学生明确自己在进行护理执业活动时，可以怎么做、应该怎么做、不得怎么做，避免医疗护理差错事故的发生，保障执业安全，更好地为人民群众的健康服务。

本教材设置为三年制专科使用，教学可依托国家职业教育护理专业教学资源库（http://www.cchve.com.cn/nursing）。

本教材是在高等教育出版社的组织、帮助下编写的，编写中得到了全国高职高专医药类专业教学资源建设专家委员会的指导，也得到了编者所在学校的大力支持。同时，在编写中参阅了近年来有关卫生法学研究的论著，对被参阅论著的作者，在此，我们一并表示衷心的感谢。

尽管我们对本教材的编写倾注了大量心血，参阅了大量文献资料，但由于医护法律建设在我国起步较晚，尚处于不断健全完善中，所以教材中的不足在所难免，望专家、同仁及读者谅解并指正。

张大凯

2013 年 5 月 30 日

目录

第一章　医护法律知识概述

学习目标：

1. 理解医护法律、医护法律关系、医护法律责任、卫生行政执法、卫生行政救济等基本概念；理解医护法律调整的法律关系、医护法律的表现形式、医护法律关系的构成要素、医护法律责任的构成及卫生行政救济的途径。
2. 熟悉医护法律关系的种类、医护法律责任的种类、医护法律责任的具体规定，熟悉卫生行政许可的内容和基本程序、卫生行政处罚的原则和程序。
3. 掌握卫生行政复议的原则和基本程序、卫生行政诉讼的原则和基本程序、卫生行政赔偿的构成要件和赔偿范围。

案例：

【案例 1】

2010 年 12 月 9 日，金某经县林业局审批，取得了上饶市野生动植物保护管理站颁发的江西省动物驯养繁殖许可证，许可证载明养殖种类为“果子狸”。12 月 14 日，金某从龙南县购进果子狸种苗 31 只，共花费 50 900 元。2011 年 1 月 8 日，广东省疾病预防控制中心等机构的有关专家对在广东市场上采集的果子狸进行检测，发现果子狸粪便中含有大量的冠状病毒，与人类身上相关的病毒有高度的同源性，存在着野生动物传播传染性非典型肺炎的可能性。

省卫生厅、林业厅等部门为此联合下发了一份内部文件，要求对果子狸饲养场所进行严格的监督管理。2011 年 1 月 19 日，县林业局、卫生局和县疾病预防控制中心及当地乡政府在没有出具任何法律文件的情况下，对金某驯养的 31 只果子狸进行了宰杀和销毁处理。

【思考】

1. 当地行政机关做出的行政行为是否合法？
2. 金某可以通过什么途径维护自己的权益？

【案例 2】

某市卫生局接到患者李某投诉，称其 3 月份曾在本市妇幼医院体检。该院主治医师孙某怀疑其感染了艾滋病病毒，在未确诊的情况下向李某的工作单位通报了此事，致使单位许多人误认为李某是艾滋病患者，给其造成了极大的精神压力和生活压力，并导致家庭破裂。卫生局对此高度重视，进行了认真的调查，认为李某反映的情况属实，拟给予医师孙某吊销执业证书的行政处罚。

【思考】

1. 卫生局对孙某进行该类处罚适用什么程序？

2. 医师孙某可否申请听证？

3. 如果孙某不服行政处罚决定，如何行使自己的救济权利？

第一节　医护法律的概述

一、医护法律的含义及特征

（一）医护法律的含义

医护法律是指由国家制定或认可的，有关医疗护理、医疗事故的处理、医护防疫、药品药械管理、从业资格、突发性公共医护事件的应急处理等方面的法律规范的总称。医护法律作为行政法这一法律部门的特殊法，除了具有行政法所共有的性质外，还具有一定的特点。

（二）医护法律在形式上的特点

1. 医护法律没有统一的法典　在形式上，医护法律是由宪法、法律、行政性法规等众多的法律文件所构成，是医护法律规范的总和。在医护领域，需要医护法律调整的范围十分广泛，内容十分繁杂；医疗护理事项繁琐多变，与医护有关的法律法规甚多而又修改频繁，这些因素决定了在目前难以对医护问题作出统一的规定，制定一部统一的医护法律。然而，医护法律作为行政法的一个分支，应属于位于宪法之下的，以若干单项法、众多行政法规、地方性法规和政府规章等所构成的相对独立的一套法律体系。

2. 医护法律在形式上具有富于变动性的特点　由于医护法律是以有关医护防疫、医疗、医护事务为调整对象的，而这些事项本身经常变化，并时有突发性的、“史无前例”的公共卫生事件发生，因而其调整的范围也就具有了不稳定性的特征，导致医护法律不得不随着医护事业事项的变更而变更。并且，医护行政性法规和规章的制定和修改程序较普通法相对宽松，修改较为频繁，表现为多变性。

3. 医护法律的规定具有广泛性　医护法律的内容从医护行政组织、医护行政管理、医护行政监督、医院管理、医护资格、计划生育、母婴保健、医护行政执法、医护类学校的设置等都作了规定，可称得上是包罗万象。医护系统的管理体制与其他系统的管理体制有所不同，也导致了医护法律内容的广泛性，其涉及的是社会的多个领域。

4. 医护法律是实体法与程序法的一体化　在我国，民法与民事诉讼法、刑法与刑事诉讼法，都是分别作为实体法和程序法分开制定的，都是不同的部门法。而医护法律则不然。首先,医护行政法和其他行政法一样,其程序性规范并不仅限于诉讼领域,它还包括医护行政管理活动程序的规范,即医护行政程序法。其次,我国的行政诉讼法包含了许多实体性条文,而实体法内也包含有许多程序法方面的规定。作为行政法的一个分支的医护法律,当然也具有这一特点。

二、医护法律调整的对象

从医护法律规范的内容来看,医护法律调整的对象包括医护组织关系、医护管理关系、医疗服务关系、医护卫生技术人员管理关系、生命健康权益保护关系、现代医学与生命科学技术关系、国际医护关系等。

(一) 医护组织关系

医护组织是指各级医护行政部门和各级各类医疗医护机构及组织。国家通过用法律条文的形式将各级医护行政部门和各级各类医疗医护机构及组织的法律地位、组织形式、隶属关系、职权范围以及权利义务等固定下来,形成合理的管理体系和制度。

(二) 医护管理关系

医护管理是国家从社会生活总体角度进行的全局性的统一管理,是国家行政管理的重要内容和职责,对于维护公民健康权利、保障医疗市场正常运营、稳定医护秩序具有重要意义。

(三) 医疗服务关系

医疗服务关系是指医护行政机关、医疗医护机构及组织、有关企事业单位、社会团体和医护工作者,向社会公众提供的医疗预防保健服务、医护咨询服务、医护设施服务等活动中,产生的医疗组织单位与社会公众之间的服务与被服务的关系。包括医疗卫生、预防保健机构与医护服务消费者之间结成的权利义务关系,如医患关系;健康相关产品的生产经营者与消费者之间的权利义务关系等。

(四) 医护卫生技术人员管理关系

医护卫生技术人员是从事医护事业的主力军,他们承担着防病治病、救死扶伤、保障健康、维护医护秩序的重要职责,是人类生命与健康的“工程师”、“守护神”。医疗医护人力资源管理关系包括医师、护士、药师、技师、助产士等各级各类人员的配置与管理。

(五) 生命健康权益保护关系

生命健康权是指人的机体组织和生理功能的安全受到法律保护的权利。生命健康权益保护关系是医护法律关系中首要调整的对象。社会医护活动中形成的各类社会关系,最终要落实在保护人体的健康权和公民的生命权上,包括生育权利、患者权益的保护;特殊人群健康权益、精神病患者的健康保障的法律规定;环境保护与人体健康的关系等。

(六) 现代医学与生命科学技术关系

现代医学与生命科学技术不断发展,日新月异,给人类带来巨大利益和福祉的同时,也向法律提出了前所未有的挑战。医护法律不仅要调整与生命健康相关的法律关系，对于现代医学与生命科学技术发展中的许多新问题，亟待医护法律予以规范和调整。如生殖技术中的若干问题、脑死亡的法律地位、器官移植的规范等。

（七）国际医护关系

国际医护关系是指由我国参加的国际公约和国际条例，并得到我国法律许可的有关国际共同遵守的、我国承诺的医护法律关系。

三、医护法律的渊源

医护法律的渊源又称为医护法律的法源，是指医护法律规范的各种具体表现形式。目前我国没有专门的医护法，只有以公共卫生与医政管理为主的单个法律法规构成的一个相对完整的卫生法体系。

（一）宪法

《中华人民共和国宪法》（以下简称《宪法》）是我国的根本大法，是国家最高权力机关通过最严格的程序制定的具有最高法律效力的规范性法律文件。它不仅是医护法律的重要渊源，也是其他法律的重要渊源。《宪法》第二十一条规定，国家发展医疗医护事业，发展现代医药和我国传统医药，鼓励和支持农村集体经济组织、国家企事业组织和街道组织举办各种医疗医护设施，开展群众性的医护活动，保护人民健康。第二十五条规定，国家推行计划生育，使人口的增长同经济和社会发展计划相适应。第四十五条规定，中华人民共和国公民在年老、疾病或者丧失劳动能力的情况下，有从国家和社会获得物质帮助的权利。国家发展为公民享受这些权利所需要的社会保险、社会救济和医疗医护事业。第四十九条规定，夫妻双方有实行计划生育的义务。这些都是制定医护法律法规的来源和依据。

（二）医护法律

医护法律是指由全国人民代表大会及其常务委员会制定的医护方面的法律，其效力低于宪法，高于其他法律法规，如《中华人民共和国执业医师法》、《中华人民共和国母婴保健法》、《中华人民共和国义务献血法》等。

（三）医护行政法规

医护行政法规是指由国务院制定的有关医护方面的规范性法律文件，其法律效力低于医护法律，是下级医护行政部门制定各种医护行政管理规章的依据。

（四）地方性医护法规

地方性医护法规是指省、自治区、直辖市及省会所在地的市的人民代表大会及其常务委员会，经国务院批准的较大的市的人民代表大会及其常务委员会，在不与宪法、法律、行政法规相抵触的前提下所制定的规范性法律文件的总称。

（五）自治条例与单行条例

自治条例与单行条例是指民族自治地方的人民代表大会，依法在其职权范围内根据当地民族的政治、经济、文化的特点，制定发布的有关本地区政治、经济、文化管理方面的法律文件，其中涉及医护领域的法律规范属于医护法渊源。

(六) 医护行政规章

医护行政规章指由国务院医护行政部门,依法在其职权范围内制定的,在全国范围内具有法律效力的医护行政管理规章。

(七) 地方性医护规章

地方性医护规章是指由各省、自治区、直辖市以及省会所在地的市和经国务院批准的较大的市的人民政府,依法在其职权范围内制定、发布的有关本地区医护管理方面的医护法律文件。地方性医护规章仅在本行政区域内有效。

(八) 医护标准

医护标准、医护技术规范和操作规程也是医护法律渊源的一个重要组成部分,可分为国家和地方两级,前者由国家医护行政主管部门制定颁布,后者由地方政府医护行政部门制定颁布。

(九) 法律解释

法律解释专指由国家机关对特定的法律规范的内容和含义所作的说明。我国法律解释从主体地位及其效力来划分,主要有立法解释、司法解释和行政解释。

(十) 卫生国际条约

卫生国际条约是指我国与外国缔结的或者我国加入并生效的有关医护方面的国际法规范性文件,如《国际卫生条例》等。

知识链接

早在20多年前,澳大利亚就已经建立了全民健康保险制度。通过全民健康保险制度和各州的卫生计划,全体澳大利亚人民均可享有医疗服务保险,获得公立医院的免费服务。凡澳大利亚公民、有永久居民身份和合法居住身份的人,每人都持一张Medicare医疗卡,均可在公立医院住院治疗,公共医疗费用支出占总医疗费用72%,个人自付比例约16.6%。购买私立健康保险者,住公立医疗机构需个人支付的部分(如住单人病房等费用),在私立医院的住院费、伙食费、牙科、理疗、家庭护理、整容等费用均由私立健康保险公司支付。如一年未使用私立健康保险基金者,可获得奖励。

第二节 医护法律关系

一、法律关系

(一) 法律关系的概念

法律关系是法律在调整人们行为的过程中形成的特殊的权利和义务关系。法律关系是以法律规范为前提而产生的社会关系,没有法律的规定,就不可能形成相应的法律关系。法律关系是以国家强制力作为保障的社会关系,当法律关系受到破坏时,国家会动用强制力进行矫正或恢复。

（二）法律关系的特征

1. 法律关系是以法律规范为前提的社会关系　法律关系是由于法律规范的存在而建立的社会关系，没有法律规范的存在，也就不可能形成与之相应的法律关系。法律关系与法律规范两者之间的关系可以从两个方面来理解：一方面，法律规范是法律关系存在的前提，没有相应的法律规范的存在就不可能产生法律关系。另一方面，任何一种法律规范只能在具体的法律关系中才能得以实现。法律规范只规定人们的行为规范和相应的法律后果，它所针对的对象为一类人，因此具有普遍适用性。只有当人们按照法律规范的行为模式，或者说符合一定的法律事实时，才形成了针对于个人之间的权利义务关系。

2. 法律关系是以法律上的权利、义务为内容形成的社会关系　法律关系与其他社会关系的重要区别，就在于它是法律化的权利义务关系，是一种明确的、固定的权利义务关系。这种权利和义务可以是由法律明确规定的，也可以是由法律授权当事人在法律的范围内自行约定的。

3. 法律关系是以国家强制力作为保障手段的社会关系　通过社会舆论和道德约束来实现的社会关系具有不稳定性和非强制性。而在法律关系中，一个人可以做什么、不能做什么和必须做什么都是国家意志的体现，反映国家对社会秩序的一种维持态度。当法律关系受到破坏时，就意味着国家意志所授予的权利受到侵犯，意味着国家意志所设定的义务被拒绝履行。这时，权利受侵害一方就有权请求国家机关运用国家强制力，责令侵害方履行义务或承担未履行义务所应承担的法律责任，也即对违法者予以相应的制裁。因此，一种社会关系如果被纳入法律调整的范围之内，就意味着国家对它实行了强制性的保护。这种国家的强制力主要体现在对法律责任的规定上。

（三）法律关系的构成要素

法律关系是由主体、客体和内容 3 个要素构成。

1. 法律关系的主体　法律关系的主体是指法律关系的参加者，即在法律关系中享有权利、承担义务的人，法律上所称的“人”主要包括自然人、法人和其他组织。自然人是指有生命并具有法律人格的个人，包括公民、外国人和无国籍的人。法人是与自然人相对称的概念，指具有法律人格，能够以自己的名义独立享有权利和承担义务的组织。

2. 法律关系的客体　法律关系的客体是指权利和义务所指向的对象。成为法律关系客体应满足下述 3 个条件：① 必须是一种资源，能够满足人们的某种需要，因而被认为具有价值。② 必须具有一定的稀缺性，不能被需要它的人毫无代价地占有利用。③ 必须具有可控制性，可以被需要它的人占有和利用。

3. 法律关系的内容　法律关系的内容是指法律关系主体间在一定条件下依照法律或约定所享有的权利和承担的义务，是人们之间利益的获取或付出的状态。从本质上看，权利是指法律保护的某种利益；从行为方式的角度看，它表现权利人可以为一定行为或不为一定行为，以及要求权利相对人为一定的行为或不为一定的行为。义务指人们必须履行的某种责任，它表现为必须作为和不得作为两种方式。在法律调整状态下，权利是受法律保障的利益，其行为方式表现为意志和行为的自由。义务则是对法律所要求的意志和行为的限制，以及利益的付出。

二、医护法律关系及构成要素

(一) 医护法律关系的概念

医护法律关系是指国家机关、企事业单位、社会团体、自然人在医护管理和医疗预防保健服务过程中，依据医护法律所形成的权利和义务关系。应该说，医护法律关系主要包括医护民事法律关系与医护行政法律关系，包括基于保障和维护人体健康而结成的多层面的、纵横交错、内外交叉的法律关系。

(二) 医护法律关系的构成要素

1. 医护法律关系主体　医护法律关系的主体是指参加医护法律关系，并在其中享有医护权利、承担医护义务的人，一般称为当事人。依据我国的医护法律、法规和规章，医护法律关系的主体包括国家行政机关、医疗医护机构、企事业单位、社会团体和公民，大致可以分为以下几类。

(1) 卫生行政机关　广义的国家医护行政机关应包括国家卫生和计划生育委员会、食品药品监督管理总局、中医药管理局及其所属的各级行政部门。这些国家医护行政机关主要在三种情况下成为医护法律关系主体。一是各级医护行政机关依法与其管辖范围内的其他国家机关、企事业单位、社会团体、公民等形成医护行政法律关系；二是各级各类国家机关因需要医疗预防保健服务，同提供医疗预防保健服务的企事业单位形成医护服务法律关系；三是各级医护行政管理机关之间、各级医护行政管理机关与法律授权承担公共医护事务管理的事业单位之间形成的医护行政法律关系。

(2) 企事业单位和社会团体　主要包括依据医护法律的规定，作为行政相对人的食品、药品、医疗器械、化妆品等生产经营单位，公共场所及工矿企业和学校等。

(3) 自然人(公民)　自然人作为医护法律关系的主体，有特定主体和一般主体之分。

特定主体，主要是指在医疗、预防、保健机构服务的医疗卫生技术人员。一般主体，是指医疗卫生技术人员以外的其他自然人，包括居住和停留在我国领域的外国人和无国籍人。

2. 医护法律关系的内容　医护法律关系中的权利，指医护法律规定的、医护法律关系主体根据自己的意愿实现某种利益的可能性。它包含3项内容：① 权利主体有权在医护法律规定的范围内，根据自己的意愿为一定行为或者不为一定行为。② 权利主体有权在医护法律规定的范围内，要求义务主体为一定行为或者不为一定行为，以便实现自己的某种利益。③ 当权利主体的医护权利遭受侵害或者义务主体不履行医护义务时，它可以依法请求人民法院给予法律保护。

医护义务是医护法律关系中的义务主体依照医护法律规定，为了满足权利主体的某种利益而为一定行为或者不为一定行为的必要性。它也包含3项内容：① 义务主体应当依据医护法律的规定，为一定行为或者不为一定行为，以使权利主体的某种利益得以实现。② 义务主体仅在医护法律规定的范围内为一定行为或者不为一定行为，对于权利主体超出法定范围的要求，义务主体不承担义务。③ 医护义务是一种法定义务，如果义务主体不履行或者不适当履行这种义务，就会带来某种不利后果，承担相应的法律责任。医护权利和医护义务是医护法律关系的两个不同方面，二者相互依存、密不可分。

3. 医护法律关系的客体　医护法律关系的客体，是指医护法律关系主体的医护权利和医护义务所共同指向的对象。医护法律的目的是保障公共医护安全和人体健康，其调整范围涉及与人体健康相关的各个领域，因此医护法律关系的客体具有广泛性和多层次性。

（1）公民的生命健康利益　它是人身利益的一部分，包括公民的生命、身体、生理功能等。人的生命健康与自然人主体不能分离，但并非主体本身，它是人的生命健康权利关系的客体。保障公民的生命健康利益是我国医护法律的基本目的，因此，人的生命健康利益是医护法律关系的最高层次的客体，也是各种医护法律关系的共同客体。

（2）行为　是指医护法律关系中的主体行使医护权利和履行医护义务的活动，它包括合法行为和违法行为两种形式。前者是一种积极的行为，应受到法律的确认和保护，如在医疗服务关系中，医疗机构向患者提供医疗保健服务的行为。后者是一种消极的行为，将受到法律制裁。如医护行政管理关系中，行政相对人违反有关法律规定，不设置医护防护设施、不组织从业人员进行健康检查、不进行环境测定，或者故意将医护防护设施拆除等。

（3）物　是指现实存在的，能够被人所支配、利用，具有一定价值和使用价值的物质财富。它能够满足个人和社会对医疗保健的需要，包括进行各种医疗服务和医护管理活动中所需的生产资料和生活资料，如食品、药品、化妆品、保健品、医疗器械等。

（4）人身　人身是由各种生理器官组成的有机体。它是人的物质形态，也是人的生命健康利益的载体。随着现代科技和医学科学的不断发展，器官移植、输血、人工生殖、植皮等医学技术和成果在临床中大量应用，角膜、血液、骨髓、脏器等人体器官成为可供捐献、交易的对象，由此产生了一系列法律问题，人身不再只是传统意义上的法律关系主体，而是在一定范围内、一定条件下成为法律关系的客体。但是，有生命的人的身体不是法律上的“物”，不能成为物权、债权等某些法律权利的客体，法律禁止任何人将他人或本人的整个身体作为民法上的“物”进行转让或买卖，刑法中专门制定相关的罪名，惩罚拐卖或贩卖人口、买卖婚姻等犯罪行为。

（5）智力成果　是指人们的智力活动所创造的成果，又称精神财富。智力成果本身并不是物质财富，但可以通过一定形式物化，为权利人带来物质利益，成为物质财富。如通过多年的研究和积累完成的医学著作或论文、医疗仪器发明、新药的发明等。近年来，由于医学、生物科学的重大突破，出现了转基因技术、克隆技术，对于这些新技术的保护，关系到医学科学的发展。

三、医护法律关系的种类

医护法律关系涉及宪法法律关系、民事法律关系、行政法律关系、刑事法律关系等多种法律关系。其中医护宪法法律关系是根本，医护民事法律关系与医护行政法律关系是主体，医护刑事法律关系是补充。

(一) 医护宪法法律关系

医护宪法法律关系表现为公民与国家之间的关系，现代国家应当构建起基本的医疗医护服务体系与医疗保障体系，从而维护公民的基本人权。实际上，一个国家医疗医护事业发展的水平直接关系到该国公民生存权落实的程度，而公民的生存权则属于公民应当享有的最低限度的宪法权利，是人权的逻辑起点。当一个公民因病致穷或因病致死，便失去了生存权，也就休谈其他权利了。为了保障人的生存权和发展权，宪法规定了公民获得包括医疗保障在内的各项社会保障的权利。因而，医护法律关系必然包含宪法法律关系。

(二) 医护民事法律关系

医护民事法律关系主要是指医疗服务关系，即卫生行政机关、医护机构及组织、有关企事业单位、社会团体和自然人向社会公众提供的医疗预防保健服务、卫生咨询服务、卫生设施服务等活动，这种关系表现为提供服务和接受服务的平等主体之间的民事权利与义务关系，强调各方的平等、意思自治、等价有偿。

在医护民事法律关系中，双方主体都不能完全体现其意思自治，因而，这种关系是不完全平等的关系。医护民事法律关系总体上处于卫生行政法的监管之下。这是由于：一方面，医护活动关系到人的生命、健康安全，医护服务接受方又往往处于弱势地位，不能任由双方当事人自行协商确定双方的权利义务。另一方面，医护活动的高风险性，又将医护服务提供方置于不利地位，也不能任由双方当事人自行协商确定双方的权利义务。因此，必须将医护服务活动置于卫生行政法律规范的控制与监管之下。

(三) 医护行政法律关系

医护行政法律关系是指卫生行政主体行使行政职能和接受行政法制监督而与卫生行政相对人、行政法制监督主体之间发生的各种关系，以及行政主体内部发生的各种关系。医护行政法律关系主要包括 4 类：医护行政管理关系、医护行政法制监督关系、医护行政救济关系、医护内部行政关系。

1. 医护行政管理关系 医护行政管理关系是指卫生行政主体（主要是卫生行政机关）在行使卫生行政职权过程中与行政相对人（包括从事卫生工作的组织和人员）发生的各种关系，是医护行政关系的基干。卫生行政主体实施的大量行政行为，如授予护士执业资格，对医护机构及其工作人员的违法、违规行为的处罚；如对医疗事故的处罚、对传染病患者的强制隔离治疗等，几乎都是以行政相对人为对象实施的。

2. 医护行政法制监督关系 国家权力机关作为卫生行政法制监督主体时，主要与行政主体发生关系，主要是对卫生行政机关的抽象行政行为进行监督；另外，权力机关还可以通过罢免方式对担任领导职务的公务员进行监督。法院主要是通过行政诉讼的方式对行政主体的具体行政行为进行监督。行政监察机关作为行政法制监督主体时，主要是和公务员发生关系，主要通过行政处分的方式对公务员行为进行监督。

3. 医护行政救济关系　行政救济关系是指行政相对人认为其权益受到行政主体作出的行政行为的侵犯，向行政救济主体申请救济，行政救济主体对其申请予以审查，作出向相对人提供或不予提供救济的决定而发生的各种关系。这里的行政救济主体包括受理申诉、控告、检举的信访机关，受理行政复议的行政复议机关以及受理行政诉讼的法院。其中前两类属于行政救济，是内部救济；后一类是司法救济，是外部救济。

4. 医护内部行政关系　内部行政关系是指行政主体内部发生的各种关系，包括上下级行政机关之间的关系，平行行政机关之间的关系，行政机关与所属机构、行政机关与公务员的关系，行政机关与其委托行使某种特定职权的组织的关系，行政机关与法律、法规授权组织的关系等。内部行政关系是为了保证卫生行政主体外部管理的有效实施。

（四）医护刑事法律关系

医护刑事法律关系是指医护刑事法律规范所规定并为刑法所调整的、医护工作人员因其违法犯罪行为而与国家司法机关之间形成的矛盾冲突关系。

知识链接

日本器官移植网络2011年4月12日宣布，依据修订后的《器官移植法》，在关东甲信越地方医院接受治疗的一名不满15岁的少年被判定为脑死亡，并开始办理器官捐献的手续。这是2009年7月《器官移植法》修订后正式施行以来，出现的首个未满15岁脑死亡儿童可捐献器官案例。

《器官移植法》修订之前，儿童器官捐献仅限于心搏停止后的肾脏等器官，儿童在国内很难接受移植手术，不少儿童远赴海外寻求器官移植。在围绕着儿童脑死亡判定及器官移植医疗的持续争论中，日本也迈入了脑死亡儿童可捐献器官的时代。

第三节　医护法律责任

一、医护法律责任的概念

医护法律责任是指医护法律关系主体由于违反医护法律规范规定的义务或约定义务，所应承担的带有强制性的法律后果。医护法律责任主要有以下特点。

1. 医护法律责任是违反医护法律规范的后果。因此，构成医护行为违法是行为人承担医护法律责任的前提条件。

所谓医护行为违法是法律关系主体实施的一切违反医护法律规范的行为。医护行为违法必须符合以下4个条件。

(1) 行为人在客观方面实施了违反医护法律、法规的行为。这种行为必须是客观存在的，而且违反了医护法律、法规和规章的规定。它可以分为两种基本表现形式：一是不作为，即消极地不实施医护法要求的行为；二是作为，即积极地实施医护法所禁止的行为。

(2) 医护违法行为具有一定的社会危害性，侵害了医护法律所保护的社会关系和社会秩序。这种危害性包括两种情况：一是医护违法行为已经给法律保护的社会关系和社会秩序造成了实际的损害结果；二是虽然尚未造成实际的损害，但已经使医护法所保护的社会关系和社会秩序处于某种危险之中，即可能使其受到损害。

(3) 行为人的行为与损害结果之间有因果关系。

(4) 违法行为主体在主观方面必须有过错。过错指违法行为实施者的某种主观心理状态，包括故意和过失两种形式。如果医护违法行为是因不可抗力造成或者是由无行为能力者造成的，则不能构成医护违法。医护违法的主体，必须是具有法定责任能力的公民、法人和其他组织。

2. 医护法律责任必须有医护法律、法规和规章的明确规定。只有医护法律、法规、规章在设定权限范围内作了某些明确规定，行为主体才承担某种相应的法律责任。

3. 医护法律责任具有国家强制性，以国家强制力作为后盾。违法者拒绝承担由其违法而必须承担的法律责任时，国家强制力将强制其承担相应的法律责任。

4. 医护法律责任必须由国家授权的专门机关，在法定职权范围内依法予以追究。其他任何组织和个人都不能行使这种职权。

二、医护法律责任的种类

根据行为人违反医护法律规范的性质和社会危害程度不同，医护法律责任可分为行政责任、民事责任和刑事责任三种。在不同情况下，行为人所承担的法律责任也不同。在某些情况下，行为人有可能同时承担两种或两种以上的责任。

(一) 行政责任

行政责任是指医护法律关系主体双方的任何一方违反医护行政法律规范，但尚未构成犯罪时，所应承担的法律后果。根据我国医护行政管理法规的规定，主要包括行政处罚和行政处分两种形式。

1. 行政处罚　指医护行政机关对违反了医护法律法规的行政相对人所实施的一种行政制裁。医护行政处罚的种类主要有：警告、罚款、没收违法所得、没收非法财物、责令停产停业、暂扣或吊销有关许可证等。

2. 行政处分　行政处分一般由国家机关、企事业单位或医疗医护机构作出，针对的是其内部所属人员的违法失职行为，而行政处罚则是由行政执法机关决定的，处罚的是行政相对人违反行政法律规范的行为。根据《中华人民共和国公务员法》等有关法规的规定，行政处分主要包括警告、记过、记大过、降级、撤职、开除。

(二) 民事责任

医护民事责任是指医疗卫生机构、医护工作人员和从事生产、经营健康相关产品的管理相对人及其他主体违反了法律规定，侵害公民的健康权利时，所应承担的损害赔偿责任。民事责任与行政责任和刑事责任不同，它主要是一种财产性质的责任，承担责任的主要方式是给予经济赔偿，以补偿受害方的损失。

医护民事责任是一种民法上的侵权责任，构成该责任必须同时具备以下要件：① 行为人实施了违反医护法律法规的行为。② 有损害事实的存在。③ 行为人的行为与损害结果之间有因果关系。④ 行为人主观方面有过错。

（三）刑事责任

刑事责任是指卫生行政机关的工作人员、医护工作人员及健康相关产品的生产、经营者违反医护法律法规，实施了《中华人民共和国刑法》（以下简称《刑法》）所禁止的犯罪行为而应承担的法律后果。医护法律规范中对刑事责任的规定是直接引用《刑法》中的有关条款。

《刑法》对违反医护法律行为的刑事责任作了明确规定，规定了20余个与违反医护法律有关的罪名，如生产销售假药罪，生产销售劣药罪，生产销售不符合卫生标准的食品罪，生产销售有毒有害食品罪，生产销售不符合卫生标准的医用器材罪，生产销售不符合卫生标准的化妆品罪，非法经营罪（如非法经营麻醉药品、精神药品等特殊药品），传播性病罪，妨害传染病防治罪，妨害国境卫生检疫罪，非法组织卖血罪，强迫卖血罪，非法采集供应血液、制作供应血液制品罪，医疗事故罪，非法行医罪，非法进行节育手术罪等。在有关的医护法律法规中规定，行政机关工作人员或医疗医护工作人员由于渎职、失职等行为造成重大医护责任事故或医疗事故而构成犯罪的，应依刑法有关条文追究其刑事责任。

第四节　卫生行政执法

一、卫生行政执法

（一）卫生行政执法的含义

卫生行政执法是指卫生行政主体及其公职人员或者受卫生行政主体委托的组织和个人，依照法定的职权和程序，履行法定职责、行使法定管理职权，实施医护法律的活动。这里讲的卫生行政执法，包括两方面的含义：① 卫生行政执法机关依据有关法律法规的规定，针对特定的对象或事件所采取的具体的能直接产生法律效果的卫生行政行为。具体包括卫生行政许可、卫生行政监督、卫生行政奖励、卫生行政处罚、卫生行政强制等。② 享有卫生行政立法权的机关依法制定卫生行政规章的行为。

（二）卫生行政执法的特点

1. 卫生行政执法具有国家权威性　卫生法的执行是卫生行政主体等以国家的名义对卫生行业进行管理，具有国家权威性。首先，卫生行政机关的执法活动，是代表国家执法，具有国家权威性。其次，卫生行政机关的执法活动，必须严格依照立法机关制定的法律、法规来进行。卫生行政机关的执法过程，就是代表国家进行社会管理的过程，社会公众必须服从。

2. 卫生行政执法的主体是特定的　在我国，卫生法的执行主体主要是国务院和地方各级人民政府中的卫生行政职能部门，如中华人民共和国国家卫生和计划生育委员会、食品药品监督管理总局等。国务院和地方各级人民政府中的卫生行政职能部门，在对全国或者本地区进行卫生行政管理的过程，就是在全国或者本地区执行国家卫生法律、法规、规章的过程。

3. 卫生行政执法具有国家强制性　卫生行政权是国家的一种权力，有国家的强制力做后盾，具有国家强制性。卫生行政机关执行国家卫生法律、法规的过程，也就是履行法定职责（义务）、行使国家职权的过程。

4. 卫生行政执法具有主动性和服务性　执行国家卫生法律、法规，既是国家卫生行政机关对卫生系统进行管理的权力，又是其对国家、社会、民众承担的义务。卫生行政机关在进行卫生行业管理时，应当积极主动地执行法律、法规、规章，以履行义务（职责）、执行法律。同时，由于卫生行政机关的管理活动主要是为公共卫生利益服务，所以，其行政行为也就带有明显的、与众不同的服务性特征。

5. 卫生行政执法具有层次性　卫生法的执行具有层次性，是指我国卫生行政机关的执法，包括 2 个层次的含义：① 具体卫生行政行为，是指卫生行政主体及其公职人员以及受卫生行政主体委托的组织和个人，将现行卫生法律、法规作用于具体的人或事的行为。② 抽象卫生行政行为，是指享有卫生行政立法权的机关依法制定卫生行政规章的行为。

二、卫生行政许可

（一）卫生行政许可的含义和特征

卫生行政许可是卫生行政部门根据公民、法人或者其他组织的申请，依照卫生法律、法规、规章和卫生标准、规范进行审查，准予其从事与卫生管理有关的特定活动的行为。卫生行政许可具有以下特征。

1. 实施卫生行政许可的主体是卫生行政管理部门。其他任何部门和个人均无权实施卫生行政许可。

2. 卫生行政许可是一种依申请而实施的具体行政行为，不同于行政主体依职权主动赋予相对方权利和免除义务的行为。

3. 卫生行政管理部门实施卫生行政许可的依据是卫生法律、卫生行政法规；卫生行政性规章、地方性法规；省、自治区、直辖市人民政府规章；卫生标准、卫生规范。根据《卫生行政许可管理办法》的规定，各级卫生行政部门不得自行设定卫生行政许可项目，不得实施没有法定依据的卫生行政许可。

4. 卫生行政许可是赋予行政相对人从事与卫生管理有关的特定活动。

5. 卫生行政许可所遵循的原则是公开、公平、便民、高效、服务。

6. 卫生行政许可有严格的法定程序，不依据法定程序实施的许可无效。

(二) 卫生行政许可的具体项目

根据我国现行卫生法律、法规、规章的规定，我国卫生行政许可的项目分为法定的项目和设定的项目两种。

法定的项目是指有关卫生法律、行政法规明文规定的必须实施卫生行政许可的项目。如我国《医疗机构管理条例》第十九条规定："县级以上人民政府卫生行政部门自受理执业登记申请之日起45日内，……审核合格的，发给《医疗机构执业许可证》"。

设定的项目是指国家卫生法律、法规没有对项目作硬性规定，而卫生行政部门根据我国的实际情况，决定设立的卫生许可项目。对于这一类项目，中华人民共和国国家卫生和计划生育委员会依据《中华人民共和国行政许可法》和行政审批制度改革的有关规定，对卫生法律、行政法规、部门规章和其他规范性文件设定的卫生项目进行了全面清理，并经国务院审定、公布。根据中华人民共和国国家卫生和计划生育委员会《关于卫生行政许可项目清理结果的通知》规定，我国目前对该部分卫生许可项目予以保留的有10项；改变管理方式的有3项。

三、卫生行政处罚

(一) 卫生行政处罚的含义和类型

卫生行政处罚是指县级以上卫生行政机关依据卫生法律、法规、规章，对应受制裁的违法行为，作出的警告、罚款、没收违法所得、责令停产停业、吊销许可证以及卫生法律、行政法规规定的其他行政处罚的行为。卫生行政处罚属于具体行政行为，主要分为声誉罚、财产罚、行为罚。

1. 声誉罚

(1) 通报批评　在一定范围通过报刊、电台、电视台等新闻媒介，或在某些会议上给予点名批评。

(2) 警告　对情节轻微、尚未构成实际危害后果的违法行为所予以的处罚。警告必须是"要式"行为，必须由执法机关作出书面决定。

2. 财产罚　强迫违法者缴纳一定数额的钱和物，以损害或剥夺某种财产权的处罚。

(1) 罚款　最常用的处罚形式。是对不履行法定义务的个人与组织所作的经济制裁，以对其财产造成损害。罚款为"要式"行为，执法机关必须作出书面决定。

(2) 没收财物(没收非法所得、没收非法财务等)　将违法者的非法所得、违禁物、违法行为工具予以收缴。没收是对生产、保管、加工、运输、销售违禁物品，或进行其他营利性违法行为者的一种经济制裁。没收可为全部没收，也可为部分没收。

3. 行为罚　又称能力罚。是限制或剥夺违法者特定行为能力的制裁。

(1) 责令停产停业　通过一定期限内暂时剥夺违法者生产经营权，促使其改善卫生状况的行政处罚措施，一旦改善，即履行了法定义务，可继续恢复生产经营。

(2) 暂扣或吊销许可证　对违法者的严重违法行为给予最严厉的处罚。

(二) 卫生行政处罚的原则

卫生行政处罚的原则是指对卫生行政处罚的设定和实施具有普遍指导意义的准则。实施卫生行政处罚,应当遵循以下原则。

1. **处罚法定原则** 处罚法定原则是指卫生行政机关实施卫生行政处罚,必须以现行的卫生法律、卫生行政法规、卫生部门规章为依据。卫生法律、卫生行政法规、卫生部门规章没有规定为违法的行为,不得认定其违法,不得实施卫生行政处罚。即"法无明文规定不为过,法无明文规定不为罚"。

处罚法定原则的具体含义是:实施卫生行政处罚的主体必须合法;处罚的依据是合法的。实施处罚必须有法律、法规、规章为依据。《中华人民共和国行政处罚法》(以下简称《行政处罚法》)第十五条规定:"行政处罚由具有行政处罚权的行政机关在法定职权范围内实施。"

2. **处罚与教育相结合原则** 处罚与教育相结合是指处罚的目的和措施不仅仅是为了制裁违法行为,而且处罚也应当起到教育作用,是教育违法者本人和他人的一种形式。《行政处罚法》第五条规定:"实施行政处罚,纠正违法行为,应当坚持处罚与教育相结合,教育公民、法人或者其他组织自觉守法。"原卫生部《卫生行政处罚程序》第四条规定:"卫生行政机关实施行政处罚必须事实清楚,证据确凿,适用法律、法规、规章正确,坚持先调查取证后裁决、合法、适当、公正、公开和处罚与教育相结合原则。"

3. **公正、公开、适当原则** 为保证公正、公开、适当原则的落实,《行政处罚法》和《卫生行政处罚程序》都作出了一系列相关规定,如表明身份制度、告知制度、听取意见制度、回避制度、合议制度、听证制度、违规行政处分制度、国家赔偿制度等。

4. **事实清楚、证据确凿、适用法律正确原则** 卫生行政部门实施卫生行政处罚,必须以事实为根据,做到事实清楚,证据充分、确凿;在适用法律、法规、规章时必须正确适用,避免不正当适用和偏差。卫生行政部门在实施卫生行政处罚时,首先要"以事实为根据、以法律为准绳";其次要将法律、法规、规章正确地适用于具体的事件和行为,做到依据准确、用法得当。

5. **先调查取证后裁决原则** 卫生行政部门实施卫生行政处罚,应当先调查取证,而后再根据调查结果和取得的证据的情况,依法作出裁决。调查取证是作出卫生行政处罚的必经程序,不调查取证则不能实施卫生行政处罚。卫生行政机关的处罚必须建立在清楚的事实、足够的证据证明的基础上,否则,作出的卫生行政处罚就是不合法的。

6. **一事不再罚原则** 一事不再罚原则是指对于卫生行政相对人的某一违法行为,不得给予两次以上同类(如罚款)的处罚。主要解决的是多头处罚与重复处罚的问题。《行政处罚法》第二十四条规定:"对当事人的同一个违法行为,不得给予两次以上罚款的行政处罚。"

7. **处罚救济原则** 处罚救济原则又称法律救济原则,是指卫生行政主体对相对人实施卫生行政处罚时,必须保证行政相对人取得救济的途径,否则不能实施处罚。

行政救济制度主要包括行政复议、行政诉讼、行政赔偿；广义上的行政救济，还包括陈述、申辩、要求听证、请求行政机关改正错误、声明异议等。

8. 过期不处罚原则　过期不处罚原则是指违法行为人的违法行为经过一定期限未被发现，即不再予以行政处罚。但是，法律另有规定的除外。《行政处罚法》第二十九条第一款规定："违法行为在2年内未被发现的，不再予以行政处罚。法律另有规定的除外。"该条第二款规定："前款规定的期限，从违法行为发生之日起计算；违法行为有连续或者继续状态的，从行为终了之日起计算。"

(三) 听证程序

卫生行政处罚程序中的听证程序，是指卫生行政机关在作出责令停产停业、吊销许可证或者较大数额罚款等行政处罚前，应告知当事人有要求卫生行政机关举行听证会，查清案件事实、进行陈述、申辩、质证的权利；当事人要求听证的，卫生行政机关应当组织听证会并承担听证费用。

1. 适用范围　根据《卫生行政处罚程序》的规定，卫生行政处罚程序中的听证程序的适用范围为：卫生行政机关责令停产停业、吊销许可证或者较大数额罚款的案件。对较大数额罚款的听证范围依照省、自治区、直辖市人大常委会或人民政府的具体规定执行。国境卫生检疫机关对于2万元以上数额的罚款实行听证。

2. 听证原则　听证遵循公正、公开原则。但涉及国家秘密、商业秘密、个人隐私的除外。

3. 听证程序

(1) 当事人应当在行政机关告知后3日内提出听证。

(2) 行政机关应当在听证会7日前，告知当事人听证的时间和地点。

(3) 除国家机密、个人隐私，都应公开举行。

(4) 听证主持人由行政机关指定与本案无关的人员主持。当事人认为主持人与本案有利害关系，有权申请回避。

(5) 当事人可亲自参加听证，也可委托1～2人代理。

(6) 听证时，由调查人员提出当事人违法事实、证据和处罚建议。

(7) 当事人进行申辩和质证。

(8) 制作听证笔录，笔录经当事人审核无误后签字或盖章。听证结束后，行政机关再作出处罚决定。

(四) 卫生行政处罚的简易程序

卫生行政处罚的简易程序，又称当场处罚程序，是指违法事实确凿并有法定依据，对公民处以50元以下、对法人或其他组织处以1 000元以下罚款或者警告的行政处罚可以当场作出。

执法人员当场进行处罚时，也应出示证件，填写预定格式和编号的处罚决定书，并当场交付当事人。处罚决定书应载明当事人的违法事实、处罚依据、罚款数额、时间、地点、行政机关名称及执法人员的签章。现场处罚必须向所属行政机关备案。当事人对当场处罚决定不服的，也可依法申请行政复议和提起行政诉讼。

知识链接

在瑞士各市镇中分布着850多名代表州政府对食品安全进行监督的“卫生警察”。这些专职人员的主要工作就是负责从市场对营养保健品等进行抽样检查。越是有名的大企业，这些“卫生警察”的抽查就越频繁，因为它们的产品涉及面广，一旦出现问题，后果严重，波及面广。这些“卫生警察”常常深入到全国各大超市和零售市场，随时观察销售中的各类食品是否符合规定，货架上是否存有过期的营养保健品，包装说明措词是否过分夸张，是否有消费者进行投诉等。他们有时还将可疑食品送到专门机构进行技术鉴定，如果发现食品存在质量问题，将根据国家法律进行处罚，情节严重的还可能被判刑。另外，这些微服暗访的“卫生警察”还得到了食品行业协会的全力支持，一旦查出问题食品，食品行业协会将令所属企业全部查封该产品。

第五节　卫生行政救济

一、卫生行政救济的概念和途径

卫生行政救济是指公民、法人或者其他组织认为卫生行政机关的行政行为造成自己合法权益的损害，请求有关国家机关给予救济的法律制度的总称。我国现有的卫生行政救济的途径主要是卫生行政复议、卫生行政诉讼和卫生行政赔偿。

二、卫生行政复议

(一) 卫生行政复议的概念

卫生行政复议是指公民、法人、其他组织认为卫生行政机关的具体行政行为侵犯其合法权益，依法向原作出具体行政行为的卫生行政机关的同级人民政府或其上级卫生行政机关提出复议申请，原作出具体行政行为的卫生机关的同级人民政府或者上级卫生行政机关受理其申请，并进行复查、作出裁决的活动。

(二) 卫生行政复议的基本原则

卫生行政复议的基本原则是指导卫生行政复议行为的基本准则，贯穿于卫生行政复议的全过程的各个方面。《中华人民共和国行政复议法》(以下简称《行政复议法》)第四条规定：“行政复议机关履行行政复议职责，应当遵循合法、公正、公开、及时、便民的原则，坚持有错必纠，保障法律、法规的正确实施。”

1. 合法性原则　行政复议机关必须严格按照宪法和法律规定的职责和权限，依照法定程序受理行政复议申请，对申请行政复议的具体行政行为进行审查并作出行政复议决定。

(1) 履行行政复议职责的主体及其职权应当合法　行政复议机关应当是依法成立并享有法律、法规赋予的层级监督的行政机关；其受理行政复议申请、作出行政复议决定，必须符合行政复议法关于受理行政复议申请、作出行政复议决定的规定，否则就构成越权。

(2) 行政复议的依据应当合法　行政复议作为一项行政权力，应当以现行有效的法律、法规和其他规范性文件为依据，凡是自然失效或者被明令废止或者与上层次法律规范相抵触的法律、法规和其他规范性文件，不能作为行政复议的依据，否则就构成实体违法。

(3) 受理行政复议申请、作出行政复议决定的程序应当合法　《行政复议法》对行政复议机关受理申请、作出决定等都有明确的程序规定，行政复议机关在履行行政复议职责时，应严格遵守这些程序规定。

2. 公正性原则　公正是指公平正直、没有偏私。公正性原则是合法原则的必要补充。由于行政复议机关是对下一级行政机关的具体行政行为进行审查，因此必须注意遵循这一原则。

(1) 要对申请人和被申请人公正对待，一视同仁，尤其不能"官官相护"。

(2) 对不同的申请人，不论其地位、权势、名望、与行政复议机关有无"关系"，都应一样相待，不能厚此薄彼，更不能以"情"代法。

(3) 对原具体行政行为的适当性进行审查，要严格以法律的目的和社会公认的公正标准为尺度。

3. 公开性原则　公开性原则是合法性原则和公正性原则的外在表现形式。具体是指行政复议的条件、依据和过程是公开的，按照这一原则，行政复议的程序对申请人是公开的、开放的，申请人可以依法查阅被申请人提出的书面答复、作出具体行政行为的证据、依据和其他有关材料。行政复议决定是公开的，行政复议的依据也必须是公开的，而不能依据内部文件作出行政复议决定。

4. 及时性原则　行政机关在行使行政职权时如果不讲究效率，就将失去获得权威的基础。行政复议作为一项重要的行政权力也必须讲究效率。及时性原则主要体现在：① 受理复议申请及时。② 受理行政复议申请后，应对申请行政复议的具体行政行为及时进行审查。③ 作出复议决定应当及时。④ 对当事人不履行复议决定应及时处理。

5. 便民原则　便民就是要使公民、法人和其他组织在行使申请行政复议权时更加便利，节省费用、时间、精力，如《行政复议法》规定申请人可以口头提出申请等。《行政复议法》确定的便民性原则，不仅是行政复议机关履行行政复议职责的要求，也是行政机关履行其他职责的要求，更是我国社会主义法制建设的一项基本要求。

6. 依法独立行使复议权原则　依法独立行使复议权原则是指卫生行政复议只能由法律、法规规定的国家机关(复议机关)专门享有，卫生行政复议机关在法律、法规规定的职权范围内行使，不受其他行政机关、组织和个人的干涉。

7. 一级复议原则　一级复议原则是指我国的卫生行政复议实行一级复议制。即卫生具体行政行为的复议，以作出原具体行政行为的卫生行政机关的同级人民政府或者作出原具体行政行为的卫生行政机关的上级主管部门的复议决定为最终决定，卫生行政相对方不得再向上一级国家行政机关申请复议。申请人对复议决定不服的，可以提起行政诉讼，一般不能再申请复议。

8. 行政复议期间具体行政行为不停止执行原则　行政复议期间，被申请复议的具体行政行为不因行政复议的立案和审查而停止执行。该规定主要是为了保障行政管理活动的正常运行，防止滥用申请复议权。但根据《行政复议法》第二十一条的规定，有下列情形之一的可以停止执行：① 被申请人认为需要停止执行的。② 行政复议机关认为需要停止执行的。③ 申请人申请停止执行，行政复议机关认为其要求合理，决定停止执行的。④ 法律规定应当停止执行的。

9. 不调解原则　不调解原则是指卫生行政复议机关审理卫生行政复议案件时，不适用调解。由于卫生行政复议解决的是行政争议，作为行政复议的当事人一方的国家卫生行政机关，其依法履行职责、行使职权是其权力也是其义务。因此卫生行政机关在作出具体行政行为时，必须保证依法作出的行政行为合法、适当。否则，就是没有很好地履行职责，就应当由复议机关依法纠正。所以，卫生行政复议案件不适用调解。

10. 书面复议原则　书面复议原则是指卫生行政复议原则上采用书面审理的制度。卫生行政复议机关不必传唤申请人和被申请人、证人、其他复议参加人等；申请人申请复议，也可以不提交书面材料。复议机关是根据作出原具体行政行为的机关提供的原始材料和证据，来审理、处理卫生行政复议案件的。但是，申请人提出要求或者行政复议机关负责法制工作的机构认为有必要时，可以向有关组织和人员调查情况，听取申请人、被申请人和第三人的意见。

（三）卫生行政复议主体

1. 卫生行政复议机关　卫生行政复议机关是指依据《行政复议法》和《卫生部行政复议与行政应诉管理办法》的规定，负有卫生行政复议职责、享有卫生复议职权的国家机关。包括：① 中华人民共和国国家卫生和计划生育委员会。这是我国最高卫生行政复议的复议机关。② 县级以上卫生行政复议机关。

《行政复议法》第十二条第一款规定："对县级以上地方各级人民政府工作部门的具体行政行为不服的，由申请人选择，可以向该部门的本级人民政府申请行政复议，也可以向上一级主管部门申请行政复议。"

2. 卫生行政复议申请人　卫生行政复议申请人是认为卫生行政机关的具体行政行为侵犯了其合法权益，依法向有管辖权、复议权的国家机关提出复议申请，并受卫生行政复议决定约束的利害关系人。根据《行政复议法》的规定，可作为卫生行政复议案件当事人的有以下 4 类。

（1）公民　是指具有我国国籍的自然人。根据《行政复议法》的规定，有权申请行政复议的公民死亡的，其近亲属可以申请行政复议；有权申请行政复议的公民为无民事行为能力或者限制民事行为能力的，其法定代理人可以代为申请行政复议。

（2）法人　是指依法成立的，具有民事权利能力和民事行为能力，能以自己的名义独立行使权利和承担义务的社会组织。

（3）其他组织　是指依法成立，但不具有法人资格的社会组织。根据《行政复议法》的规定，有权申请行政复议的法人或者其他组织终止的，承受其权利的法人或者其他组织可以申请行政复议。

(4) 第三人 卫生行政复议中的第三人,是指虽然其不是申请人和被申请人,但是申请复议的具体行政行为和其有利害关系,要求参加到卫生行政复议中的人。

公民、法人、其他组织、第三人有权委托代理人参加卫生行政复议。

3. 卫生行政复议被申请人 卫生行政复议被申请人是指作出原具体卫生行政行为,被卫生行政管理行为相对方申请复核其具体行政行为的卫生行政机关。根据《行政复议法》的规定,可作为卫生行政复议被申请人的,是县级以上卫生行政机关。国家卫生和计划生育委员会是我国最高卫生行政复议机关,不能作为被申请人。

(四) 卫生行政复议的范围

卫生行政复议范围是指允许公民、法人或者其他组织申请卫生行政复议的事项范围。根据《行政复议法》及有关卫生法律、法规的规定,对以下卫生行政机关的具体行政行为不服,可以提请行政复议。

(1) 对卫生行政机关作出的行政处罚不服的。

(2) 对卫生行政机关采取的有关强制措施不服的。

(3) 认为卫生行政机关的行政行为侵犯了合法的经营自主权的。

(4) 认为符合条件申请有关卫生许可证(照),卫生行政部门拒绝颁发或不予答复的。

(5) 要求卫生行政机关履行其法定职责拒不答复的。

(6) 认为卫生行政机关违法要求履行义务的。

(7) 认为卫生行政机关的行政行为侵害其财产权利、人身权利的。

(8) 认为卫生行政机关的其他具体行政行为侵犯其合法权益的。

公民、法人或者其他组织认为卫生行政机关的具体行政行为所依据的规定不合法,在对具体行政行为申请行政复议时,可以一并向行政复议机关提出对该规定进行审查的申请:① 国家卫生和计划生育委员会的规定。② 县级以上地方各级卫生行政部门的规定。但卫生和计划生育委员会的规定不包括卫生和计划生育委员会的规章。对规章的审查应依照法律、行政法规办理。

根据《行政复议法》的规定,卫生行政机关的下列两种情况不能申请行政复议:① 行政机关工作人员对卫生行政机关作出的行政处分或者其他人事处理决定表示不服的。此只能依照有关法律、行政法规的规定提出申诉。② 不服卫生行政机关对民事纠纷作出的调解或者其他处理的,应该依法申请仲裁或者向人民法院提起诉讼。

《行政复议法》第十六条第一款规定:"公民、法人或者其他组织申请行政复议,行政复议机关已经依法受理的,或者法律、法规规定应当先向行政复议机关申请行政复议、对行政复议不服再向人民法院提起行政诉讼的,在法定期限内不得向人民法院提起行政诉讼。"

(五) 卫生行政复议的形式

卫生行政复议申请形式是公民、法人或者其他组织表达复议意愿和请求的具体表现方式。

《行政复议法》第十一条规定:“申请人申请行政复议,可以书面申请,也可以口头申请;口头申请的,行政复议机关应当当场记录申请人的基本情况、行政复议请求、申请行政复议的主要事实、理由和时间。”

无论口头申请或书面申请,一般包括以下4项内容:① 申请人的基本情况。② 被申请人的名称、地址。③ 申请复议的请求和理由。④ 提出复议申请的时间。

口头申请是考虑到我国部分公民的文化素质较低,但又有通过行政复议来维护其自身合法权益的需要而设立的一种制度,其目的是为了方便群众。

三、卫生行政诉讼

(一) 卫生行政诉讼的概念

卫生行政诉讼是指行政相对人与行政主体在卫生行政法律关系领域发生纠纷后,依法向人民法院提起诉讼,人民法院依法定程序审查行政主体的卫生行政行为的合法性,判断相对人的主张是否妥当,并以此作出裁判的一种活动。

(二) 卫生行政诉讼的基本原则

卫生行政诉讼的基本原则是指《中华人民共和国行政诉讼法》(以下简称《行政诉讼法》)所规定的,指导卫生行政诉讼活动的基本准则。

1. 具体行政行为合法性审查原则　合法性审查是指人民法院审查卫生行政案件,只对具体卫生行政行为是否合法进行审查。原则上不涉及抽象行政行为、行政行为合理性等问题。

2. 起诉不停止执行原则　这一原则是指卫生行政机关的具体行政行为不因原告提起诉讼而停止执行,因为行政机关代表国家行政,行政行为一经作出就假定其合法有效,即具体行政行为的效力先定。但《行政诉讼法》也规定了一些例外的情况:① 被告人认为需要停止执行的。② 原告申请停止执行,人民法院裁定停止执行的。③ 法律、法规规定停止执行的。

3. 不适用调解和反诉原则　人民法院在审理卫生行政案件时,不得把调解作为审理方式或结案方式,而只能依法作出公正的判决。这是基于卫生行政机关享有的是公共权力,同时又是一种职责,行政机关及其工作人员只能依法行使职权,无权作转让、放弃或处置,故不适用调解。同时在诉讼期间,卫生行政机关无权提出反诉。

4. 被告负主要举证责任原则　如果被告行政机关提供不了证据,则要承担败诉的法律后果。此原则的确立主要是出于以下的考虑:① 具体行政行为是行政机关单方面做出的,原告并不掌握相应的证据。② 被告举证能力强,原告举证能力差。③ 行政机关必须先取证,后裁决,否则就属于无依据、违反法定程序的执法行为。

(三) 卫生行政诉讼受案范围

1. 卫生行政处罚行为　《行政诉讼法》规定,对扣留、罚款、吊销许可证和执照、责令停产停业、没收财物等行政处罚不服的,人民法院应予受理。卫生行政处罚的实施,必定使相对人的权利受损。而卫生行政执法过程中使用最多的正是这类具体行政行为，在司法实践中，因不服卫生行政处罚而引起的行政诉讼案件也最多。

2. 卫生行政强制措施 《行政诉讼法》规定，人民法院受理公民、法人或者其他组织对限制人身自由，或者对财产的查封、扣押、冻结等行政强制措施不服提起的诉讼。卫生法律法规中对卫生违法行为作了一些行政强制措施的规定，如取缔、强制治疗、强制隔离、临时控制措施等。这些对人身和财产的强制措施，对相对人有强迫服从的作用，造成的后果也较严重，对违法侵权的，相对人可依法提起行政诉讼。

3. 卫生行政不作为

（1）拒绝发放许可证或对许可申请不予答复的行为 《行政诉讼法》规定，认为符合法定条件申请行政机关颁发许可证和执照，行政机关拒绝颁发或者不予答复的行为，申请人可提起行政诉讼。卫生产业关系到公民的生命健康权，多数需要依法申请卫生行政许可。取得卫生许可证是从事卫生服务、经营的首要条件，对相对人的影响重大。对卫生行政机关的这类违法行为，人民法院依法受理。

（2）卫生行政机关不履行保护人身权、财产权的行为 《行政诉讼法》规定，行政机关履行保护人身权、财产权的法定职责，行政机关拒绝履行或者不予答复的，人民法院依法受理。保护公民、法人和其他组织的人身权、财产权是行政机关的法定职责之一。在目前情况下，《行政诉讼法》的受案范围仅限定在这两个职责之内。如卫生行政部门对医疗争议拒绝作出处理决定。

4. 卫生行政机关违法要求履行义务的 公民、法人和其他组织在行政上的权利义务只能依法设定，任何行政机关不得违法要求其履行法律设定以外的义务。如卫生法规定的从业人员体检次数、许可证的使用年限是法定的，卫生行政机关不得随意变更。

5. 对卫生行政机关作出的复议决定不服的 根据《行政复议法》的规定，法律、法规规定应当先向行政复议机关申请行政复议，当事人对卫生行政复议决定不服，可向人民法院提起卫生行政诉讼。行政复议机关决定不予受理或者受理后超过行政复议期限不作答复的，当事人也可提起卫生行政诉讼。

6. 卫生行政机关对医疗事故和其他卫生事件的处理决定 根据《行政诉讼法》的精神，最高人民法院的司法批复规定，当事人对卫生行政机关作出的医疗事故处理决定不服，依法向人民法院提起行政诉讼的，人民法院应当受理。医疗事故和其他卫生事件一经卫生行政机关处理，即成了具体行政行为，理应由人民法院受理。

7. 认为行政机关侵犯其人身权、财产权的 人民法院受理法律、法规规定可以提起行政诉讼的其他行政案件。

四、卫生行政赔偿

（一）卫生行政赔偿的概念和构成要件

卫生行政赔偿，又称卫生行政损害赔偿，是指卫生行政主体在行使职权过程中，因违法或不当行政侵害相对人的合法权益并造成经济损失时，由卫生行政主体依法予以赔偿的制度。卫生行政损害赔偿有 4 个构成要件。

1. 卫生行政机关的违法行为 卫生行政机关及其工作人员在行使职权中有违法的行为是赔偿的前提。其违法行为包括两层含义:① 卫生行政机关及其工作人员在行使职权过程中其行为违反法律、法规的规定。② 卫生行政机关及其工作人员在执行职务过程中有超越职权、滥用职权、适用法律不当、程序违法、证据不足等情形。

2. 有损害结果的实际发生 损害结果是指卫生行政机关的具体行政行为侵犯公民、法人或者其他组织合法权益,造成了实际存在的损失。只有损害结果实际发生,才可能构成发生损害赔偿,无损害结果存在,赔偿就没有意义。

3. 被侵害的权益为合法权益 公民、法人和其他组织被侵害的权益,必须是受法律保护的权益。

4. 侵权行为与损害结果之间有直接的因果关系 卫生行政机关及其工作人员的违法行为直接导致了损害结果的发生,才能赔偿。如因为受害人自己的过错行为使损害的结果发生或者加重;或者因为不可抗力引起的损害,卫生行政机关则不予赔偿。

(二) 卫生行政赔偿的范围

根据《中华人民共和国行政赔偿法》(以下简称《行政赔偿法》)的规定,行政赔偿是指国家行政机关及其工作人员违法行使职权侵犯公民、法人和其他组织的合法权益造成损害的,受害人有依法取得国家行政赔偿的权利。

根据《行政赔偿法》,其赔偿范围有以下3项规定。

1. 卫生行政机关及其工作人员在行使行政职权时,有下列侵犯人身权情形之一的,受害人有取得赔偿的权利。

(1) 违法拘留或者违法采取限制公民人身自由的行政强制措施的。我国法律对行政拘留的机关、拘留的条件、程序以及期限等都作了明确的规定,凡违反这些规定的,则为违法拘留。行政强制措施是指行政机关为实现一定的行政目的而采取的强制性手段。限制人身自由的行政强制措施主要包括劳动教养、收容审查、强制治疗与强制戒毒、强制遣送、行政拘留等,这些措施都是有一定的法律和行政法规作为依据的,如果适用法律和行政法规不当,就属于违法。

(2) 非法拘禁或者以其他方法非法剥夺公民的人身自由的。行政机关及其工作人员在执行职务中,在不具有行政拘留或其他限制人身自由强制措施的权限,或者虽具有权限,但未依法作出决定的情况下,非法剥夺公民的人身自由的行为。其具体表现为非法拘禁、非法拘留、非法强制禁闭等。

(3) 违法使用武器、器械,以殴打等暴力行为或者唆使他人以殴打等暴力行为造成公民身体伤害或者死亡的。国家对枪支、警棍、手铐等武器、器械的使用有明确规定,行政机关及其工作人员行使职权时违反规定,滥用枪支、警械导致他人伤害或死亡的,属于违法行为。

(4) 造成公民身体伤害或者死亡的其他违法行为。

2. 卫生行政机关及其工作人员在行使职权时,有下列侵犯财产权情形之一的,受害人有取得赔偿的权利。

(1) 违法罚款、吊销卫生许可证或执照,责令停产停业,没收财物等行政处罚的。

罚款、吊销卫生许可证或执照，是行政机关依法进行的行政处罚行为，行政机关必须依法作出，否则即为违法。

(2) 违法对财产采取查封、扣押、冻结等行政强制措施的。查封、扣押、冻结等行政强制措施是对当事人的财产权的使用给予限制或剥夺的一种强制行为。如果行政机关未按规定实施上述强制措施，而给他人造成了损害，就应当由国家赔偿。

(3) 违反国家规定征收财物、摊派费用的。指行政机关在无法律、法规和行政规章依据的情况下，凭借职权，要求相对人一方履行某些义务的行为，如强迫出钱、出物等。

(4) 造成公民财产损害的其他违法行为。

3. 国家不承担赔偿责任的范围：《行政赔偿法》规定属于下列情形之一的，国家不承担行政赔偿责任。

(1) 国家机关工作人员实施了与行使职权无关的个人行为。这种行为应属于工作人员的个人行为，如果造成损失，由个人承担民事赔偿责任。

(2) 公民、法人和其他组织自己的行为致使损害发生或加重的。

(3) 法律规定的其他情形。

(三) 赔偿请求人和赔偿义务机关

1. 赔偿请求人　赔偿请求人，又可称为赔偿诉讼的原告，是以自己的名义，就自身权益受到侵害而提起行政赔偿的公民、法人和其他组织。《行政赔偿法》规定，赔偿请求人有以下几种。

(1) 受害的公民、法人和其他组织。

(2) 受害的公民如死亡，其继承人和其他有抚养关系的亲属。

(3) 受害的法人或其他组织终止，承受其权利的法人或其他组织。

2. 赔偿义务机关　按照《行政赔偿法》的规定，侵权的主体有两类，即国家机关和国家机关工作人员，而赔偿的义务机关则只有一个，就是国家机关，具体包括以下几个方面。

(1) 卫生行政机关及其工作人员行使职权，侵犯公民、法人和其他组织的合法权益，造成损害的，该卫生行政机关为赔偿义务机关。2个以上卫生行政机关共同行使职权时侵犯公民、法人和其他组织的合法权益，造成损害的，共同行使行政职权的卫生行政机关为共同赔偿义务机关。

(2) 根据法律、法规授权的组织在行使授予的卫生行政权力时侵犯公民、法人和其他组织的合法权益，造成损害的，被授权的组织为赔偿义务机关。

(3) 受卫生行政机关委托的组织或个人在行使受委托的行政权力时侵犯公民、法人和其他组织的合法权益，造成损害的，委托的行政机关为赔偿义务机关。

(4) 赔偿义务机关被撤销的，继续行使其职权的行政机关为赔偿义务机关；没有继续行使其职权的行政机关的，撤销该赔偿义务机关的行政机关为赔偿义务机关。

(5) 经复议机关复议的，最初造成侵权行为的卫生行政机关为赔偿义务机关，但复议机关的复议决定加重损害的，复议机关对加重的部分履行赔偿义务。

知识链接

德国是典型的行政诉讼类型化国家。其行政诉讼程序的具体设置在一定程度上基于行政诉讼类型的划分情况。对行政诉讼类型进行划分，主要是为行政诉讼受案范围内的每一种国家权力行为都设置一种诉讼，以期当公民权利受到侵害时，至少有一种类型的诉讼可供选择并以此获得法律保护。德国的行政诉讼类型多从民事诉讼类型发展而来，主要是根据当事人的诉讼请求和法院判决的内容进行划分。德国行政诉讼类型主要有撤销之诉、义务之诉、确认之诉、抽象规范审查之诉、一般给付之诉等。撤销之诉是原告请求行政法院予以撤销或变更的行政诉讼，是德国行政诉讼中最重要的诉讼类型。义务之诉是原告请求行政法院判决被告作出行政行为或应作特定内容的行政行为的行政诉讼。义务之诉分为反拒绝之诉和不行为之诉，前者是对行政机关驳回私人申请所提起的义务诉讼，后者是对行政机关未作出任何行政处理时所提起的义务之诉。确认之诉是原告请求行政法院确认某一行政法律关系存在与否或确认行政行为自始无效的行政诉讼，目的在于对现存的实体法请求权提供一种特别形式的权利保护。抽象规范审查之诉，是法院经当事人申请对有关行政机关制定的规范性文件进行合法性审查的行政诉讼，是司法权对抽象行政行为实施的一种监督。一般给付之诉是指基于公法上的原因，请求行政法院裁判被告为特定给付的诉讼。其“给付”内容包括作为、不作为与容忍，性质上既可以是财产上的给付，也可以是非财产上的给付，但不含行政处理的作成。

小结

- 医护法律知识概述
  - 医护法律概述
    - 医护法律的含义、特征
    - 医护法律的调整对象
    - 医护法律的渊源
  - 医护法律关系
    - 法律关系
    - 医护法律关系及构成要素
    - 医护法律关系的种类
  - 医护法律责任
    - 医护法律责任的概念
    - 医护法律责任的种类
  - 卫生行政执法
    - 卫生行政执法的含义、特点
    - 卫生行政许可
    - 卫生行政处罚
  - 卫生行政救济
    - 卫生行政救济的概念和途径
    - 卫生行政复议
    - 卫生行政诉讼
    - 卫生行政赔偿

案例分析

【案例 1】

吴某怀孕 3 个月了，这天吃过晚饭，吴某像往常一样到室外散步，没走两步就觉得腹部有点隐隐作痛，随即被家人送往附近卫生院，经医生诊断，发现吴某腹腔大量出血，宫外孕和脾破裂的可能性很大，需要做腹腔手术进一步确诊。但手术急需大量 A 型血，卫生院立即和市中心的血站取得了联系，血液将在 1 h 内送到，由于情况紧急，医生王某一边给吴某进行手术，一边打电话催促血站，由于天黑路远，加之有一段路坎坷不平，血站的血迟迟未到，此时吴某因已经查明脾破裂而且鲜血还在向外流出。吴某的弟弟见情况紧急，便两次提出要给姐姐吴某献血，但是均被医院拒绝，当血站的送血员赶到时，吴某已因失血身亡，悲痛欲绝的丈夫将医院告上了法庭，认为医院见死不救，是造成吴某死亡的主要原因，医院应对吴某的死负责。但是医院认为当时已经是尽全力抢救，至于说输血的问题，根据输血法及有关规定，医疗机构应负责采血和献血的安全，在不具备自采、自供的情况下医院不能违规冒险，所以医院不应对吴某的死负责任。

【思考】

1. 本案存在哪些医护法律关系？法律关系的构成要素是什么？

2. 医院是否应对吴某的死负责任？为什么？

【案例 2】

北京一位医学博士，面对被氨水烧伤眼睛的病人，在没有角膜来源的紧急情况下，未经死者家属同意，于夜深人静时潜入医院太平间，摘取了一位女死者的眼球，使两位眼看就要失明的患者重见光明。死者在火化前接受整容时，被发现眼球是假的。于是，责任医生被公安部门拘留。

【思考】

本案这位眼科医学博士的做法是否构成犯罪？

（高梅梅）

第二章　护士管理法律制度

学习目标：

1. 了解国内外护士管理及立法的基本情况。
2. 掌握我国护士管理法律制度的具体规定。
3. 熟悉护士资格考试制度的相关知识。
4. 明确护士执业规则及职责。

案例：

2011 年 9 月 12 日 22:00，陈某因为感冒发烧到某惠民医院门诊部看病。当时医生不在，护士余某给他开了“特诺”(一种青霉素类药)等处方药，并在未给陈某做皮试的情况下，在诊所内给他输液。输液不到 10 min，陈某感到胸闷气短，很快出现抽搐、身体僵直等过敏症状。他立即要求护士停止输液。后陈某要求转院治疗，在家人和护士的帮助下送到其他医院经抢救后才脱离危险。

经调查，事发时值班护士余某称值班医生不在，她见陈某体温超过 38℃，便给开了“特诺”等处方药。由于病人反映此前用过青霉素等，而且以前“特诺”也不需要皮试，所以就在没有皮试的情况下，直接给病人输液，没想到刚输液不久，病人就出现过敏症状。

【思考】

1. 该案中护士余某的做法是否遵守了护士执业规则？为什么？
2. 护士余某是否应该承担相应的法律责任？

现代医学的发展不仅需要应用越来越多的新技术、新仪器，更要强调提升从业者以人为本的服务理念。好的护理工作是知识、技术、爱心的完美结合。护理人员作为有一定专业特征的服务群体，更应具备良好的职业技能、职业道德修养和综合人文素养，才能更好地适应现代医学护理迅速发展的需求。

第一节　护士管理制度概述

一、护士的概念

护士是指受过专业护理教育，具有较高执业意识，并掌握一定的护理、病房管理知识和技术，经批准注册的从事护理活动的专业技术人员。19 世纪 60 年代，英国护士南丁格尔通过制定和实施专业化的护理工作程序，创办了世界上第一所护士训练学校，创造了科学的教育管理方式，促进了护理专业化发展。1987 年世界卫生组织(WHO)指出："护士作为护理的专业工作者，其唯一的任务就是帮助患者恢复健康，帮助健康的人促进健康。"在我国，护士之名来自 1914 年钟茂芳在第一次中华护士会议中提出将英文 nurse 译为"护士"，大会通过，沿用至今。"护"即保护、养育、爱护之意；"士"是指具有专门科学知识和学问的从事此职业的人员。护士是从事平凡而又高尚的护理职业的人，是人们心目中的"白衣天使"。护士保护着人类的健康，救人于危难之中，直接或间接推动社会生产力的发展。毛泽东同志曾在 1941 年和 1942 年护士节两次亲笔题词："护士工作有很大的政治重要性"和"尊重护士，爱护护士"，对护理工作和护士给予了高度评价。

2008 年 1 月，国务院第 206 次常务会议通过了《护士条例》，总则第二条明确指出《护士条例》中所称的"护士"，是指经执业注册考试取得护士执业证书，依照《护士条例》规定从事护理活动，履行保护生命、减轻痛苦、增进健康职责的卫生技术人员。

当前，通过中华人民共和国国家卫生和计划生育委员会组织的护士执业资格考试是护士执业的基本条件之一。护士的主要工作内容是从事护理活动，主要责任是保护生命、减轻痛苦、增进健康。护士服务对象广泛，面向全体社会公民。根据我国的实际情况，目前多数护士主要是在医院从事临床护理工作，未来的发展趋势还包括从事社区保健护理、养老护理等工作。护士的身份是卫生技术人员（卫生技术人员是指卫生事业机构支付工资的全部职工中现任职务为卫生技术工作的专业人员，涵盖医疗、保健、预防人员；中药、西药人员；护士；其他技术人员）。

"护士"日常生活中多指在医院从事护理工作的人员，不仅包括取得护士执业资格并注册的护士，也包括未取得执业证书的见习护士以及进行护理临床实习的护理专业学生。

国务院卫生主管部门负责全国护士的监督管理工作。县级以上地方人民政府卫生主管部门负责本行政区域的护士监督管理工作。按照国务院卫生主管部门的规定，医疗卫生机构应该设置专门机构或者配备专(兼)职人员负责护士管理工作。

二、护士管理立法

护理学是一门古老而又年轻的学科。自从有人类就有护理活动，但直到 1860 年，英国护士南丁格尔在伦敦圣多马医院建立了第一所护士学校后，护理工作才有了长足的进展，并逐步走向专业化。

为了促进护理事业的发展、提高护理质量，世界各国和有关护士国际组织都十分重视护士的道德规范建设和护士管理立法，以法律形式对护理人员的资格、职责、范围等给予了非常明确的规定。

(一) 我国的护士管理立法现状

新中国成立以来，为了推动我国护理事业的发展，国家非常重视护士管理立法工作，先后颁布了许多与护理相关的管理法规、规章、文件。1952 年政务院发布了《医士、药剂士、助产士、护士、牙科技士暂行条例》(已停止施行)，原卫生部 1956 年发布了《国家卫生技术人员职务名称和职务晋升条例》，1979 年发布《卫生技术人员职称及晋升条例(试行)》，1982 年颁发了《医院工作制度》和《医院工作人员职责》。1988 年制定的《医务人员医德规范及实施办法》，规定了护理工作制度，以及各级各类护士应遵守的职业道德和职责等。但是由于没有建立起严格的考试、注册和执业管理制度，致使大批未经护理专业培训的人员进入护士队伍，致使护理队伍整体素质难以提高，护理质量难以保证。为规范护士管理队伍，国务院原卫生部于 1993 年 3 月颁布了《中华人民共和国护士管理办法》，并于 1994 年 1 月 1 日起实施。

《中华人民共和国护士管理办法》(以下简称《护士管理办法》)是新中国成立以来首次以部门规章的形式确立了“国家发展护理事业，促进护理学科的发展，加强护士队伍建设，重视和发挥护士在医疗、预防、保健和康复工作中的作用”的方针。该办法的实施在中国护理管理上发挥了重要的作用，它使中国有了较为完善的护士注册及考试制度，并使中国的护理管理逐渐走上了标准化、法制化的管理轨道。

随着社会的发展以及医疗卫生体制的深化改革，为了进一步加强护士管理，提高护理质量，适应新形势下护理工作发展需要，2005 年 8 月 1 日，原卫生部发布了《中国护理事业发展规划纲要》，纲要明确提出颁布实施《护士管理条例》，明确护士的培养、使用、管理等方面要求，完善护理管理立法工作。随后，国务院颁布了《护士条例》(以下简称《条例》)，于 2008 年 5 月 12 日起正式实施。《条例》强化了护士的权利和义务，规范了护士注册的条件以及注册审批的程序，增加了护士执业的考核与表彰以及政府和医疗卫生机构在护理管理上的职责，明确了护士的法律责任。《条例》的公布施行，极大地激发了广大护士的工作热情，促进护理工作的规范化，吸引更多的优秀人才从事护理工作。

(二) 世贸规则中关于护士涉外执业的法律规定

作为世界上最大的发展中国家和世贸组织成员，我国在世贸舞台中扮演着重要的角色。越来越多的护士开始进入世贸组织其他国家。世贸组织的服务贸易总协定(GATS)为护士的跨国流动奠定了国际法基础。

护士到国外工作属于服务贸易中的自然人流动。在 GATS 协定中，主要为护士提供了如下法律保障：① 最惠国待遇，即一成员国对另一成员国的护理服务和服务提供者所采取的措施，应无条件适用于其他成员国。② 互相承认服务提供者的资格，即成员国之间互相承认护士执业资格证和执业许可证。③ 市场准入的承诺，即各国承诺在医疗卫生部门，不得限制护理人员的数量、不得限制护理服务交易的总额、不得限制护理服务业务总量、不得限制服务的运作方式、不得限制建立法律实体的数量和种类等。

但是在实际的涉外护理流动中，护士涉外执业均需要进行一系列的考核和办理相关手续。其中，海外护士资格考试认证是最重要的。外国护校毕业生评审委员会(Commission on Graduates of Foreign Nursing Schools，CGFNS)的主要功能是负责主办除美国以外的地区进行国际护士资格鉴定考试。目前，该机构在全世界29个国家(地区)和美国本土设立了40个考试中心(包括中国的香港特别行政区、中国台湾、北京也设有考场)。所有进入美国从事护理工作的外籍护士，以及职业移民身份申请赴美，申请人必须先通过CGFNS考试，取得资格证书。外籍护士可凭此证书办理移民签证进入美国，得到美国医院的聘用。因此，凡是获得了美国CGFNS证书的护士就等于拥有了国际公认的一级护士资格证书，就可以在美国、加拿大、新加坡等国家从事护理工作。

知识链接

外国护士到美国工作必须符合3个条件：获得CGFNS(外国护校毕业生评审委员会)认证或者取得美国注册护士执照；得到美国医院的注册护士工作；得到美国移民局颁发的护士签证或护士绿卡。这3个条件一环扣一环，缺一不可，整个过程可能需要2年时间。外国护士要取得美国的注册护士执照，在美国工作，取得护士工作和绿卡，必须先取得CGFNS认证。这个认证包括3个方面的内容：中学和护士教育，以及所在国护士注册和执照的确认和评估；CGFNS认证考试；CGFNS英语测试或托福考试。获得了CGFNS认证之后就可以申请参加美国注册护士执照考试(NCLEX-RN)，考试通过之后才可以申请执照。

(资料来源：http://www.tieku.org/202759/28.html)

三、护士管理立法的意义

护士管理立法促进护理管理法制化，保障护理安全，提高护理质量。通过护理立法，对护理工作的监督管理、护士的考试、注册、执业等作了明确规定，使一切护理活动和行为均有法可依，推动护理管理工作的法制化进程，从而保证了护理工作的稳定性及连续性，防止护理差错事故的发生，保证了护理工作的安全及护理质量的提高。

护士管理立法促进护理教育及护理学科的发展。护士管理立法集中最先进的法律思想及护理观念，为护理专业人才的培养和护理活动的开展制定了法制化的规范及标准，使护理工作中有时难以分辨的正确与错误、合法与非法等护理行为，在法律的规范下得到统一，促进了护理专业向现代化、专业化、科学化、标准化的方向发展。

护士管理立法促进护理人员不断学习和接受培训。护士法规定的护士资格、注册、执业范围等，是不可随意变更的。古人云："以铜为镜，可正衣冠；以人为镜，可知得失；以史为镜，可知兴替。"护士法像一面镜子，每位从事护理工作的人员都必须经常以此为镜，审视自我。目前，我国及国外许多国家都以法律的手段促进护理人员不断学习和更新知识，从而促进护理专业的整体发展。如美国的护理法明确规定护士执业执照有效期为一年，护士每年必须接受继续教育课程，参加资格考试，更换执照。我国原卫生部颁布的《继续医学教育规定（试行）》中第四条、第二十一条、第二十二条分别指出："继续医学教育的对象是完成毕业后医学教育培训或具有中级以上（含中级）专业技术职务从事卫生技术工作的人员""继续医学教育对象每年都应参加与本专业相关的继续医学教育活动，学分数不低于25学分""继续医学教育合格作为卫生技术人员聘任、技术职务晋升和执业再注册的必备条件之一"。

护士管理立法明确了护士的基本权益，使护士的执业权益受到法律的保护。通过护理立法，护理人员的地位、作用和职责范围有了明确的法律依据，使护理人员在从事正常护理工作的权利、履行自己的法定职责等方面最大程度地受到法律的保护，增强了护理人员对护理专业崇高的使命感和安全感。

护士管理立法有利于维护患者及所有服务对象的正当权益。随着我国社会法制化进程的加快，公民的法制观念不断增强，医疗护理工作中的法律纠纷也越来越多。护理管理立法将护士的权利与义务等，以法律条文形式明确化、细致化，并向社会公众展示，有利于全社会公民依照法律条文对于不合格或违反护理准则的行为追究护理人员的法律责任，从而最大程度地保护了患者及所有服务对象的合法权利。

第二节　护士执业资格考试

为加强对护士行业的执业准入控制，保证护理行业执业人员的水准，国家实行护士执业资格考试制度。具体包括：申请参加护士执业资格考试的条件；考试的内容；成绩的取得。

一、护士执业资格考试的条件

为贯彻原国家人事部、卫生部《关于加强卫生专业技术职务评聘工作的通知》（人发〔2000〕114号）等相关文件精神，自2001年开始全国卫生专业初、中级技术资格以考代评工作正式实施。通过考试取得的资格代表了相应级别技术职务要求的水平与能力，作为单位聘任相应技术职务的必要依据。

根据《护士条例》的规定，护士执业应该经执业注册取得护士执业证书，而通过国务院卫生主管部门组织的护士执业考试，是进行护士执业注册的基本条件之一。换句话说，凡申请护士执业者，首先必须通过国家统一组织的护士执业资格考试。

参加全国卫生专业技术资格考试（护士）的报名基本条件有两个：一是专业要求；二是学历要求。具体如下：在中等职业学校、高等学校完成国务院教育主管部门和国务院卫生主管部门规定的普通全日制3年以上的护理、助产专业课程学习，包括在教学、综合医院完成8个月以上护理临床实习，并取得相应学历证书的，可以申请参加护士执业资格考试。

同时,有下列情形之一的,不能申请参加卫生专业技术资格考试:医疗事故责任者未满 3 年;医疗差错责任者未满 1 年;受到行政处分者在处分期内;伪造学历或者考试期间有违纪行为未满 2 年;省级卫生行政部门规定的其他情形。

二、护士执业资格考试的内容

护士执业考试采用专业化标准考试模式,报考专业分为西医护理专业和中医护理专业两类,考试内容包括基础护理学、内科护理学、外科护理学、妇产科护理学、儿科护理学 5 个医学科目及心理学基础、法律法规和伦理原则等医学人文内容。考试科目为"专业实务"和"实践能力"2 个科目,采用笔试方式进行。

三、护士执业资格考试成绩的取得

护士执业资格考试成绩于考试结束后 45 个工作日内公布。考生所在的考点负责分发考生成绩。凡符合考试报名条件,且一次性通过上述两个科目的考试者,由考点发给其考试成绩合格证明,作为其进行护士执业注册的必备依据之一。

第三节 护士执业注册

1993 年颁布实施的《护士管理办法》明确规定了我国将逐渐实施护士资格考试和护士执业注册制度。进行执业注册、取得执业证书是护士从事护理工作的前提。《护士条例》规定卫生机构不得聘请未进行有效注册、未取得护士执业证书的护理人员从事护理活动。因此,从事护士工作须获取护士执业证书。根据《护士条例》规定:国务院卫生行政部门负责全国护士执业注册监督管理工作。省、自治区、直辖市人民政府卫生行政管理部门是护士执业注册的主管部门,负责本行政区域的护士执业注册管理工作。

一、护士执业注册的原则

《护士条例》第七条规定:"护士执业,应当经执业注册取得护士执业证书。"注册确定了我国实行护士执业许可制度。

(一) 申请原则

护士执业注册是依当事人申请而进行的行为。申请护士执业注册的,应当向拟执业地省、自治区、直辖市人民政府卫生主管部门提出申请。卫生行政部门必须自收到申请之日起20 个工作日内作出准予注册和不予注册的决定。

(二) 合格原则

申请护士执业注册的人员必须是参加全国统一的护士执业资格考试并成绩合格的人员。

(三) 注册执业原则

凡经过依法注册获得护士执业证书者方可从事护理工作;未经护士执业注册,未获得护士执业证书者不得从事护理工作。

（四）不间断原则

护士执业注册期满需要继续执业的应当及时再注册。申请延续注册的应当在有效期满前30日内提出申请。卫生行政部门应当在收到申请后对照《护士条例》规定的条件，严格规范审批，并及时作出批准和不予批准的答复。凡是中断注册达到一定期限时，必须按规定参加临床实践后方能再次向注册机关申请注册。

（五）普遍原则

境外人员申请在中华人民共和国境内从事护理工作的，必须通过执业资格考试，并经过注册取得《中华人民共和国护士执业证书》（以下简称《护士执业证书》）。

二、护士执业注册的条件

根据《护士条例》和《护士执业注册管理办法》规定，护士经执业注册取得《护士执业证书》后，方可按照注册的执业地点从事护理工作。未经执业注册取得《护士执业证书》者，不得从事诊疗技术规范规定的护理活动。申请护士执业注册，应当具备以下条件。

1. 具有完全民事行为能力。

2. 在中等职业学校、高等学校完成国务院教育行政部门和卫生行政部门规定的普通全日制3年以上的护理、助产专业课程学习，包括在教学、综合医院完成8个月以上护理临床实习，并取得相应学历证书。

3. 通过国务院卫生行政部门组织的护士执业资格考试。

4. 符合规定的健康标准。即无精神病史；无色盲、色弱、双耳听力障碍；无影响履行护理职责的疾病、残疾或者功能障碍。

三、护士执业注册的程序

护士执业注册分为首次注册、延续注册、重新注册、逾期注册等多种情形，具体包括以下途径。

（一）首次注册

首次注册是指申请人符合《护士条例》和《护士执业注册管理办法》的规定条件，首次向注册机关申请护士执业注册。首次注册的时限是自通过护士执业资格考试之日起3年内提出申请。

申请机关为拟执业地省、自治区、直辖市人民政府卫生行政部门。收到申请的卫生行政部门应该自收到申请之日起20个工作日内，对申请人提交的材料进行审核，审核合格的，准予注册，并发给《护士执业证书》；对不符合规定条件的，不予注册，应当书面说明理由，并告知申请人享有依法申请行政复议或者提起行政诉讼的权利。

申请护士执业注册，应当提交下列材料。

1. 护士执业注册申请审核表。

2. 申请人身份证明。

3. 申请人学历证书及专业学习中的临床实习证明。

4. 护士执业资格考试成绩合格证明。

5. 省、自治区、直辖市人民政府卫生行政部门指定的医疗机构出具的申请人6个月内健康体检证明。

6. 医疗卫生机构拟聘用的相关材料。

（二）延续注册

延续注册是指护士在其执业注册有效期届满时需要继续执业的情况下，在规定期限内提出延续注册申请，由注册机关批准延续其执业资格。护士执业注册有效期为5年，有效期届满需要继续执业的，应当在有效期届满前30日主动向原注册部门申请办理延续注册。医疗卫生机构可以为本机构聘用护士集体申请办理护士执业延续注册。

护士申请延续注册，应当提交下列材料。

1. 护士延续注册申请审核表。

2. 申请人的《护士执业证书》。

3. 省、自治区、直辖市人民政府卫生行政部门指定的医疗机构出具的申请人6个月内健康体检证明。

（三）重新注册

注册有效期届满未延续注册的、受吊销《护士执业证书》处罚且自吊销之日起满2年的护士拟在医疗卫生机构执业时，应当重新申请注册。中断护理执业活动超过3年，重新申请注册的，除应该提供执业注册所需的一般材料外，还应当在省、自治区、直辖市人民政府卫生行政部门规定的教学、综合医院接受3个月临床护理培训，并提交考核合格的证明。

（四）逾期注册

逾期注册是指申请人在自通过护士执业资格考试之日起3年后提出护士执业注册的申请。逾期提出申请的当事人首先要具备护士执业注册条件各项要求，其次要和首次申请注册一样提交相关材料，此外还应提交在省、自治区、直辖市人民政府卫生行政部门规定的教学、综合医院接受3个月临床护理培训并考核合格的证明。

（五）变更注册

变更注册是指被许可人在取得行政许可后，因其拟从事活动的部分内容超出准予行政许可决定或者行政许可规定的活动范围，而申请行政机关对原行政许可准予其从事的活动的相应内容予以改变。护士在其执业注册有效期内变更执业地点等注册项目时，应当办理变更注册。但承担卫生行政部门交办或者批准的任务以及履行医疗卫生机构职责的护理活动等除外。如因自然灾害、突发公共卫生事件等，护士服从卫生行政部门安排参加医疗救护或者经批准参加各种专业培训、学术交流活动等，不在注册医疗机构工作，无须办理变更注册。

收到变更注册报告的卫生行政部门应当自收到报告之日起7个工作日内为其办理变更手续。

护士跨省、自治区、直辖市变更执业地点的，收到报告的注册部门还应当向其原执业地注册部门通报。省、自治区、直辖市人民政府卫生行政部门应当通过护士执业注册信息系统，为护士变更注册提供便利。

(六) 注销注册

注销护士执业注册是基于特定事实的出现，对出现依法应当注销护士执业注册情形的，负责办理护士执业注册的有关卫生行政部门应当依法办理注销手续。注销注册是卫生行政部门对护士执业资格的剥夺，当出现下列情况时，卫生行政部门将对护士进行注销注册。

1. 注册有效期届满未延续注册的。
2. 受吊销《护士执业证书》处罚的。
3. 护士死亡或因身体健康等原因丧失民事行为能力的。

第四节　护士执业

一、护士的权利

法律上的权利是指法律对公民或法人能够作出或不作出一定行为，并要求他人相应作出或不作出一定行为的许可。护士的权利是指取得护士资格依法注册的护士在执业活动中依法所享有的权利。

(一) 获得报酬权

护士执业有按照国家有关规定获取工资报酬、享受福利待遇、参加社会保险的权利。任何单位或者个人不得克扣护士工资，降低或者取消护士福利等待遇。

(二) 安全保障权

护士在给患方进行医疗服务时，有获得与其所从事的护理工作相适应的卫生防护、医疗保健服务的权利。护士的人身与财产不受侵犯的权利。

(三) 自主治疗权(执业权)

医疗护理过程中，护士独立享有护理操作与处置的权力。

(四) 职业发展权

护理学是一门不断发展和进步的学科，护士必须不断地吸收新知识，才能更好地为病患服务，提高护理工作的质量。《护士条例》第十四条规定："护士有按照国家有关规定获得与本人业务能力和学术水平相应的专业技术职务、职称的权利；有参加专业培训、从事学术研究和交流、参加行业协会和专业学术团体的权利。"

(五) 医疗强制权(特殊干涉权)

基于防止疾病之需要而迫不得已限制患者的人身自由或获知病人隐私的权利。

(六) 人格受尊重权

护士在给患者提供服务时，其人格尊严不受侵犯的权利。

（七）依法结社权

护士依法自愿组织和参加代表自身利益的护士协会的权利。

（八）赔偿请求权

护士在医疗过程中遭受到人身、财产损害时，可以依法向患方请求赔偿的权利。从事直接接触有毒有害物质、有感染传染病危险工作的护士，有依照有关法律、行政法规的规定接受职业健康监护的权利；患职业病的，有依照有关法律、行政法规的规定获得赔偿的权利。

（九）获得表扬、表彰的权利

国务院有关部门对护理工作中做出杰出贡献的护士，应当授予全国卫生系统先进工作者荣誉称号或者颁发白求恩奖章，受到表彰、奖励的护士享受省部级劳动模范、先进工作者待遇；长期从事护理工作的护士应该颁发荣誉证书。

知识链接

《里斯本病人权利宣言》(1981)节选

1. 享有优质医疗护理权

2. 自由选择权

病人有权利自由选择和更换他/她的医生、医院或卫生服务机构，无论是私营机构还是公共机构；病人在任何阶段有权请求另一位医生给予治疗。

3. 自主决定权

病人有权利自主决定，而医生则需要告诉病人这样决定的后果；病人有权参与医学研究或教学工作。

4. 知情权

病人有权获得他/她的病历，并充分了解他/她的健康状况；病人的病历应该考虑病人的文化程度，以适当的方式告知他/她，而且这种方式病人是可以理解的。

5. 保密权

6. 健康教育权

7. 受尊重权

8. 宗教信仰权

（资料来源：http://www.huarenyi.com/敬玲燕　译）

二、护士的义务

（一）依法执业

护士执业应该在法律、法规的范围内执行，这是护士执业的根本规则。通过法律、法规的约束，护士履行对患者、患者家属和对社会的责任。这一要求具体包括了护士执业必须进行注册；护士应该依照护理规范进行作业，确保病患的舒适和安全；主动征求病患以及家属的要求，改进工作中的不足；认真执行医嘱，注意与医师的沟通；开展健康教育，促进病患对疾病和健康的理解等。

(二) 紧急处置

护士在执业过程中发现患者病情危急时，应该立即通知医师；在紧急情况下为抢救垂危患者的生命，应当先行实施必要的紧急救护。这一规定包括有两层要求：一是及时通知的义务，即发现患者病情有突然的变化，必须在第一时间将具体情况通知主管医师。二是对生命垂危者，应该采取力所能及的、符合一般医学常识的救助措施。

(三) 关爱患者、尊重患者

护士是为人的健康提供护理服务的，简单、机械的护理只会加重患者的病情和思想负担，不利于疾病康复。在实践层面上，护理最根本的特征是体现人本主义和人文关怀色彩，因此护士应该尊重、关心、爱护患者，保护患者的隐私。

(四) 发现问题医嘱报告

护士没有审核医嘱的义务，但在执行医嘱过程中，如果发现医嘱书写不清楚、书写错误、医嘱违反诊疗和药物使用常规、医嘱内容与治疗同病患的医嘱有明显差异等情况下，护士应该首先向开具医嘱的医师提出，请予核实。经核实无误由医师签字确认后再执行；如果提出疑问后，医师不予理睬或者找不到医师时，护士应该向医师所在科室负责人或者医院分管医疗业务的负责人如实报告。

(五) 服从国家调遣

救死扶伤是医护人员的天职，在特殊情况下，也具有强制性。根据《护士条例》规定，护士有义务参加公共卫生和疾病预防控制工作。发生自然灾害、公共卫生事件等严重威胁公众健康的突发事件时，护士应该服从安排，参加医疗救护。

三、护士的执业规则及职责

(一) 执业规则

根据《护士条例》规定，护士在执业过程中必须遵守如下执业规则。

1. 护士在执业中应当正确执行医嘱，观察病人的身心状态，对病人进行科学护理。遇紧急情况应及时通知医生并配合抢救，医生不在场时，护士应当采取力所能及的急救措施。

2. 护士有承担预防保健工作、宣传防病治病知识、进行康复指导、开展健康教育、提供卫生咨询的义务。

3. 护士执业必须遵守职业道德和医疗护理工作的规章制度及技术规范。

4. 护士在执业中得悉就医者的隐私，不得泄露，但法律另有规定的除外。

5. 遇有自然灾害、传染病流行、突发重大伤亡事故及其他严重威胁人群生命健康的紧急情况，护士必须服从卫生行政部门的调遣，参加医疗救护和预防保健工作。

6. 护理专业在校生或毕业生进行专业实习，或进行临床实践的，必须按照有关规定在护士指导下进行。

（二）职责

在通常情况，岗位责任制度是医院管理工作中最重要的制度之一。它明确了各级护理人员的职责，并根据各级护理人员分工不同，科学地、具体地、有顺序地将人员的职责、工作固定到人。做到事事有人管、人人有专责，从而提高了工作的效率和护理质量，也便于督查。

1. 主任护师职责　在护理部主任的领导下，指导本科护理业务技术、科研和教学工作；检查指导本科急、重、疑难病人的护理计划、护理会诊及抢救危重病人的护理。了解国内外本科护理发展动态，并根据本院具体条件努力引进先进技术，提高护理质量，发展护理学科；主持本科的护理大查房，指导主管护师的查房，不断提高护理业务水平；对本科护理差错、事故提出技术鉴定意见；组织在职主管护师、护师及进修护师的业务学习，拟订教学计划，编写教材，并负责讲授；带教护理本科学生和护理专科学生的临床实习，担任部分课程的讲授，并指导主管护师完成此项工作；协助护理部做好主管护师、护师晋级的业务考核工作，承担对高级护理人员的培养；制定本科护理科研、技术革新计划，并负责指导实施；参与审定、评价护理论文和科研、技术革新成果；负责组织本科护理学术讲座和护理病案讨论；对全院的护理队伍建设、业务技术管理和组织管理提出意见，协助护理部加强对全院护理工作的领导。

2. 主管护师职责　在本科室护士长领导和主任护师指导下进行工作；负责督促检查本科病房护理工作质量，发现问题及时解决，把好护理质量关；解决本科护理业务上的疑难问题，指导重危、疑难患者的护理病历、护理记录的书写及实施；负责指导本科病房的护理查房，对护理业务给予具体指导；对本科发生的护理差错、事故进行分析、鉴定，并提出防范措施；组织本科护师、护士开展业务培训，拟定培训计划，编写教材，负责讲课；负责管理进修护士和护校学生的临床学习，并负责讲课和评定成绩；积极组织护师、护士开展护理科研、技术革新；协助护士长做好行政管理和思想政治工作。

3. 护师职责　在病房护士长领导和本科主管护师指导下进行工作；参加病房的护理临床实践，指导护士正确执行医嘱及各项护理技术操作规程，发现问题及时解决；参与病房危重、疑难病人的护理工作及难度较大的护理技术操作，带领护士完成新业务、新技术的临床实践；协助护士长拟订病房护理工作计划，参与病房管理工作；参加本科主任护师、主管护师组织的护理查房、会诊和病例讨论，主持本病房的护理查房；协助护士长负责本病房护士和进修护士的业务培训，制订学习计划，组织编写教材，并担任讲课，对护士进行技术考核；参加护校部分临床教学，带教护生临床实习；协助护士长制定本病房的科研、技术革新计划，提出科研课题，并组织实施；对病房出现的护理差错、事故进行分析，提出防范措施。

4. 护士职责　在护士长领导和护师职称以上人员的指导下进行工作；严格执行各项护理制度和技术操作规程，正确执行医嘱，准确及时地完成各项护理工作，做好查对及交接班工作，防止缺陷事故的发生；做好患者的基础护理和心理护理；经常巡视病室，密切观察与记录危重患者的病情变化，如发现异常情况需及时报告；认真做好危重患者的抢救工作及各种抢救物品、药品的准备和保管工作；配合医师进行诊疗工作，负责正确采集患者各种检查标本；参加本科组织的护理查房、会诊和病例讨论，努力提高业务水平；自觉提高护理技术操作水平，做到准确熟练而精细；协助开展本科室护理科研、教学和技术革新活动；指导护生和护理员、卫生员的工作；在护师以上人员的指导下，正确运用护理程序，参与患者健康教育活动；维护病室秩序，办理入院、出院、转科、转院手续以及消毒隔离工作。

第五节　法律责任

法律责任是指公民、法人或者其他组织因违反法律规范而应承担的法律后果，即法律关系主体因实施违法行为而应当接受的法律制裁。因此，追究法律责任是国家专门机关的专有活动。

根据引起法律责任的性质，将法律责任分为刑事责任、民事责任、行政责任和违宪责任四个大类。护理活动中，病人和医疗机构之间实际上形成了一种医疗护理合同关系。因此，在因医疗护理事故发生需追究医疗机构民事法律责任时，可以追究医疗机构的违约责任；同时，由于医疗护理事故损害的是公民的人身权，且医疗机构及医务人员对损害的发生存在过错，所以医疗护理事故构成侵权行为，因此，病人及其家属也可以要求医疗机构承担侵权责任。因为责任竞合的关系，在具体追究时，应当选择适用。《护士条例》明确规定，护士在执业过程中造成医疗事故的，依照医疗事故处理的有关规定承担法律责任。

一般来讲，护理事故的法律责任包括民事、行政和刑事责任。

一、护理事故的民事责任

民事责任的承担包括违约责任和侵权责任的承担两种形式，两种形式均规定在《中华人民共和国民法通则》第一百三十四条之中。构成护理事故的绝大多数案例都属于民事案件。《中华人民共和国民法通则》第一百三十四条规定，民事责任包括：停止侵害；排除妨碍；消除危险；返还财产；恢复原状；修理、重作、更换；赔偿损失；支付违约金；消除影响、恢复名誉；赔礼道歉。医疗护理事故中的民事责任以赔偿损失为主。赔偿按《医疗事故处理条例》第四十九条、第五十条之规定，确定具体赔偿数额及赔偿项目。

二、护理事故的行政责任

（一）护理事故行政责任的形式

《护士条例》第三十一条规定，护士在执业活动中有下列情形之一的，由县级以上人民政府卫生行政部门依据职责分工责令改正，给予警告；情节严重的，暂停其6个月以上1年以下执业活动，直至由原发证部门吊销其执业证书。

1. 发现患者病情危急未立即通知医师的。

2. 发现医嘱违反法律、法规、规章或者诊疗技术规范的规定，未依照规定提出或者报告的。

3. 泄露患者隐私的。

4. 发生自然灾害、公共卫生事件等严重威胁公众生命健康的突发事件，不服从安排参加医疗救护的。

我国实行的是社会主义法制，对护理事故的处理一般采取批评教育从严、惩罚处理从宽的原则，大多采用行政手段进行调解。如果调解失败，转由司法机构依法处理。我国《医疗事故处理条例》规定，对造成医疗护理技术事故的直接责任人员，医疗单位应责令其作出书面检查，吸取教训，一般可免予行政处分；对情节严重的，也应当酌情给予行政处分。护理人员由于违反医疗规范及技术规范的，由医疗机构给予警告、责令改正、记过、留职查看或开除等行政处分，情节严重的可以由卫生行政部门给予行政处罚。

《护士条例》第三十二条规定："护士被吊销执业证书的，自执业证书被吊销之日起2年内不得申请执业注册。"

(二) 护理事故的免责事由

《医疗事故处理条例》第三十三条规定，在诊疗护理工作中，有下列情形之一的，不属于医疗事故。

1. 在紧急情况下为抢救垂危病人生命而采取紧急医学措施而造成不良后果的。

2. 在医疗活动中由于病人病情异常或病人体质特殊而发生医疗护理意外的。

3. 在现有医学科学技术条件下，发生无法预料或者不能防范的不良后果的。

4. 无过错输血感染造成不良后果的。

5. 因患方原因延误诊疗导致不良后果的。

6. 因不可抗力造成不良后果的。

三、护理事故的刑事责任

护理刑事责任是指护患双方或者相关人员在处理医疗事故争议中，违反刑事法律、法规，构成犯罪，所应承担的法律责任。主要犯罪一般包括医疗事故罪、伪证罪和受贿罪等。

《护士条例》第二十七条规定："卫生主管部门的工作人员未依照本条例规定履行职责，在护士监督管理工作中滥用职权、徇私舞弊，或者有其他失职、渎职行为的，依法给予处分；构成犯罪的，依法追究刑事责任。"

护理事故的刑事责任不同于民事责任和行政责任。从其概念上我们可以看出，护理事故的刑事责任行为人在处理护理事故争议时，因违反刑法构成犯罪，才应当承当刑事法律责任。如果行为人的行为显著轻微，危害不大，达不到构成犯罪的标准时，只能追究其行政责任。

《中华人民共和国刑法》第三百三十五条规定："医务人员由于严重不负责任，造成就诊人死亡或严重损害就诊人身体健康的，处三年以下有期徒刑或者拘役。"

小结

- 护士管理法律制度
  - 护士管理制度概述
    - 护士的概念
    - 护士管理立法
    - 护士管理立法的意义
  - 护士执业资格考试
    - 护士执业资格考试的条件
    - 护士执业资格考试的内容
    - 护士执业资格考试成绩的取得
  - 护士执业注册
    - 护士执业注册原则
    - 护士执业注册的条件
    - 护士执业注册程序
  - 护士执业
    - 护士的权利
    - 护士的义务
    - 护士的执业规则及职责
  - 法律责任
    - 护理事故的民事责任
    - 护理事故的行政责任
    - 护理事故的刑事责任

案例分析

敖某系伊春市新青区医院护士，2003 年 12 月退休。2004 年，敖某开始从事上门静脉输液服务，每针收取 3 元服务费。如果患者要求其到药店代购药品，敖某加收 1 元服务费。2007 年 5 月 1 日 18:00，敖某接到王某妻子电话，说王某感冒了，让她来给打一针。敖某即携带自购药品和器械来到王某家，配置了自购的双黄连和磷霉素钠、地塞米松相混合给王某静脉注射。5 月 2 日 18:00，敖某又到王某家用同样的药品给王某注射。注射 5 min 后，王某身体出现抽搐，敖某马上拔下针头对王某抢救。在送往医院途中，王某死亡。经法医鉴定，王某系静脉注射磷霉素钠与双黄连注射液所致过敏性休克死亡。

【思考】

1. 敖某对王某的死亡是否该承担责任？
2. 敖某的行为是否违法？为什么？如果违法该承担什么法律责任？

（吴海峰　张明勇）

第三章 临床医技人员管理法律制度

学习目标：

1. 掌握广义执业医师法、执业医师、执业药师的概念；执业医师、药师等执业规则。
2. 熟悉乡村医生、医技人员考试、注册等方面的法律规定及法律责任。
3. 了解外国医师来华执业的相关规定。

案例：

王某，男，46岁，汉族，中专文化，重庆市某县中心卫生院中医师，具有执业医师资格。2005年8月28日晚，居民李某被不明毒蛇咬伤右足背，伤后自行在家用中草药外敷。次日，李某发现伤处红肿。当晚，李某妻子请王某到家为李某治疗。经王某诊断为“病毒性感染”，在未做青霉素过敏试验的情况下，为李某输入青霉素，当液体输入2/3时，王某离开李某家。其后不久，李某出现畏寒，王某前往用盐酸丙嗪25 mg予以肌内注射，李某症状缓解。

8月30日14时许，李某到王某家治疗，测得体温39.6℃。王某即为其输入甲硝唑注射液100 ml，碳酸氢钠注射液100 ml加葡萄糖注射液100 ml，当液体只剩约30 ml时，李某病情加重，出现呕吐，高热42℃。王某即以盐酸异丙嗪25 mg为其肌内注射，症状仍得不到缓解。李某妻子要求急送附近的医院治疗，且找了一辆三轮车准备送李某去医院，王某以观察病情为由拒绝。约10 min后，王某见李某病情仍未缓解，才拨打“120”急救电话。

1 h后，“120”急救车到达，由于李某病情危重，遂送附近中心卫生院抢救，终因抢救无效，于当天22时35分死亡。经鉴定，李某系全身感染，继发左侧中脑、桥脑出血，呼吸循环衰竭死亡。王某对李某的诊治，未正确认识疾病，丧失了有效的抢救时间，存在医疗过失行为，医疗过失行为与损害结果存在一定因果关系。

【思考】

1. 该案中王某是否非法行医？为什么？

2. 公民要从事相应的医疗技术执业活动需要具备什么条件？怎么才能具备该资质？

（案例来源：关于医院执业医师在业余时间行医致人死亡的行为 http://www.law24.cn/a/anli57/7014.html）

临床医技人员是指受过高等和中等医药卫生教育或培训，掌握一定医药卫生知识和技能，经卫生行政部门审查合格，从事医疗预防保健、药剂、护理或其他专业的技术人员，是我国医疗卫生工作的主体，其执业行为关系到病人的生命和健康。因此，加强医技人员法制建设，严格资格准入，加强对其执业行为的监督管理和维护执业者的合法权益，对人民健康及推动整个社会的发展意义重大。

第一节　执业医师法律制度

一、执业医师法的概述

（一）执业医师法的法制建设

新中国成立后，国家非常重视对医师队伍的监督管理工作和医师法制建设。1951年，当时的政务院颁布了《医师暂行条例》、《中医师暂行条例》、《牙医师暂行条例》。党的十一届三中全会后，原国家卫生部制定颁布了一系列规范性文件，如《卫生技术人员职称及晋升条例（试行）》（1979年）、《医院工作人员职责》（1982年）、《医师、中医师个体开业暂行管理办法》（1988年）、《外国医师来华短暂行医管理办法》（1992年）等，但仍然不能满足建立社会主义市场经济，开放医疗服务市场对加强医师执业行为监督管理的需要。为了加强医师队伍的建设，提高医师的职业道德和业务素质，保障医师的合法权益，保护人民健康，1998年6月26日第九届全国人大常委会第三次会议通过了《中华人民共和国执业医师法》（以下简称《执业医师法》），于1999年5月1日生效实施。为更好贯彻实施《执业医师法》，原卫生部相继颁布了《医师执业注册暂行办法》（1999年）、《医师资格考试暂行办法》（1999年，2002年、2003年进行了修订）、《传统医学师承和确有专长医师资格考核考试暂行办法》（1999年）、《关于医师执业注册中执业范围的暂行规定》（2001年），国务院2003年通过了《乡村医生从业管理条例》（2004年1月1日生效）。之后，先后颁布了《医师外出会诊管理暂行规定》（2004年）、《医师资格考试报名资格规定（2006版）》（2006年）、《传统医学师承和确有专长医师资格考核考试办法》（2006年）等，使我国医师管理更加规范化、法制化。

（二）执业医师法、医师的概念

广义的执业医师法是指规范医师行为、调整医师执业活动中产生的各种社会关系的法律规范的总称。而狭义的执业医师法则仅仅指《执业医师法》。

医师是指依法取得执业医师或执业助理医师资格，经注册在医疗、预防、保健机构中执业的专业医务人员，包括执业医师和执业助理医师，分为临床、中医（包括中医、民族医、中西医结合）、口腔、公共卫生四类。

（三）《执业医师法》的适用范围

《执业医师法》第二条规定："依法取得执业医师资格或者执业助理医师资格，经注册在医疗、预防、保健机构中执业的专业医务人员，适用本法。"即在医疗、预防、保健机构中工作，依法取得执业医师资格或者执业助理医师资格，经注册取得执业证书，从事相应的医疗、预防、保健业务的专业技术人员都应当遵守《执业医师法》。由此规定了适用对象必须具备3个条件：① 依法取得执业医师资格或者执业助理医师资格。② 经过注册。③ 是在医疗、预防、保健机构中执业的专业医务人员。

(四) 医师的管理机构

国务院卫生行政部门主管全国的医师工作。县级以上地方人民政府卫生行政部门负责管理本行政区域内的医师工作。

知识链接

世界各国的医师法都规定了医师执业的管理机构。从各国的情况看，一般有两种类型：一是国家卫生行政部门，如日本的厚生大臣、厚生省。二是医师协会(公会)，如英国、美国等。

1983年《英国医疗法》第一条规定："医师总公会是本法设立的法人机构，行使本法规定的职能。"该法第五章关于"职业指导与适合行医"的规定中，首先是赋予"总公会对行医品行或者医德忠告的权力"，"总公会有权以总公会认为合适的方式对从事医疗职业的人员在职业品行规范或者医德方面进行忠告。"日本《医师法》规定，拟成为医师者必须经过医师资格考试，取得厚生大臣的许可。该法第七条第二款规定："医师具有第四条各款之一或发生损害医师品德行为时，厚生大臣可取消其许可，或勒令限期停止医业。"

二、医师资格考试和执业注册

(一) 医师资格考试

《执业医师法》第八条规定："国家实行医师资格考试制度。医师资格考试分为执业医师资格考试和执业助理医师资格考试。"医师资格考试是评价申请医师资格者是否具备医师执业所需专业知识和专业技能的考试，是医师执业的准入考试。医师资格考试实行国家统一考试，每年举行一次。考试时间由卫生和计划生育委员会医师资格考试委员会确定，提前3个月向社会公告。

1. 医师资格考试的种类　《医师资格考试暂行办法》第三条规定："医师资格考试分为执业医师资格考试和执业助理医师资格考试。考试类别分为临床、中医(包括中医、民族医、中西医结合)、口腔、公共卫生四类。考试方式分为实践技能考试和医学综合笔试。"

2. 医师资格考试的组织管理　卫生和计划生育委员会医师资格考试委员会，负责全国医师资格考试工作。委员会下设办公室和专门委员会。

各省、自治区、直辖市卫生行政部门牵头成立医师资格考试领导小组，负责本辖区的医师资格考试工作。领导小组组长由省级卫生行政部门的主要领导兼任。

3. 医师资格考试的条件　《执业医师法》规定参加执业医师资格考试条件。

(1) 具有高等学校医学专业本科以上学历，在执业医师指导下，在医疗、预防、保健机构中试用期满 1 年的。

(2) 取得执业助理医师执业证书后，具有高等学校医学专科学历，在医疗、预防、保健机构中工作满 2 年的；具有中等专业学校医学专业学历，在医疗、预防、保健机构中工作满 5 年的。

按照《医师资格考试报名资格规定(2012 版)》等规定，满足以下条件也可申报执业医师资格考试。

(1) 在《执业医师法》颁布前具有高等学校医学专业专科学历并已经转正，但未取得医师职务任职资格者，可凭转正证明和转正后连续工作 2 年以上并考核合格证明申请报考执业医师资格考试。

(2) 在《执业医师法》颁布前具有中等专业学校医学专业学历并已经转正，取得医士职务任职资格，但未取得医师职务任职资格者，可凭医士职务任职资格证明和所在医疗、预防、保健机构连续从事医士业务工作 5 年以上或从事医士业务工作时间和取得执业助理医师执业证书后执业时间累计满 5 年的证明申请报考执业医师资格考试。

(3) 师承和确有专长人员取得执业助理医师执业证书后，在医疗机构中从事传统医学医疗工作满 5 年，可以申请参加执业医师资格考试。

参加执业助理医师资格考试条件如下。

(1) 具有高等学校医学专科学历或者中等专业学校医学专业学历，在执业医师指导下，在医疗、预防、保健机构中试用期满 1 年的，可以参加执业助理医师资格考试。

(2) 师承和确有专长人员取得《传统医学师承出师证书》或《传统医学医术确有专长证书》后，在执业医师指导下，在授予《传统医学师承出师证书》或《传统医学医术确有专长证书》的省(自治区、直辖市)内的医疗机构中试用期满 1 年并考核合格，可以申请参加执业助理医师资格考试。

符合报考执业医师资格条件的人员可以按照规定报考同类别的执业助理医师资格。

4. 医师资格考试报名提交的材料　申请参加医师资格考试的人员，应当在公告规定期限内，到户籍所在地的考点办公室报名，并提交下列材料：① 二寸免冠正面半身照片两张。② 本人身份证明。③ 毕业证书复印件。④ 试用机构出具的试用期满 1 年并考核合格的证明。⑤ 执业助理医师申报执业医师资格考试的，还应当提交《医师资格证书》复印件、《医师执业证书》复印件、执业时间和考核合格证明。⑥ 报考所需的其他材料。

试用机构与户籍所在地跨省分离的，由试用机构推荐，可在试用机构所在地报名参加考试。

5. 医师资格的取得　医师资格考试成绩合格，取得执业医师资格或者执业助理医师资格。

(二) 医师执业注册

《执业医师法》规定国家实行医师执业注册制度。医师经注册取得《医师执业证书》后，方可按照注册的执业地点、执业类别、执业范围，从事相应的医疗、预防、保健业务。未经医师注册取得执业证书，不得从事医师执业活动。

1. 注册的组织管理 《执业医师法》、《医师执业注册暂行办法》规定，国务院卫生行政部门负责全国医师执业注册监督管理工作。县级以上地方人民政府卫生行政部门是医师执业注册的主管部门，负责本行政区域内的医师执业注册监督管理工作。

2. 注册的条件 凡取得执业医师资格或者执业助理医师资格的，均可申请医师执业注册。

有下列情形之一的，不予注册：① 不具有完全民事行为能力的。② 因受刑事处罚，自刑罚执行完毕之日起至申请注册之日止不满 2 年的。③ 受吊销《医师执业证书》行政处罚，自处罚决定之日起至申请注册之日止不满 2 年的。④ 甲类、乙类传染病传染期、精神病发病期以及身体残疾等健康状况不适宜或者不能胜任医疗、预防、保健业务工作的。⑤ 重新申请注册，经卫生行政部门指定机构或组织考核不合格的。⑥ 国务院卫生行政部门规定不宜从事医疗、预防、保健业务的其他情形的。

3. 注册的程序 《执业医师法》规定凡取得医师资格的，可以向所在地县级以上人民政府卫生行政部门申请注册。《医师执业注册暂行办法》第六章规定："拟在医疗、保健机构中执业的人员，应当向批准该机构执业的卫生行政部门申请注册。拟在预防机构中执业的人员，应当向该机构的同级卫生行政部门申请注册。拟在机关、企业和事业单位的医疗机构中执业的人员，应当向核发该机构《医疗机构执业许可证》的卫生行政部门申请。"

申请医师执业注册，应当提交下列材料：① 医师执业注册申请审核表。② 二寸免冠正面半身照片两张。③《医师资格证书》。④ 注册主管部门指定的医疗机构出具的申请人 6 个月内的健康体检表。⑤ 申请人身份证明。⑥ 医疗、预防、保健机构的拟聘用证明。⑦ 省级以上卫生行政部门规定的其他材料。获得执业医师资格或执业助理医师资格后 2 年内未注册者，申请注册时，还应提交在省级以上卫生行政部门指定的机构接受 3 至 6 个月的培训，并经考核合格的证明。

注册主管部门应当自收到注册申请之日起 30 日内，对申请人提交的申请材料进行审核。审核合格的，予以注册，并发给国务院卫生行政部门统一印制的《医师执业证书》。对不符合注册条件的，注册主管部门应当自收到注册申请之日起 30 日内，书面通知申请人，并说明理由。申请人如有异议的，可以依法申请行政复议或者向人民法院提起行政诉讼。

4. 重新注册 有下列情形之一的，应当重新申请注册：① 中止医师执业活动 2 年以上的。②《医师执业注册暂行办法》第五条规定不予注册的情形消失的。

重新申请注册的人员，应当首先到县级以上卫生行政部门指定的医疗、预防、保健机构或组织，接受 3 至 6 个月的培训，并经考核合格，方可重新申请执业注册。重新申请注册的，除提交注册规定的材料外，还应提交医师重新执业注册申请审核表和县级以上卫生行政部门指定的医疗、预防、保健机构或组织出具的业务水平考核结果证明。

5. 注销注册 医师注册后有下列情形之一的，其所在的医疗、预防、保健机构应当在30日内报告准予注册的卫生行政部门，卫生行政部门应当注销注册，收回医师执业证书：① 死亡或者被宣告失踪的。② 受刑事处罚的。③ 受吊销《医师执业证书》行政处罚的。④ 依照本法第三十一条规定暂停执业活动期满，再次考核仍不合格的。⑤ 中止医师执业活动满2年的。⑥ 身体健康状况不适宜继续执业的。⑦ 有出借、出租、抵押、转让、涂改《医师执业证书》行为的。⑧ 卫生行政部门规定不宜从事医疗、预防、保健业务的其他情形的。

被注销注册的当事人有异议的，可以自收到注销注册通知之日起15日内，依法申请复议或者向人民法院提起诉讼。

医师注册后有下列情况之一的，其所在的医疗、预防、保健机构应当在30日内报注册主管部门备案：① 调离、退休、退职。② 被辞退、开除。③ 省级以上卫生行政部门规定的其他情形。

6. 变更注册　医师变更执业地点、执业类别、执业范围等注册事项的，应当到注册主管部门办理变更注册手续，并提交医师变更执业注册申请审核表、《医师资格证书》、《医师执业证书》以及省级以上卫生行政部门规定提交的其他材料。

医师申请变更执业注册事项不属于原注册主管部门管辖的，申请人应当先到原注册主管部门申请办理变更注册事项和医师执业证书编码，然后到拟执业地点注册主管部门申请办理变更执业注册手续。跨省、自治区、直辖市变更执业注册事项的，除依照前述规定办理有关手续外，新的执业地点注册主管部门在办理执业注册手续时，应收回原《医师执业证书》，并发给新的《医师执业证书》。

但经医疗、预防、保健机构批准的卫生支农、会诊、进修、学术交流、承担政府交办的任务和卫生行政部门批准的义诊等不用办理变更注册。

注册主管部门应当自收到变更注册申请之日起30日内办理变更注册手续。对因不符合变更注册条件不予变更的，应当自收到变更注册申请之日起30日内书面通知申请人，并说明理由。申请人如有异议的，可以依法申请行政复议或者向人民法院提起诉讼。

（三）个体行医的规定

《执业医师法》规定，申请个体行医的执业医师，须经注册后在医疗、预防、保健机构中执业满5年，并按照国家有关规定办理审批手续；未经批准，不得行医。个体行医必须具备以下条件：① 执业医师资格。② 注册后在医疗、预防、保健机构中执业满5年。③ 按照《医疗机构管理条例》规定取得医疗机构执业许可证。

《医师、中医师个体开业暂行管理办法》第九条规定，凡属下列情形之一者，不得申请开业：① 精神病患者。② 在执业中犯有严重过错，被撤销医师、中医师资格者。③ 全民所有制和集体所有制卫生机构的在职人员。④ 其他不适于开业行医者。

个体开业医师、中医师必须获得开业执照方得开业。个体开业医师、中医师应严格按批准的地点、诊疗科目及业务范围执业，变更地点、诊疗科目、业务范围和诊所名称，应报发照机关批准。到外省、市、县开业者，必须到所到地区卫生行政主管部门申请办理开业执照。

三、医师执业

医师经注册取得《医师执业证书》后，可以按照注册的执业地点、执业类别、执业范围，从事相应的医疗、预防、保健业务。这里的执业地点是指医师执业的医疗、预防、保健机构及其登记注册的地址。执业类别是指医师从事医疗、预防、保健中哪类执业活动。执业范围是指医师执业的具体诊疗科目，原卫生部《关于医师执业注册中执业范围的暂行规定》中规定，临床类别医师执业范围：内科专业、外科专业、妇产科专业、儿科专业、眼耳鼻咽喉科专业、皮肤病与性病专业、精神卫生专业、职业病专业、医学影像和放射治疗专业、医学检验、病理专业、全科医学专业、急救医学专业、康复医学专业、预防保健专业、特种医学与军事医学专业、计划生育技术服务专业、省级以上卫生行政部门规定的其他专业；口腔类别医师执业范围：口腔专业、省级以上卫生行政部门规定的其他专业；公共卫生医师执业范围：公共卫生类别专业、省级以上卫生行政部门规定的其他专业；中医类别（包括中医、民族医、中西医结合）医师执业范围：中医专业、中西医结合专业、蒙医专业、藏医专业、维医专业、傣医专业、省级以上卫生行政部门规定的其他专业。

医师在执业活动中可以享有一定的权利，必须承担一定的义务，应当遵循一定的执业规则。

（一）医师执业权利

《执业医师法》规定，医师在执业活动中享有以下权利。

1. **医疗执业权**　即医师在注册的执业范围内，有权进行医学诊查、疾病调查、医学处置、出具相应的医学证明文件，选择合理的医疗、预防、保健方案。这是法律赋予公民劳动权的具体表现。

2. **获得执业所需医疗设备权**　医师在执业活动中有按照国务院卫生行政部门规定的标准，获得与本人执业活动相当的医疗设备基本条件的权利。因为一定的医疗设备是医师开展诊疗等执业活动的先决条件。

3. **从事医学研究、学术交流，参加专业学术团体权**　医师在完成其本职工作的前提下，有权进行科学研究、撰写学术论文及著作、技术开发，有权参加相应的专业学术团体和其他社会团体组织，并进行学术交流合作，以提升自己的专业素养和业务能力，更好地推动医学科学的发展。

4. **参加专业培训，接受继续医学教育权**　二十一世纪是知识经济的时代，知识不断更新，科学技术飞速发展，随着医学模式的转变，新的医疗方式方法不断创新发展，这就要求医师及时更新知识，调整知识结构，不断提高业务水平，以适应医学科学发展及维护人民健康的需要。而各级卫生行政管理部门及医疗、预防、保健结构应当有计划、有步骤地采取各种方式方法，开辟多渠道，为医师参加业务培训、进修、继续教育创造条件，提供机会，以确保医师该项权利得以实现。

5. **人格尊严、人身安全不受侵犯权**　人格尊严、人身安全都是公民的基本人身权利，医师的人格尊严、人身安全作为人身权也应当受到法律的保护。医师的人身权是医师作为人起码该具备的权利,也是医师其他权利的基础和前提。

6. 获取适当报酬权　医师作为劳动者,履行了防病治病、救死扶伤的医师职责,依法应当得到工资报酬和津贴,享受国家规定的福利待遇,这是医师的基本物质保障权。医疗、预防、保健机构应当依法按时足额地支付劳动者相应报酬,并依法为医师参加社会保险。

7. 参与民主管理权　医师有权对所在机构的医疗、预防、保健工作和卫生行政部门的工作进行监督、提出意见和建议,依法参加所在机构的工会组织,参与所在机构的民主管理。

(二) 医师义务

医师的义务是法律规定的医师在执业活动中应当履行的责任,往往以医师应当、必须为一定行为或不为一定行为体现出来,是基于法律的明确规定而产生的,以维护病人和社会合法权利,具有法定性、强制性。

《执业医师法》第二十二条规定,医师在执业活动中履行下列义务:① 遵守法律、法规,遵守技术操作规范。② 树立敬业精神,遵守职业道德,履行医师职责,尽职尽责为患者服务。③ 关心、爱护、尊重患者,保护患者的隐私。④ 努力钻研业务,更新知识,提高专业技术水平。⑤ 宣传卫生保健知识,对患者进行健康教育。

(三) 医师的执业规则

医师的执业规则是指医师依照法律规定,在执业过程中所应遵守的规定和原则。即医师在执业活动中除了履行上述法律义务外,还应该按照《执业医师法》规定认真遵循相应执业规则,目的是规范医师的执业行为,实质是要求医师在执业过程中为或不为一定行为的法律义务。《执业医师法》规定医师应该遵循以下规则。

1. 医师实施医疗、预防、保健措施,签署有关医学证明文件,必须亲自诊查、调查,并按照规定及时填写医学文书,不得隐匿、伪造或者销毁医学文书及有关资料。医师也不得出具与自己执业范围无关或者与执业类别不相符的医学证明文件。

2. 对急危患者,医师应当采取紧急措施进行诊治;不得拒绝急救处置。

3. 医师应当使用经国家有关部门批准使用的药品、消毒药剂和医疗器械。除正当诊断治疗外,不得使用麻醉药品、医疗用毒性药品、精神药品和放射性药品。

4. 医师应当如实向患者或者其家属介绍病情,但应注意避免对患者产生不利后果。进行实验性临床医疗,应当经医院批准并征得患者本人或者其家属同意。

5. 医师不得利用职务之便,索取、非法收受患者财物或者牟取其他不正当利益。

6. 遇有自然灾害、传染病流行、突发重大伤亡事故及其他严重威胁人民生命健康的紧急情况时,医师应当服从县级以上人民政府卫生行政部门的调遣。

7. 医师发生医疗事故或者发现传染病疫情时,应当按照有关规定及时向所在机构或者卫生行政部门报告。医师发现患者涉嫌伤害事件或者非正常死亡时,应当按照有关规定向有关部门报告。

8. 执业助理医师应当在执业医师的指导下,在医疗、预防、保健机构中按照其执业类别执业。在乡、民族乡、镇的医疗、预防、保健机构中工作的执业助理医师,可以根据医疗诊治的情况和需要，独立从事一般的执业活动。

四、医师的考核和培训

（一）医师的考核

国家建立医师考核制度。医师的考核是指医疗机构或有关组织对医师进行的考核，目的是通过考核，了解医师的执业情况，是对医师进行管理的一个重要环节。

1. 考核的主体　考核主体为受县级以上人民政府卫生行政部门委托的医疗、预防、保健机构或者医疗机构评审委员会、医师协会或其他医学专业组织。县级以上卫生行政部门负责指导、检查和监督医师的考核工作。

2. 考核的内容、形式　考核内容包括医师的业务水平、工作成绩和职业道德状况三方面。实行定期考核。

3. 考核结果及处理　考核结果为合格或不合格。对医师的考核结果，考核机构应当报告准予注册的卫生行政部门备案。对考核不合格的医师，县级以上人民政府卫生行政部门可以责令其暂停执业活动 3 个月至 6 个月，并接受培训和继续医学教育。暂停执业活动期满，再次进行考核，对考核合格的，允许其继续执业；对考核不合格的，由县级以上人民政府卫生行政部门注销注册，收回《医师执业证书》。

（二）医师的培训

县级以上人民政府卫生行政部门应当制定医师培训计划，对医师进行多种形式的培训，为医师接受继续医学教育提供条件。县级以上人民政府卫生行政部门应当采取有力措施，对在农村和少数民族地区从事医疗、预防、保健业务的医务人员实施培训。

医疗、预防、保健机构应当按照规定和计划保证本机构医师的培训和继续医学教育。

县级以上人民政府卫生行政部门委托的承担医师考核任务的医疗卫生机构，应当为医师的培训和接受继续医学教育提供和创造条件。

五、法律责任

（一）行政责任

1. 以不正当手段取得《医师执业证书》的，由发给证书的卫生行政部门予以吊销；对负有直接责任的主管人员和其他直接责任人员，依法给予行政处分。

2. 医师在执业活动中，违反《执业医师法》规定，有下列行为之一的，由县级以上人民政府卫生行政部门给予警告或者责令暂停 6 个月以上 1 年以下执业活动。情节严重的，吊销其《医师执业证书》：① 违反卫生行政规章制度或者技术操作规范，造成严重后果的。② 由于不负责任延误急危患者的抢救和诊治，造成严重后果的。③ 造成医疗责任事故的。④ 未经亲自诊查、调查，签署诊断、治疗、流行病学等证明文件或者有关出生、死亡等证明文件的。⑤ 隐匿、伪造或者擅自销毁医学文书及有关资料的。⑥ 使用未经批准使用的药品、消毒药剂和医疗器械的。⑦ 不按照规定使用麻醉药品、医疗用毒性药品、精神药品和放射性药品的。⑧ 未经患者或其家属同意，对患者进行实验性临床医疗的。⑨ 泄露患者隐私，造成严重后果的。⑩ 利用职务之便，索取、非法收受患者财物或者牟取其他不正当利益的。⑪ 发生自然灾害、传染病流行、突发重大伤亡事故以及其他严重威胁人民生命健康的紧急情况时，不服从卫生行政部门调遣的。⑫ 发生医疗事故或者发现传染病疫情，患者涉嫌伤害事件或者非正常死亡，不按照规定报告的。

3. 未经批准擅自开办医疗机构行医或者非医师行医的，由县级以上人民政府卫生行政部门予以取缔，没收其违法所得及其药品、器械，并处10万元以下的罚款；对医师吊销其执业证书。

4. 阻碍医师依法执业，侮辱、诽谤、威胁、殴打医师或者侵犯医师人身自由、干扰医师正常工作、生活的，依照治安管理处罚条例的规定处罚。

5. 预防、保健机构未依照规定履行报告职责，导致严重后果的，由县级以上人民政府卫生行政部门给予警告；并对该机构的行政负责人依法给予行政处分。

6. 卫生行政部门工作人员或者医疗、预防、保健机构工作人员违反《执业医师法》有关规定，弄虚作假、玩忽职守、滥用职权、徇私舞弊，尚不构成犯罪的，依法给予行政处分。

(二) 民事责任

医师在医疗、预防、保健工作中造成事故的，依照法律或者国家有关规定处理。

未经批准擅自开办医疗机构行医或者非医师行医，给患者造成损害的，依法承担赔偿责任。

(三) 刑事责任

《执业医师法》规定，违反执业医师法，构成犯罪的，依法追究其刑事责任。根据《中华人民共和国刑法》(以下简称《刑法》)的规定，执业医师构成的犯罪主要有医疗事故罪、非法行医罪、非法进行节育手术罪。

《刑法》第三百三十五条规定，医务人员工作中严重不负责任，造成就诊人员死亡或者严重损害就诊人员身体健康的，处3年以下有期徒刑或者拘役。

《刑法》第三百三十六条规定，未取得医师执业资格的人非法行医，情节严重的，处3年以下有期徒刑、拘役或管制，并处或单处罚金；严重损害就诊人身体健康的，处3年以上10年以下有期徒刑，并处罚金；造成就诊人死亡的，处10年以上有期徒刑，并处罚金。

未取得医师执业资格的人擅自为他人进行节育复通手术、假节育手术、终止妊娠手术或者摘取宫内节育器，情节严重的，处3年以下有期徒刑、拘役或者管制，并处或单处罚金；严重损害就诊人身体健康的，处3年以上10年以下有期徒刑，并处罚金；造成就诊人死亡的，处10年以上有期徒刑，并处罚金。

阻碍医师依法执业，侮辱、诽谤、威胁、殴打医师或者侵犯医师人身自由、干扰医师正常工作、生活，构成犯罪的，依法追究刑事责任。

第二节　乡村医生从业管理的法律制度

一、概述

为了提高乡村医生的职业道德和业务素质，加强乡村医生从业管理，保护乡村医生的合法权益，保障村民获得初级卫生保健服务，国务院2003年7月30日第16次常务会议通过《乡村医生从业管理条例》，并予公布，自2004年1月1日起施行。

（一）概念

乡村医生是指尚未取得执业医师资格或执业助理医师资格，经注册在村医疗卫生机构从事预防、保健和一般医疗服务的医生。

（二）适用对象

《乡村医生从业管理条例》适用于尚未取得执业医师资格或者执业助理医师资格，经注册在村医疗卫生机构从事预防、保健和一般医疗服务的乡村医生。

（三）管理机构

国务院卫生行政主管部门负责全国乡村医生的管理工作。县级以上地方人民政府卫生行政主管部门负责本行政区域内乡村医生的管理工作。

为提高乡村医生的专业技术水平，保障农村居民获得规范的卫生保健服务，国家鼓励乡村医生学习中医药基本知识，运用中医药技能防治疾病；鼓励乡村医生通过医学教育取得医学专业学历；鼓励符合条件的乡村医生申请参加国家医师资格考试；鼓励取得执业医师资格或者执业助理医师资格的人员，开办村医疗卫生机构，或者在村医疗卫生机构向村民提供预防、保健和医疗服务。

二、执业注册及执业规则

（一）执业注册

《乡村医生从业管理条例》第九条规定，国家实行乡村医生执业注册制度。县级人民政府卫生行政主管部门负责乡村医生执业注册工作。乡村医生经注册取得执业证书后，方可在聘用其执业的村医疗卫生机构从事预防、保健和一般医疗服务。未经注册取得乡村医生执业证书的，不得执业。

1. 注册的条件　《乡村医生从业管理条例》公布前的乡村医生，取得县级以上地方人民政府卫生行政主管部门颁发的乡村医生证书，并符合下列条件之一的，可以向县级人民政府卫生行政主管部门申请乡村医生执业注册，取得乡村医生执业证书后，继续在村医疗卫生机构执业：① 已经取得中等以上医学专业学历的。② 在村医疗卫生机构连续工作20年以上的。③ 按照省、自治区、直辖市人民政府卫生行政主管部门制定的培训规划，接受培训取得合格证书的。

对具有县级以上地方人民政府卫生行政主管部门颁发的乡村医生证书，但不符合以上规定条件的乡村医生，县级人民政府卫生行政主管部门应当进行有关预防、保健和一般医疗服务基本知识的培训，并根据省、自治区、直辖市人民政府卫生行政主管部门确定的考试内容、考试范围进行考试。经培训并考试合格的，可以申请乡村医生执业注册；经培训但考试不合格的，县级人民政府卫生行政主管部门应当组织对其再次培训和考试。不参加再次培训或者再次考试仍不合格的，不得申请乡村医生执业注册。

《乡村医生从业管理条例》公布之日起进入村医疗卫生机构从事预防、保健和医疗服务的人员，应当具备执业医师资格或者执业助理医师资格。不具备以上规定条件的地区，根据实际需要，可以允许具有中等医学专业学历的人员，或者经培训达到中等医学专业水平的其他人员申请执业注册，进入村医疗卫生机构执业。具体办法由省、自治区、直辖市人民政府制定。

2. 不予注册的情形　《乡村医生从业管理条例》第十四条规定乡村医生有下列情形之一的，不予注册：① 不具有完全民事行为能力的。② 受刑事处罚，自刑罚执行完毕之日起至申请执业注册之日止不满 2 年的。③ 受吊销乡村医生执业证书行政处罚，自处罚决定之日起至申请执业注册之日止不满 2 年的。

3. 执业注册的程序

(1) 首次注册　符合《乡村医生从业管理条例》规定，申请在村医疗卫生机构执业的人员，应当持村医疗卫生机构出具的拟聘用证明和相关学历证明、证书，向村医疗卫生机构所在地的县级人民政府卫生行政主管部门申请执业注册。县级人民政府卫生行政主管部门应当自受理申请之日起 15 日内完成审核工作，对符合规定条件的，准予执业注册，发给乡村医生执业证书；对不符合规定条件的，不予注册，并书面说明理由。

(2) 再注册　乡村医生执业证书有效期为 5 年。乡村医生执业证书有效期满需要继续执业的，应当在有效期满前 3 个月申请再注册。县级人民政府卫生行政主管部门应当自受理申请之日起 15 日内进行审核，对符合省、自治区、直辖市人民政府卫生行政主管部门规定条件的，准予再注册，换发乡村医生执业证书；对不符合条件的，不予再注册，由发证部门收回原乡村医生执业证书。

(3) 变更注册　乡村医生应当在聘用其执业的村医疗卫生机构执业；变更执业的村医疗卫生机构的，应当依照规定的程序办理变更注册手续。

(4) 注销注册　有下列情形之一的，由原注册的卫生行政主管部门注销执业注册，收回乡村医生执业证书：① 死亡或者被宣告失踪的。② 受刑事处罚的。③ 中止执业活动满 2 年的。④ 考核不合格，逾期未提出再次考核申请或者经再次考核仍不合格的。

4. 执业注册的管理　县级人民政府卫生行政主管部门应当将准予执业注册、再注册和注销注册的人员名单向其执业的村医疗卫生机构所在地的村民公告，并由设区的市级人民政府卫生行政主管部门汇总，报省、自治区、直辖市人民政府卫生行政主管部门备案。

村民和乡村医生发现违法办理乡村医生执业注册、再注册、注销注册的，可以向有关人民政府卫生行政主管部门反映；有关人民政府卫生行政主管部门对反映的情况应当及时核实，调查处理，并将调查处理结果予以公布。上级人民政府卫生行政主管部门应当加强对下级人民政府卫生行政主管部门办理乡村医生执业注册、再注册、注销注册的监督检查，及时纠正违法行为。

（二）执业规则

1. 乡村医生享有的权利　乡村医生在执业活动中享有下列权利：① 进行一般医学处置，出具相应的医学证明。② 参与医学经验交流，参加专业学术团体。③ 参加业务培训和教育。④ 在执业活动中，人格尊严、人身安全不受侵犯。⑤ 获取报酬。⑥ 对当地的预防、保健、医疗工作和卫生行政主管部门的工作提出意见和建议。

2. 承担的义务　乡村医生在执业活动中应当履行下列义务：① 遵守法律、法规、规章和诊疗护理技术规范、常规。② 树立敬业精神，遵守职业道德，履行乡村医生职责，为村民健康服务。③ 关心、爱护、尊重患者，保护患者的隐私。④ 努力钻研业务，更新知识，提高专业技术水平。⑤ 向村民宣传卫生保健知识，对患者进行健康教育。

3. 执业规则　乡村医生在执业活动中，应当协助有关部门做好初级卫生保健服务工作；按照规定及时报告传染病疫情和中毒事件；如实填写并上报有关卫生统计报表，妥善保管有关资料。不得重复使用一次性医疗器械和卫生材料，对使用过的一次性医疗器械和卫生材料，应当按照规定处置。应当如实向患者或者其家属介绍病情，对超出一般医疗服务范围或者限于医疗条件和技术水平不能诊治的病人，应当及时转诊；情况紧急不能转诊的，应当先行抢救并及时向有抢救条件的医疗卫生机构求助。不得出具与执业范围无关或者与执业范围不相符的医学证明，不得进行实验性临床医疗活动。应当在乡村医生基本用药目录规定的范围内用药。

三、培训和考核

（一）乡村医生的培训

1. 培训管理机关　省、自治区、直辖市人民政府组织制定乡村医生培训规划，保证乡村医生至少每 2 年接受一次培训。县级人民政府根据培训规划制定本地区乡村医生培训计划。县级人民政府卫生行政主管部门根据乡村医生培训计划，负责组织乡村医生的培训工作。乡、镇人民政府以及村民委员会应当为乡村医生开展工作和学习提供条件，保证乡村医生接受培训和继续教育。

2. 培训经费　对承担国家规定的预防、保健等公共卫生服务的乡村医生，其培训所需经费列入县级财政预算。对边远贫困地区，设区的市级以上地方人民政府应当给予适当经费支持。

3. 培训时间　为更新医学知识，提高业务水平，至少每 2 年接受一次培训。

（二）乡村医生的考核

1. 考核主管机构　县级人民政府卫生行政主管部门负责组织本地区乡村医生的考核工作；对乡村医生的考核，每 2 年组织一次。

2. 考核内容　县级人民政府卫生行政主管部门负责检查乡村医生执业情况，收集村民对乡村医生业务水平、工作质量的评价和建议，接受村民对乡村医生的投诉，并进行汇总、分析。汇总、分析结果与乡村医生接受培训的情况作为对乡村医生进行考核的主要内容。

3. 考核结果　乡村医生经考核合格的，可以继续执业；经考核不合格的，在 6 个月之内可以申请进行再次考核。逾期未提出再次考核申请或者经再次考核仍不合格的乡村医生，原注册部门应当注销其执业注册，并收回乡村医生执业证书。

四、乡村医生违法的法律责任

1. 乡村医生在执业活动中，违反《乡村医生从业管理条例》规定，有下列行为之一的，由县级人民政府卫生行政主管部门责令限期改正，给予警告；逾期不改正的，责令暂停 3 个月以上 6 个月以下执业活动；情节严重的，由原发证部门暂扣乡村医生执业证书：① 执业活动超出规定的执业范围，或者未按照规定进行转诊的。② 违反规定使用乡村医生基本用药目录以外的处方药品的。③ 违反规定出具医学证明，或者伪造卫生统计资料的。④ 发现传染病疫情、中毒事件不按规定报告的。

2. 乡村医生在执业活动中，违反规定进行实验性临床医疗活动，或者重复使用一次性医疗器械和卫生材料的，由县级人民政府卫生行政主管部门责令停止违法行为，给予警告，可以并处 1 000 元以下的罚款；情节严重的，由原发证部门暂扣或者吊销乡村医生执业证书。

3. 乡村医生变更执业的村医疗卫生机构，未办理变更执业注册手续的，由县级人民政府卫生行政主管部门给予警告，责令限期办理变更注册手续。

4. 以不正当手段取得乡村医生执业证书的，由发证部门收缴乡村医生执业证书；造成患者人身损害的，依法承担民事赔偿责任；构成犯罪的，依法追究刑事责任。

5. 未经注册在村医疗卫生机构从事医疗活动的，由县级以上地方人民政府卫生行政主管部门予以取缔，没收其违法所得以及药品、医疗器械，违法所得 5 000 元以上的，并处违法所得 1 倍以上 3 倍以下的罚款；没有违法所得或者违法所得不足 5 000 元的，并处 1 000 元以上 3 000 元以下的罚款；造成患者人身损害的，依法承担民事赔偿责任；构成犯罪的，依法追究刑事责任。

第三节　医技人员管理法律制度

一、执业药师管理的法律制度

(一) 概述

1. 执业药师的概念　执业药师是指经全国统一考试，取得《执业药师资格证书》并经注册登记，在药品生产、经营、使用单位中执业的药学技术人员。执业药师分为药学和中药学 2 个类别，统称为执业药师。执业药师是药学技术人员的一部分。药学技术人员是指具有药学专业知识，取得药学专业技术职称并从事药学工作的技术人员。

2. 执业药师资格制度　1994 年开始我国实行执业药师资格制度，并纳入全国专业技术人员执业资格制度统一规划的范围。

3. 立法现状　为加强对药学技术人员的准入控制，科学、公正、客观地评价和选拔人才，全面提高药学技术人员的素质，确保药品质量，保障人民用药的安全有效，原国家中医药管理局与原人事部联合颁发了《执业药师资格制度暂行规定》(1994 年 3 月 15 日)、《执业中药师资格制度暂行规定》(1995 年 7 月 5 日)。1999 年，原国家药品监督管理局颁发了新的《执业药师资格制度暂行规定》，并相继出台《执业药师资格考试实施办法》、《执业药师注册管理暂行办法》、《执业药师继续教育管理暂行办法》等一系列规范性文件，使我国执业药师资格制度逐步趋于完善。

(二) 执业药师资格考试

1. 考试的管理　执业药师资格实行全国统一大纲、统一命题、统一组织的考试制度。一般每年举行一次。国家食品药品监督管理总局负责组织拟定考试科目和考试大纲、编写培训教材、建立试题库及考试命题工作。按照培训与考试分开的原则，统一规划并组织考前培训。人力资源和社会保障部负责组织审定考试科目、考试大纲和试题，会同国家食品药品监督管理总局对考试工作进行监督、指导并确定合格标准。

2. 参加执业药师资格考试的条件　《执业药师资格制度暂行规定》第九条规定，凡中华人民共和国公民和获准在我国境内就业的其他国籍的人员具备以下条件之一者，均可申请参加执业药师资格考试：① 取得药学、中药学或相关专业中专学历，从事药学或中药学专业工作满 7 年。② 取得药学、中药学或相关专业大专学历，从事药学或中药学专业工作满 5 年。③ 取得药学、中药学或相关专业大学本科学历，从事药学或中药学专业工作满 3 年。④ 取得药学、中药学或相关专业第二学士学位、研究生班毕业或取得硕士学位，从事药学或中药学专业工作满 1 年。⑤ 取得药学、中药学或相关专业博士学位。

执业药师资格考试合格者，取得《执业药师资格证书》。该证书在全国范围内有效。

按照国家有关规定评聘为高级专业技术职务，并具备下列条件之一者，可免试药学(或中药学)专业知识(一)、药学(或中药学)专业知识(二)2 个科目，只参加药事管理与法规、综合知识与技能 2 个科目的考试：① 中药学徒、药学或中药学专业中专毕业，连续从事药学或中药学专业工作满 20 年。② 取得药学、中药学专业或相关专业大专以上学历，连续从事药学或中药学专业工作满 15 年。

(三) 执业药师执业注册

1. 执业注册的管理　执业药师资格实行注册制度。国家食品药品监督管理总局为全国执业药师资格注册管理机构，各省、自治区、直辖市食品药品监督管理局为注册机构。人力资源和社会保障部及各省、自治区、直辖市人力资源和社会保障部门对执业药师注册工作有监督、检查的责任。取得《执业药师资格证书》者，须按规定向所在省(区、市)食品药品监督管理局申请注册。经注册后，方可按照注册的执业类别、执业范围从事相应的执业活动。未经注册者，不得以执业药师身份执业。

2. 注册的条件

(1) 首次注册　申请注册者，必须同时具备下列条件：① 取得《执业药师资格证书》。② 遵纪守法，遵守药师职业道德。③ 身体健康，能坚持在执业药师岗位工作。④ 经所在单位考核同意。

首次注册提供的材料：①《执业药师资格证》(原件)。② 身份证复印件。③ 近期大一寸彩色相片7张。④ 县级(含)医院以上出具的本人6个月内健康体检表。⑤ 执业单位审核意见。⑥ 执业单位合法开业的证明复印件。⑦《执业药师首次注册申请表》(一式4份)。⑧《执业药师注册信息录入表》(一式1份)。

经批准注册者，在《执业药师资格证书》中的注册情况栏内加盖注册专用印章，同时发给中华人民共和国《执业药师注册证》，并报国家食品药品监督管理总局备案。

(2) 再注册　执业药师注册有效期为3年，有效期满前3个月，持证者须到注册机构办理再次注册手续。再次注册者，除须符合首次注册的规定外，还须有参加继续教育的证明。

再次注册提供的材料：①《执业药师资格证书》、《执业药师注册证》(原件)。② 执业单位考核材料。③《执业药师继续教育登记证书》。④ 县级(含)医院以上出具的本人6个月内健康体检表。⑤《执业药师再次注册申请表》(一式4份)。⑥ 近期大一寸彩色相片3张。⑦《执业药师注册信息录入表》(一式1份)。

(3) 注销注册　执业药师有下列情形之一的，由所在单位向注册机构办理注销注册手续：① 死亡或被宣告失踪的。② 受刑事处罚的。③ 受取消执业资格处分的。④ 因健康或其他原因不能或不宜从事执业药师业务的。

凡注销注册的，注册机构在执业药师注册服务平台或办公场所，电子政务网上公告。

(四) 执业药师的职责

1. 执业药师必须遵守职业道德，忠于职守，以对药品质量负责、保证人民用药安全有效为基本准则。

2. 执业药师必须严格执行《中华人民共和国药品管理法》(以下简称药品管理法)及国家有关药品研究、生产、经营、使用的各项法规及政策。执业药师对违反《药品管理法》及有关法规的行为或决定，有责任提出劝告、制止、拒绝执行并向上级报告。

3. 执业药师在执业范围内负责对药品质量的监督和管理，参与制定、实施药品全面质量管理及对本单位违反规定的处理。

4. 执业药师负责处方的审核及监督调配，提供用药咨询与信息，指导合理用药，开展治疗药物的监测及药品疗效的评价等临床药学工作。

(五) 执业药师的继续教育

《执业药师资格制度暂行规定》规定，执业药师需努力钻研业务，不断更新知识，掌握最新医药信息，保持较高的专业水平。执业药师必须接受继续教育。

1. 继续教育的组织和管理　《执业药师继续教育管理暂行办法》规定，国家食品药品监督管理总局负责制定执业药师继续教育管理办法，组织拟定、审批继续教育内容。其职责是:① 制定执业药师继续教育政策和管理办法。② 审定全国执业药师继续教育指导大纲和全国执业药师继续教育推荐培训教材。③ 负责执业药师继续教育管理人员和师资的业务培训,组织执业药师继续教育国际和国内学术研究与交流。④ 指导和检查各省、自治区、直辖市食品药品监督管理部门、国家食品药品监督管理总局执业药师资格认证中心、中国执业药师协会的执业药师继续教育管理工作。

各省、自治区、直辖市食品药品监督管理部门负责本地区执业药师继续教育的实施工作。其职责是:① 负责本辖区执业药师继续教育的统一规划、统筹管理。② 制定本辖区施教机构资格认定管理细则,负责施教机构的资质认定,并将认定的施教机构名单报送国家食品药品监督管理总局备案。③ 指导和检查本辖区施教机构实施执业药师继续教育,并负责对培训质量进行评估。④ 确定本辖区执业药师继续教育选修内容遴选确认单位,并监督其工作。⑤ 制定本辖区执业药师继续教育自修内容学分登记管理办法。⑥ 及时报送本辖区制定的有关管理办法至国家食品药品监督管理总局备案。

国家食品药品监督管理总局委托局执业药师资格认证中心组织实施全国执业药师继续教育的技术业务工作。

2. 内容与形式

(1) 内容　执业药师继续教育的内容要适应执业药师工作岗位的实际需要,注重科学性、先进性、实用性和针对性,适应执业药师提供高质量药学服务的基本要求。分为必修、选修、自修 3 类。

(2) 形式　执业药师继续教育的形式和手段可根据实际灵活多样,可采取网络教育、远程教育、短期培训、学术会议、函授、刊授、广播、视像媒体技术、业余学习等多种形式。

执业药师继续教育实行学分制。具有执业药师资格的人员每年参加执业药师继续教育获取的学分不得少于 15 学分,注册期 3 年内累计不得少于 45 学分。其中必修和选修内容每年不得少于 10 学分,自修内容学习可累计获取学分。

执业药师继续教育实行登记制度,登记内容包括:继续教育内容、分类、形式、学分、考核结果、日期、施教机构等。《执业药师继续教育登记证书》,由执业药师本人保存。具有执业药师资格的人员参加必修内容和选修内容的学习并经考核合格后,由施教机构在《执业药师继续教育登记证书》上确认与登记盖章。采取网络教育、远程教育形式实施必修、选修内容,并经考核合格的,由施教机构出具《执业药师继续教育学分证明》,各省、自治区、直辖市食品药品监督管理部门凭此证明在《执业药师继续教育登记证书》上进行学分登记,并将登记过的《执业药师继续教育学分证明》收回。

执业药师继续教育自修内容学分由各省、自治区、直辖市食品药品监督管理部门、人事教育部门或由省级食品药品监督管理部门委托的机构确认,并在《执业药师继续教育登记证书》上进行学分登记。

(六) 法律责任

1. 用人单位的责任　① 未按规定配备执业药师的单位,应限期配备。② 对已在需由执业药师担任的岗位工作，但尚未通过执业药师资格考试的人员，要进行强化培训，限期达到要求。对经过培训仍不能通过执业药师资格考试者，必须调离岗位。③ 对执业药师违反有关规定条款的，所在单位须如实上报，由食品药品监督管理部门根据情况给予处分。注册机构对执业药师所受处分，应及时记录在其《执业药师资格证书》中的备注《执业情况记录》栏内。

2. 有关人员的责任　① 对涂改、伪造或以虚假和不正当手段获取《执业药师资格证书》或《执业药师注册证》的人员，发证机构应收回证书，取消其执业药师资格，注销注册；并对直接责任者根据有关规定给予行政处分，直至送交有关部门追究法律责任。② 执业药师在执业期间违反《药品管理法》及其他法律法规，构成犯罪的，由司法机关依法追究其刑事责任。③ 对未按规定配备执业药师的单位，应限期配备，逾期将追究单位负责人的责任。

知识链接

实行执业药师资格准入控制，已经成为国际惯例。日本1847年制定的《医务工作条例》对医师调配药品作了规定。后在1889年制定的《医药条例》、1948年制定的《药事法》、1960年颁布的《药剂师法》中都对药师的职责、作用、资格要求作了规定。美国于1869年实行药师资格制度，1904年成立了“国家药事管理委员会协会(MABP)”，MABP负责制定州药房法标准，建立药师执照标准，组织药师考试、注册等工作。

二、其他卫生技术人员管理的法律制度

(一) 外国医师来华执业的管理

1. 概述　为了加强外国医师来华短期行医的管理，保障医患双方的合法权益，促进中外医学技术的交流和发展，原卫生部于1992年通过了《外国医师来华短期行医暂行管理办法》。

“外国医师来华短期行医”，是指在外国取得合法行医权的外籍医师，应邀、应聘或申请来华从事不超过一年期限的临床诊断、治疗业务活动。

2. 外国医师来华执业的管理制度

(1) 条件　外国医师来华短期行医必须经过注册，取得《外国医师短期行医许可证》。

(2) 邀请聘用制度　外国医师来华短期行医，必须有在华医疗机构作为邀请或聘用单位。邀请或聘用单位可以是一个或多个。外国医师申请来华短期行医，必须依规定与聘用单位签订协议，有多个聘用单位的，要分别签订协议。外国医师应邀、应聘来华短期行医，可以根据情况由双方决定是否签订协议。未签订协议的，所涉及的有关民事责任由邀请或聘用单位承担。外国医师来华短期行医的协议书必须包含以下内容：目的、具体项目、地点、时间、责任的承担。

(3) 注册制度　外国医师来华短期行医必须经过注册，取得《外国医师短期行医

许可证》。注册机关为设区的市级以上卫生行政部门。注册机关应当在受理申请后30日内进行审核，并将审核结果书面通知申请人或代理申请的单位。对审核合格的予以注册，并发给《外国医师短期行医许可证》。审核的主要内容包括：有关文字材料的真实性、申请项目的安全性和可靠性、申请项目的先进性和必要性。

申请外国医师来华短期行医注册，必须提交下列文件：① 申请书。② 外国医师的学位证书。③ 外国行医执照或行医权证明。④ 外国医师的健康证明。⑤ 邀请或聘用单位证明以及协议书或承担有关民事责任的声明书。其中②、③项的内容必须经过公证。

(4) 注册期限　外国医师来华短期行医注册的有效期不超过一年。注册期满需要延期的，可以重新办理注册。

3. 法律责任　外国医师来华短期行医未经注册，由所在地设区的市级以上卫生行政部门予以取缔，没收非法所得，并处以10 000元以下罚款；对邀请、聘用或提供场所的单位，处以警告，没收非法所得，并处以5 000元以下罚款。

外国医师来华短期行医不遵守中国的法律法规、不尊重中国的风俗习惯，由有关主管机关依法处理。

(二) 放射工作人员的健康管理

1. 概述　为了保障放射工作人员的职业健康与安全，根据《中华人民共和国职业病防治法》(以下简称《职业病防治法》)和《放射性同位素与射线装置安全和防护条例》，原卫生部于2007年3月制定了《放射工作人员职业健康管理办法》，并于2007年11月1日生效实施。该办法适用于中华人民共和国境内的放射工作单位及其放射工作人员。

这里的“放射工作单位”，是指开展下列活动的企业、事业单位和个体经济组织：① 放射性同位素(非密封放射性物质和放射源)的生产、使用、运输、贮存和废弃处理。② 射线装置的生产、使用和维修。③ 核燃料循环中的铀矿开采、铀矿水冶、铀的浓缩和转化、燃料制造、反应堆运行、燃料后处理和核燃料循环中的研究活动。④ 放射性同位素、射线装置和放射工作场所的辐射监测。⑤ 卫生行政管理部门规定的与电离辐射有关的其他活动。

放射工作人员是指在放射工作单位从事放射职业活动中受到电离辐射照射的人员。

国家卫生和计划生育委员会主管全国放射工作人员职业健康的监督管理工作。县级以上地方人民政府卫生行政部门负责本行政区域内放射工作人员职业健康的监督管理。

2. 从业条件和培训

(1) 从业条件　放射工作人员应当具备下列基本条件：① 年满18周岁。② 经职业健康检查，符合放射工作人员的职业健康要求。③ 放射防护和有关法律知识培训考核合格。④ 遵守放射防护法规和规章制度，接受职业健康监护和个人剂量监测管理。⑤ 持有《放射工作人员证》。

放射工作人员上岗前，放射工作单位负责向所在地县级以上地方人民政府卫生行政部门为其申请办理《放射工作人员证》。

(2) 培训　放射工作人员上岗前应当接受放射防护和有关法律知识培训，考核合格方可参加相应的工作。培训时间不少于 4 天；放射工作单位应当定期组织本单位的放射工作人员接受放射防护和有关法律知识培训。放射工作人员 2 次培训的时间间隔不超过 2 年，每次培训时间不少于 2 天。放射工作单位应当建立并按照规定的期限妥善保存培训档案。培训档案应当包括每次培训的课程名称、培训时间、考试或考核成绩等资料。放射工作单位应当将每次培训的情况及时记录在《放射工作人员证》中。

3. 个人剂量监测管理

(1) 所有从事放射工作的单位和个人，必须接受个人剂量监测，并遵守下列规定：① 外照射个人剂量监测周期一般为 30 天，最长不应超过 90 天；内照射个人剂量监测周期按照有关标准执行。② 建立并终生保存个人剂量监测档案。③ 允许放射工作人员查阅、复印本人的个人剂量监测档案。

(2) 建立个人剂量档案，个人剂量监测档案应当包括：① 常规监测的方法和结果等相关资料。② 应急或者事故中受到照射的剂量和调查报告等相关资料。放射工作单位应当将个人剂量监测结果及时记录在《放射工作人员证》中。

(3) 放射工作人员进入放射工作场所，应当遵守下列规定：① 正确佩戴个人剂量计。② 操作结束离开非密封放射性物质工作场所时，按要求进行个人体表、衣物及防护用品的放射性表面污染监测，发现污染要及时处理，作好记录并存档。③ 进入辐照装置、工业探伤、放射治疗等强辐射工作场所时，除佩戴常规个人剂量计外，还应当携带报警式剂量计。

4. 职业健康管理

(1) 上岗前　放射工作人员上岗前，应当进行上岗前的职业健康检查，符合放射工作人员健康标准的，方可参加相应的放射工作。不得安排未经职业健康检查或者不符合放射工作人员职业健康标准的人员从事放射工作。

(2) 在岗期间　应当组织上岗后的放射工作人员定期进行职业健康检查，2 次检查的时间间隔不应超过 2 年，必要时可增加临时性检查。

(3) 离岗时　放射工作人员脱离放射工作岗位时，放射工作单位应当对其进行离岗前的职业健康检查。

(4) 应急检查　对参加应急处理或者受到事故照射的放射工作人员，放射工作单位应当及时组织健康检查或者医疗救治，按照国家有关标准进行医学随访观察。

(5) 检查结果及处理　职业健康检查机构应当自体检工作结束之日起 1 个月内，将职业健康检查报告送达放射工作单位。发现有可能因放射性因素导致健康损害的，应当通知放射工作单位，并及时告知放射工作人员本人。发现疑似职业性放射性疾病病人应当通知放射工作人员及其所在的放射工作单位，并按规定向放射工作单位所在地有关行政部门报告。

放射工作单位应当在收到职业健康检查报告的 7 日内，如实告知放射工作人员，并将检查结论记录在《放射工作人员证》中。放射工作单位对职业健康检查中发现不宜继续从事放射工作的人员，应当及时调离放射工作岗位，并妥善安置；对需要复查和医学随访观察的放射工作人员，应当及时予以安排。

(6) 特殊防护规定　放射工作单位不得安排怀孕的妇女参与应急处理和有可能造成职业性内照射的工作。哺乳期妇女在其哺乳期间应当避免接受职业性内照射。

(7) 相关权益　① 放射工作人员有权查阅、复印本人的职业健康监护档案。放射工作单位应当如实、无偿提供。② 放射工作人员职业健康检查、职业性放射性疾病的诊断鉴定、医疗救治和医学随访观察的费用，由其所在单位承担。③ 放射工作人员的保健津贴按照国家有关规定执行。④ 在国家统一规定的休假外，放射工作人员每年可以享受保健休假 2～4 周。享受寒、暑假的放射工作人员不再享受保健休假。从事放射工作满 20 年的在岗放射工作人员，可以由所在单位利用休假时间安排健康疗养。⑤ 职业性放射性疾病的诊断鉴定工作按照《职业病诊断与鉴定管理办法》和国家有关标准执行。

5. 监督检查　县级以上地方人民政府卫生行政部门应当定期对本行政区域内放射工作单位的放射工作人员职业健康管理进行监督检查。检查内容包括：① 有关法规和标准执行情况。② 放射防护措施落实情况。③ 人员培训、职业健康检查、个人剂量监测及其档案管理情况。④《放射工作人员证》持证及相关信息记录情况。⑤ 放射工作人员其他职业健康权益保障情况。

行政执法人员依法检查时，应当保守被检查单位的技术秘密和业务秘密。依法进行监督检查时，应当出示证件。被检查的单位应当予以配合，如实反映情况，提供必要的资料，不得拒绝、阻碍、隐瞒。

6. 法律责任

(1) 放射工作单位的责任

1) 放射工作单位违反本办法，有下列行为之一的，由卫生行政部门给予警告，责令限期改正；逾期不改正的，处 2 万元以下的罚款：① 未按照规定组织放射工作人员培训的。② 未建立个人剂量监测档案的。③ 拒绝放射工作人员查阅、复印其个人剂量监测档案和职业健康监护档案的。

2) 放射工作单位违反本办法，未按照规定组织职业健康检查、未建立职业健康监护档案或者未将检查结果如实告知劳动者的，由卫生行政部门责令限期改正，给予警告，可以并处 2 万元以上 5 万元以下的罚款；放射工作单位违反本办法，未给从事放射工作的人员办理《放射工作人员证》的，由卫生行政部门责令限期改正，给予警告，并可处 3 万元以下的罚款。

3) 放射工作单位违反本办法，有下列行为之一的，由卫生行政部门给予警告，责令限期改正，逾期不改正的，处 5 万元以上 20 万元以下的罚款；情节严重的，责令停止产生职业病危害的作业，或者提请有关人民政府按照国务院规定的权限责令关闭：① 未按照规定进行个人剂量监测的。② 个人剂量监测或者职业健康检查发现异常，未采取相应措施的。

4）放射工作单位违反本办法，有下列行为之一的，由卫生行政部门责令限期治理，并处5万元以上30万元以下的罚款；情节严重的，责令停止产生职业病危害的作业，或者提请有关人民政府按照国务院规定的权限责令关闭：① 安排未经职业健康检查的劳动者从事放射工作的。② 安排未满18周岁的人员从事放射工作的。③ 安排怀孕的妇女参加应急处理或者有可能造成内照射工作的，或者安排哺乳期的妇女接受职业性内照射的。④ 安排不符合职业健康标准要求的人员从事放射工作的。

（2）技术服务机构的责任

1）技术服务机构未取得资质擅自从事个人剂量监测技术服务的，或者医疗机构未经批准擅自从事放射工作人员职业健康检查的，由卫生行政部门责令立即停止违法行为，没收违法所得；违法所得5千元以上的，并处违法所得2倍以上10倍以下的罚款；没有违法所得或者违法所得不足5千元的，并处5千元以上5万元以下的罚款；情节严重的，对直接负责的主管人员和其他直接责任人员，依法给予降级、撤职或者开除的处分。

2）开展个人剂量监测的职业卫生技术服务机构和承担放射工作人员职业健康检查的医疗机构违反本办法，有下列行为之一的，由卫生行政部门责令立即停止违法行为，给予警告，没收违法所得；违法所得5千元以上的，并处违法所得2倍以上5倍以下的罚款；没有违法所得或者违法所得不足5千元的，并处5千元以上2万元以下的罚款；情节严重的，由原认证或者批准机关取消其相应的资格；对直接负责的主管人员和其他直接责任人员，依法给予降级、撤职或者开除的处分；构成犯罪的，依法追究刑事责任：① 超出资质范围从事个人剂量监测技术服务的，或者超出批准范围从事放射工作人员职业健康检查的。② 未按《职业病防治法》和本办法规定履行法定职责的。③ 出具虚假证明文件的。

（3）卫生行政部门及其工作人员的责任　卫生行政部门及其工作人员违反本办法，不履行法定职责，造成严重后果的，对直接负责的主管人员和其他直接责任人员，依法给予行政处分；情节严重，构成犯罪的，依法追究刑事责任。

小结

- 临床医技人员管理法律制度
  - 执业医师法律制度
    - 执业医师法概述
    - 医师资格考试和执业注册
    - 医师执业
    - 医师考核和培训
    - 法律责任
  - 乡村医生从业管理的法律制度
    - 概述
    - 执业注册及执业规则
    - 培训和考核
    - 乡村医生违法的法律责任
  - 医技人员管理法律制度
    - 执业药师管理的法律制度
    - 其他卫生技术人员管理的法律制度

案例分析

【案例 1】

某患者，男，33 岁，因恶心呕吐、腹胀腹痛、排气排便停止 2 天，于 2008 年 12 月 3 日到某市中心医院外科就诊，以“肠梗阻并发腹膜炎”入院。因停电不能立即实行手术，即刻转入另一大医院。家属向主治医师讲明患者是从某市中心医院因停电不能立即手术转来的。该医院初步诊断为“粘连性肠梗阻”，暂行非手术治疗。治疗中，医师观察病情不细，对家属反映患者腹痛加剧、呕吐物呈咖啡色等症状未引起足够重视，也未及时请上级医师会诊。12 月 4 日 9:00，发现病情危急，并出现明显肠坏死、休克等症状。医院在抗休克基础上进行了腹部探查，见肠管大部坏死，切除所有坏死肠管术后出现短肠综合征、营养不良和感染，于 2009 年 1 月 1 日死亡。

【思考】

1. 该主治医师的行为是否违反《执业医师法》的有关规定？

2. 医院对该患者的死亡是否要承担责任？

【案例 2】

患儿，男，40 天，轻咳 10 余天，间断抽风 3 天，以佝偻病性低钙惊厥、上呼吸道感染、药物性皮疹于 2006 年 4 月 6 日 16:10 收入某医院儿科。医嘱除静脉给予抗炎和补充能量以外，另给 10% 葡萄糖 7 ml 加 5% 氯化钙 5 ml，缓慢静脉注射。值班护理员去药房取药，西药剂师屈某发药时未执行查对制度，将 10% 氯化钾注射液 10 ml 一支误认为 5% 氯化钙 10 ml 一支发出。护理员李某取回后也未查对，误将氯化钾当做氯化钙吸取了 5 ml，加入 10% 葡萄糖 7 ml 中，给患儿静脉缓慢注入。随后发现患儿病情加重，面色苍白，口周发灰，双瞳孔散大，对光反射消失，呼吸、心搏停止。医护人员立即进行抢救，20 min 后，护士发现为患儿推注药物的注射器上套着 10% 氯化钾安瓿，故立即给 10% 葡萄糖酸钙 8 ml 加 10% 葡萄糖 8 ml 静脉注射，虽经 42 h 全力抢救，患儿终因高血钾致呼吸、心搏骤停，缺血缺氧性脑水肿于 2006 年 4 月 8 日 13:30 死亡。

【思考】

1. 药剂师屈某的行为是否违法？为什么？

2. 对患儿的死亡，哪些医务人员要承担责任？

（张大凯　江成鹏　熊俊霞）

第四章　临床护理的相关法律规定

学习目标：

1. 掌握患者的基本权益及其维护，精神病患者护理的特殊规定，性病患者护理的特殊规定，口头医嘱的执行，服药、注射、输液查对制度，病区空气污染的防护。
2. 熟悉患者的其他权益及其维护，特殊紧急情况下医嘱的执行及可疑医嘱的执行，传染性疾病的防护。
3. 了解精神病及性病患者的权利，不同类型精神病患者的护理，护理交接班及分级护理制度，护理职业风险及防护措施。

案例：

患者林某因高热不退，入住某医院治疗。诊治医生认为林某所患为艾滋病，于是在没有向患者家属说明原因的情况下，便将高热昏迷的林某转到普四介入病房。入院以后，林某几乎没有得到任何诊治，林某家属曾多次恳求护士为林某换药，但是均无人理睬。医护人员对于林某及其家属态度冷淡，而且在一起常讨论林某如何染上艾滋病等问题，就连林某用过的氧气瓶医护人员都不敢碰，要求家属自己搬运。

【思考】

1. 本案中医护人员的行为侵犯了林某的哪些合法权益？
2. 如果本案中林某因为没有得到及时的救助，导致病情加重或其他严重后果，医护人员应承担哪些责任？
3. 本案中医院护士面对林某应采取的正确的护理措施是什么？

第一节　维护患者权益规定

一、患者权益的概念及立法保护

（一）患者权益

患者是指社会人群中那些与医疗系统发生关系，正在接受医疗机构服务的人群。患者权益是指患者对于医疗卫生服务单位应享受的权利和利益。患者的权利是人的基本权利之一，它包括法律上的权利和道德上的权利 2 个方面。法律上的权利是指法律赋予人们享有的某种权益，表现为享有权利的人在宪法和法律的范围内有权作出或不作出某种行为和要求他人作出或不作出某种行为。道德方面的权利不具有法律上的强制性，但也是在一定时期内社会成员普遍认可并遵循的行为规范。

(二) 患者权益的立法保护

最早患者只是听命于医生和护士，很少考虑自己的权利。20 世纪 70 年代以来，一些国家对患者的权利进行了较多的研究，并采取了一系列保证患者权利的措施。如美国医院协会(American Hospital Association)于 1973 年发表了《患者权利典章》(A Patient's Bill of Rights)，由此带动了美国各州的患者权利立法。随后，法国在 1974 年公布《患者权利宪章》(Charters of the Rights of Patients)，欧洲经济共同体医院委员会于 1979 年通过《患者宪章》(Charter of the Hospital Patient)。有关患者权益的各国立法，在 1990 年后进入高潮，芬兰、荷兰、以色列、丹麦、挪威等国先后颁布了有关维护患者权益方面的一系列法律。

患者的权利目前已受到人们的越来越多的关注和重视。我国的法制建设较世界其他国家时间短，到目前为止，我国虽然没有统一的有关患者权益立法，但有关保护患者权利的规定，可散见于《中华人民共和国宪法》(以下简称《宪法》)、《中华人民共和国民法通则(以下简称《民法通则》)、《中华人民共和国执业医师法》(以下简称《执业医师法》)、《医疗事故处理条例》、《护士条例》以及《中华人民共和国消费者权益保护法》(以下简称《消费者权益保护法》)等中，它们分别从不同的角度对患者的权利作出了确认和保护。

二、患者的基本权益及维护

(一) 获得医疗权

获得医疗权是指公民在患有疾病时，有从国家和社会获得礼貌周到、细致合理的诊治的基本医疗服务(包括治疗和护理等)的权利。获得医疗权是患者的一项最基本的权利。

1. 有关规定　《宪法》第四十五条规定，中华人民共和国公民在年老、疾病或者丧失劳动能力的情况下，有从国家和社会获得物质帮助的权利。国家发展为公民享受这些权利所需要的社会保险、社会救济和医疗卫生事业。《护士条例》第十七条规定，护士在执业活动中，发现患者病情危急，应当立即通知医师；在紧急情况下为抢救垂危患者生命，应当先实施必要的紧急救护。《执业医师法》第二十四条规定，对急危患者，医师应当采取紧急措施进行诊治；不得拒绝急救处置。

2. 获得医疗权的维护　医疗行业属于公共服务行业，根据上述规定，除特殊情况外(如条件不具备)，医院不得拒绝患者的求医，并应提供与医院等级相适应的医疗服务。患者，尤其是急诊患者还有得到及时医疗服务的权利。在条件不具备时，医院应依患者病情的紧急程度，对患者提供评估、紧急医疗措施及转院。只要医疗上允许，患者在被转送到另一医疗机构前，必须先得到有关转送的原因及其可能的其他选择的详细说明。此外，患者还有权利获得连续性的医疗服务。医生及护士应告诉患者有关其出院后或治疗结束后的保健注意事项，如有需要也应告诉患者复诊、复查的时间等。患者获得的医疗权是平等的，相同的疾病应获得相同的治疗，因此，医护人员不能因为患者的地位高低、权利大小等不同而给予不同的治疗护理。

（二）医疗决定权

医疗决定权是指患者有权自主选择到任何一家合法医疗机构接受医疗服务，并就有关自己的医疗问题作出决定的权利。

1. 有关规定　《医疗机构管理条例》第三十三条规定，医疗机构施行手术、特殊检查或者特殊治疗时，必须征得患者的同意。《医疗事故处理条例》第十一条规定，在医疗活动中，医疗机构及其医务人员应当将患者的病情、医疗措施、医疗风险等如实告知患者，及时解答其咨询；但是，应当避免对患者产生不利后果。《执业医师法》第二十六条规定，医师应当如实向患者或者其家属介绍病情，但应注意避免对患者产生不利后果。医师进行实验性临床医疗，应当经医院批准并征得患者本人或者其家属同意。

患者对医生的诊治手段（包括实验）有权知道其作用、成功率或可能发生的并发症等情况，这些治疗手段只有在患者同意后方可实施。患者也有权拒绝某一诊治手段和人体实验，不管是否有益于患者。

2. 医疗决定权的维护　患者在任何医疗处置或治疗前，医护人员应告知其有关的详情，包括目的、危险性、其他可选择的方法等，以帮助患者作出决定。在未经患者完全了解并同意，或得到患者的重要亲属或经患者授权的委托代理人许可时，医生不能擅自治疗，除非在紧急情况中（须有医院负责人的许可）。根据我国法律规定，患者在接受手术、特殊治疗、特殊检查、人体实验时，必须签署同意书。此外，当治疗上有重要的改变，或当患者要求改变治疗时，患者有权利得到正确的信息。

患者有权利在法律允许的范围内拒绝任何检查、检验或治疗、药物方法，并获知所作决定可能引起的后果。患者的意愿应受到尊重，但是医生必须向患者详细告知拒绝行为的危险或损害。由于患者的拒绝可能会产生不良后果，因此患者需要在相应文件上签字后方可行使此项拒绝的权利。

患者在接受治疗时，如果觉得需要征求其他医生的意见，患者有权向医生提出会诊的要求，或自己向其他医生或医疗机构咨询。患者对于手术中切除的器官、组织、遗体的使用有决定权。患者有权选择是否参加医学研究计划。医院方面必须事先取得患者的书面同意，才会请患者参加医院所进行的医学研究计划。

此外，患者的医疗决定权必须服从国家法律法规的特别规定。如在甲类传染病、严重精神病的发病期间，患者入院治疗、出院、转院等必须服从国家法律关于进行强行隔离治疗的规定和医务人员的管理。而且对于特殊患者，如处于昏迷、智障、精神病或未成年人等，患者的医疗决定权都必须由适当的人代为行使。

（三）知情权

患者的知情权是指患者对自己的病况有知情权，有权利从医生处获知有关自己的病情、医生的诊断、病情的发展、医生为患者制订的治疗计划、治疗中的常见问题及其他可行的治疗方法的权利。

1. 有关规定 《执业医师法》第二十六条规定，医师应当如实向患者或者其家属介绍病情，但应注意避免对患者产生不良后果。医师进行实验性临床医疗，应当经医院批准并征得患者本人或者其家属同意。《医疗机构管理条例》第三十三条规定，医疗机构施行手术、特殊检查或者特殊治疗时，必须征得患者同意，并应当取得其家属或者关系人同意并签字；无法取得患者意见时，应当取得家属或者关系人同意并签字；无法取得患者意见又无家属或者关系人在场，或者遇到其他特殊情况时，经治医师应当提出医疗处置方案，在取得医疗机构负责人或者被授权负责人员的批准后实施。第三十七条规定，医疗机构必须按照人民政府或者物价部门的有关规定收取医疗费用，详列细项，并出具收据。《医疗机构管理条例实施细则》第六十二条规定，医疗机构应当尊重患者对自己的病情、诊断、治疗的知情权利。在实施手术、特殊检查、特殊治疗时，应当向患者作必要的解释。因实施保护性医疗措施不宜向患者说明情况的，应当将有关情况通知患者家属。

2. 知情权的维护 患者的知情权包括了解权、被告知权、选择权、拒绝权和同意权等。患者对自己的病情、医疗费用、医师诊断、即将接受的治疗及其效果、特殊检查、使用贵重药品或其他特殊治疗，有权知道全部真实情况。

患者有权知道处方药物的名称，以及该药物在通常情况下的治疗作用及有可能产生的副作用和正确的用法、用量。患者有权在类似作用的多种药物中作出适合自己经济能力和习惯的选择(但此种选择应在征求医生意见下进行)。患者有权获知有关自己病情及治疗方面的病历资料。根据《医疗事故处理条例》第十条的规定，患者有权复印、复制以下病历资料：门诊病历、住院志、体温单、医嘱单、化验单(检验报告)、医学影像检查资料、特殊检查同意书、手术同意书、手术及麻醉记录单、病理资料、护理记录以及国务院卫生行政部门规定的其他病历资料等。患者有权知道规定的医疗护理服务项目、药品的收费标准。患者有权利核对其医疗费用发票，也有权利要求医院对发票予以适当的说明。

在护理工作中，护士对患者做的每一项操作都应该说明目的、过程，要求患者如何配合，注意事项，使患者知情后愿意接受，并自觉配合护士操作，而绝不能在不做任何解释的情况下强迫患者接受治疗。对于大多数护理操作来讲，获取患者的口头同意就足够了。有些侵害性较大的操作如一次性无菌经外周穿刺中心静脉导管(Peripherally Inserted Central Catheter，PICC)置入等，须获得患者书面同意。因此，护士必须熟知所实施操作的必要性、益处和风险等，并应能够简洁、清楚地向患者介绍该方面的信息。

(四) 隐私权

隐私就是那些与他人和社会公共利益无关的，纯属个人的私事。广义的隐私权主要包括：个人的婚恋情况、家庭情况；个人的身体健康、疾病的情况；个人的财产、通信、日记、电话等具有私人信息的内容。患者的隐私权是指患者享有不公开自己病情、家族史、接触史、身体隐蔽部位、异常生理特征等个人生活秘密和自由的权利。

1. 有关规定 《护士条例》第十八条规定，护士应当尊重、关心、爱护患者，保护患者的隐私。《医务人员医德规范及实施办法》规定，为患者保守秘密，实施保护性医疗，不得泄露患者隐私和秘密。

2. 隐私权的维护　医务人员应尽量保护患者的隐私不受侵犯。比如在病例讨论、会诊、检查和治疗时，与患者治疗无直接关系者，必须取得患者同意才可以在场。医生非经患者同意不得泄露患者医疗上的秘密，也不可以和其他不相关的人讨论患者的病情和治疗。每一个人都有权利不让自己的姓名、照片、身体或私人事物被公开于众人面前。所以，医务人员应以尊重的态度对待患者，并确保患者个人的隐私。只有承担医疗、护理工作的医护人员，才有权利去看、检查或处理患者的身体。在患者感到上述权利受到侵犯时，有权立即向医护人员提出意见。、

医院对患者的病历资料、记录文件，应予保密。患者的病情资料与记录，应如同隐私权一样，被保守秘密，不可随便对外宣扬。例如不可对外宣称患者曾接受过整容手术，或患者患有性病、精神不正常等。但是如用于医学上的讨论、教学、论文、科研和经验总结等方面，在不暴露患者真实身份的前提下，不受此限。

在护理工作中，有些检查或者操作需要患者暴露身体的某一部位，如腹部检查、臀部肌内注射、胸腹部伤口换药、上导尿管、会阴擦洗等。执行这些检查或操作时，护理人员应关好门或者拉上病床之间的活动隔帘后操作，避免使患者身体的部位暴露在其他人员的视线中。

三、患者的其他权益及维护

（一）肖像权

肖像权是指公民通过各种形式在客观上再现自己形象而享有的专有权。肖像作为公民的形象标志，与姓名一样是标明特定自然人的符号，反映特定自然人的形象特征，直接关系到自然人的人格尊严与社会评价，与自然人的人格不可分离。肖像权的内容包括：公民有权拥有自己的肖像，拥有对肖像的制作专有权和使用专有权；公民有权禁止他人非法使用自己的肖像或对肖像进行损害、玷污。

1. 有关规定　《民法通则》第一百条规定，公民享有肖像权，未经本人同意，不得以营利为目的使用公民的肖像。

2. 肖像权的维护　侵犯患者肖像权的行为，通常应具备2个要件：一是未经患者本人同意；二是以营利为目的。因此，护理人员在工作中，对于患者一些特殊的体征或病情发展，如医疗美容的很多项目，往往需要通过拍照的方式留下资料，作为教学或观察效果之用。拍摄前，应向患者或其家属详细解释目的、对资料的使用方式等，征得患者或其家属的同意后方可进行。如果仅需要局部图像的，就不要拍摄患者全身，尤其是面部。护理人员外出到其他医院参观时，往往想拍摄病房的布局、设施。拍摄前，应征得医院护理部或科室领导的同意；一般来讲，不得拍摄有患者的镜头；若有特殊情况要拍摄患者，须征得患者或其家属的同意。

（二）人格尊重权

患者的人格尊重权是指患者在接受医疗服务时，不能因年龄、病种、社会地位、经济状况等因素受到歧视或不公正待遇，患者享有受到尊重的权利。

1. 有关规定 《民法通则》第一百零一条规定，公民的人格尊严受法律保护。《消费者权益保护法》第十四条规定，消费者在接受服务时，享有其人格尊严、民族风俗习惯得到尊重的权利。

2. 人格尊重权的维护 在护理过程中，患者的人格权应当受到保护和尊重，不得歧视及侮辱，医务人员应当着装整洁、仪表端庄、文明用语，热情接待每一位患者，做到患者来有迎声、走有送声。医护人员在为患者进行治疗操作和护理时，动作要轻柔，态度要和蔼，操作前要向患者解释，操作中要使用安慰或鼓励性的语言，操作后要感谢患者的配合。尤其是对严重缺陷、残疾者以及性病、艾滋病患者，更应当注意其人格权的保护。医护人员应当合理检查、合理治疗、合理用药，切忌增加患者负担，同时要恪守医德。

（三）安全保障权

安全保障权是指患者到医疗机构治病有权获得正确合理且符合诊疗常规的治疗的权利。

1. 有关规定 《医疗机构管理条例实施细则》第五十五条规定，医疗机构应当按照卫生行政部门的有关规定、标准加强医疗质量管理，实施医疗质量保证方案，确保医疗安全和服务质量，不断提高服务水平。第五十九条规定，医疗机构不得使用假劣药品、过期和失效药品以及违禁药品。

2. 安全保障权的维护 医疗机构应保持整洁、安宁；医疗机构负有维护其建筑物处于安全状态的义务，其建筑物的构造、设备应具备防火避难等必要设施外，应建立紧急灾害应变措施；医院应建立医院感染控制，避免患者感染其他疾病；危急患者享有及时医疗照护的权利，医师应立即救治，不得无故拖延；患者有权要求转诊，争取较好的医疗照护，以确保其生命安全。

（四）损害赔偿权

损害赔偿权是指当医疗机构及其医务人员在医疗活动中，违反医疗卫生管理法律、行政法规、部门规章和诊疗护理规范、常规，过失造成患者人身损害构成医疗事故时，患者有权向医疗机构提出赔偿的权利。

1. 有关规定 《民法通则》第一百零六条规定，公民、法人违反合同或者不履行其他义务的，应当承担民事责任。公民、法人由于过错侵害国家的、集体的财产，侵害他人财产、人身的，应当承担民事责任。没有过错，但法律规定应当承担民事责任的，应当承担民事责任。《医疗事故处理条例》第四十六条规定，发生医疗事故的赔偿等民事责任争议，医患双方可以协商解决；不愿意协商或者协商不成的，当事人可以向卫生行政部门提出调解申请，也可以直接向人民法院提起民事诉讼。第四十七条规定，双方当事人协商解决医疗事故的赔偿等民事责任争议的，应当制作协议书。协议书应当载明双方当事人的基本情况和医疗事故的原因、双方当事人共同认定的医疗事故等级以及协商确定的赔偿数额等，并由双方当事人在协议书上签名。第四十八条规定，已确定为医疗事故的，卫生行政部门应医疗事故争议双方当事人请求，可以进行医疗事故赔偿调解。调解时，应当遵循当事人双方自愿原则，并应当按规定计算赔偿数额。经调解，双方当事人就赔偿数额达成协议的，制作调解书，双方当事人应当履行；调解不成或者经调解达成协议后一方反悔的，卫生行政部门不再调解。

2. 损害赔偿权的维护　如果护理人员在护理过程中，其行为违反了法律规定及护理常规，导致了护理事故的发生，医院及护理人员应该按照相关规定对患者及其家属进行赔偿。

第二节　特殊疾病患者护理的规定

一、精神病患者护理的法律规定

精神病患者护理是护理学科的一个分支。它是以护理学为基础，以精神病学、有关的医学科学和边缘的自然科学为指导，在临床护理实践中，研究、探讨、实施精神疾病护理和管理方法，以满足精神病患者的身体、心理整体护理需求。

(一) 精神病患者的权利

1. 生命健康权　精神病患者发病期间大脑功能紊乱，认知能力及辨认能力丧失或下降，属无行为能力或限制行为能力的人。如有患者因丧失理智而拒绝服药，遇到这种情况，护士应优先考虑患者的生命健康权，不能以患者拒绝为由，听之任之，必要时行使强制性治疗和保护性约束，保证患者的治疗，维护患者的生命健康权。

2. 人身自由和人格尊严权　精神病患者的人身权同样应受尊重和保护，不得予以歧视、虐待或非法利用。对精神疾病患者，除非对本人有危险或者对他人的安全构成威胁，不得加以非法的捆绑、拘禁，更不得有殴打、禁食等虐待行为。

3. 隐私权　精神科专业的护士有义务对患者的情况进行保密，患者的病历资料和治疗档案等资料不得随意放置或丢弃。不能随意公开患者的信息，不要在非必需的情况下谈论患者的敏感话题，否则将视为侵犯患者的隐私权，如果因此而带来严重后果，护理人员将负有不可推卸的责任。

4. 自愿住院治疗权　不论精神病患者自愿住院还是由家属强行送医院治疗，都必须经过门诊医师的常规检查，才能签发入院通知办理住院手续。

5. 合法财产权　精神病患者的合法财产受法律保护。如有人以暴力、胁迫、诈骗、勒索等非法手段获取或毁坏精神疾病患者财物的，应将原物返还或照价赔偿；情节严重者，应承担刑事责任。

(二) 精神病患者护理的特点

1. 护理人员要适应不同的情况，妥善处理各种护理问题。工作时要全神贯注，有高度的责任心，警惕、严防可能发生的意外。

2. 护理人员要以极大的耐心说服患者，要认真、准确地执行医嘱，保证治疗和护理工作顺利地进行。

3. 护理人员要具备与患者交往的技巧，理解患者正常的和不正常的心理状态，善于观察、探索心理，做好整体护理。

4. 护理人员应将瞬息变化的病情及时报告医生，提供临床可靠的参考信息。

5. 护理人员要把疾病知识和护理方法教给家属，以便为患者出院后准备适宜的环境条件，延缓复发。

(三) 精神病患者护理的特殊规定

1. 看护要求　护士应全面掌握病情，严密观察病情变化。对收入重症病室的患者须 24 h 专人看护，对有自杀、自伤、外逃、毁物等危险行为或观念的患者，应重点防范，确保患者安全。护理人员要密切观察，采取切实可行的措施，防范患者自伤或伤害他人情况的发生。如果值班护士因脱岗或未按巡视制度巡视病房，未能做到重症患者的活动不离开护士视线，未及时发现自伤、自杀患者延误抢救时机，或因失职造成患者走失并在院外发生严重事故等，需要承担一定的法律责任。

2. 交接班制度　精神科护理人员要认真进行交接班工作。交接班时的内容除普通病房交接内容外，还包括床头清点患者的人数，危险物品的检查以及重点、特殊患者的病情交班。卧床患者、保护性约束患者及年老体弱合并有躯体疾病患者均应重点交接。如若错数患者，未发现患者走失或未发现患者藏有刀、剪、绳带等危险物品而发生严重后果的，则为失职行为。

3. 病房物品管理　病房里的水、电、暖气管道开关、门、窗等要定期进行安全检查并及时维修。患者入院、请假、外出检查返院时均应仔细检查是否有危险物品带入，任何可能引起伤害的物品均不能带入病房，包括一些锐器、利器、消极书信等。病房里的危险物品一定要固定位置放置并登记，每班交接，如有危险物品丢失，要及时找回。

4. 对患者的约束　精神科护理人员为维护患者的安全、消除潜在危险因素而对患者实施保护性约束是受到法律保护的，但一定要把握好分寸。对患者实施约束的前提是有利于患者且不伤害患者，有利于治疗或康复。如果违背此前提，将视为对患者人身权的侵害行为。

5. 给药制度　护士应监督患者服药。患者服药后护士要认真检查患者的口腔，以确定患者是否将药物咽下，避免患者将药片藏在口腔或面颊部。患者服药后 30 min 内不准单独去厕所，要在护士视线内活动，防止患者刺激咽部吐掉药片。另外，还要观察药物的副作用。护士要仔细询问患者有无不适感觉并准确记录，及时发现患者的不良反应并向医生汇报，以便医生作出相应的处理。

6. 意外事件记录　精神病患者中意外事件常有发生，一旦遇到意外发生，精神病患者护理人员必须提高法律意识，认真、准确、详细记录事件发生的经过、所采取的急救措施等，若日后与患者家属发生纠纷，做到有据可查，以便查明事实真相。

(四) 不同类型精神病患者的护理

1. 对不承认有病、不接受治疗的精神病患者的护理　护理中首先要让患者尽量谈出自己的想法，并给予解释、劝慰和正确的指导。告诉患者有些思维方式与正常人是有距离的，在药物的治疗下可以逐渐缩短与正常人思维方式的距离，坚持治疗可以达到正常的思维方式，争取得到患者对治疗及护理的配合。

2. 对有自杀危险的精神病患者的护理 在护理中应禁止精神病患者住单人房间，安置于重病室，设专人巡视、护理。做好心理护理，加强与患者心理的沟通，了解其病态的内心体验，掌握病情动态变化。同时，要了解掌握患者出现自杀行为的规律，一般在凌晨、清晨、午睡或工作忙乱时及患者的抑郁情绪突然好转时容易发生。在这些时间，护士要提高警惕，密切观察，杜绝意外事件发生。要做好安全检查工作，严格检查患者携带的物品，防止患者留存各种锐器、长绳类物品，确保住院期间的安全等。

3. 对有伤害他人行为的精神病患者的护理 首先在护理患者的过程中，要耐心、和蔼，不激惹、不刺激患者，对患者在妄想状态下出现的过激行为要及时疏导和阻止。还要限制精神疾病患者的活动范围，根据症状轻重分别隔离于兴奋室，设专人巡视、护理。要帮助患者建立社会中能接受的行为模式，指导患者了解自己出现的病态思维，学会控制情绪的变化。要教会患者如何表达自己的需要，以非暴力行为方式处理问题，提高患者与周围人及亲属建立良好关系和遵守社会规范的能力。

二、性病患者护理的法律规定

性病是以性接触为主要传播途径的传染病，如艾滋病。根据《艾滋病防治条例》的规定，艾滋病是指人类免疫缺陷病毒（艾滋病病毒）引起的获得性免疫缺陷综合征。易感染艾滋病病毒危险行为的人群，是指有卖淫、嫖娼、多性伴、男性同性性行为、注射吸毒等危险行为的人群。根据《传染病防治法》的规定，艾滋病属于乙类传染病，一旦被发现，护士应协助医生填写疫情报告卡，并督促及时上报。对性病患者应建立科学、系统的性病护理管理，鉴于性病患者属于心理状态极其复杂的特殊群体，对医护人员医护的水平要求相对较高。

（一）性病患者的权利

1. 隐私权 《艾滋病防治条例》第三十九条规定，未经本人或者其监护人同意，任何单位或者个人不得公开艾滋病病毒感染者、艾滋病患者及其家属的姓名、住址、工作单位、肖像、病史资料以及其他可能推断出其具体身份的信息。《传染病防治法》第十二条规定，在中华人民共和国领域内的一切单位和个人，必须接受疾病预防控制机构、医疗机构有关传染病的调查、检验、采集样本、隔离治疗等预防、控制措施，如实提供有关情况。疾病预防控制机构、医疗机构不得泄露涉及个人隐私的有关信息、资料。根据上述法律规定，医护人员应特别注意要为性病患者的隐私保密，病历要妥善保管，未征得患者同意不得私自将患者的资料透露给任何其他人。

2. 受尊重权 《传染病防治法》第十六条规定，国家和社会应当关心、帮助传染病患者、病原携带者和疑似传染病患者，使其得到及时救治。任何单位和个人不得歧视传染病患者、病原携带者和疑似传染病患者。《艾滋病防治条例》第三条规定，任何单位和个人不得歧视艾滋病病毒感染者、艾滋病患者及其家属。艾滋病病毒感染者、艾滋病患者及其家属享有的婚姻、就业、就医、入学等合法权益受法律保护。根据上述法律规定，性病患者护理人员在护理患者的过程中，要尊重患者的人格，不得无故拒绝为患者提供护理服务，或在语言、行为上表现出歧视患者的态度，维护性病患者的受尊重权。

3. 医疗权与和知情权　《艾滋病防治条例》第四十一条规定，医疗机构应当为艾滋病病毒感染者和艾滋病患者提供艾滋病防治咨询、诊断和治疗服务。医疗机构不得因就诊的患者是艾滋病病毒感染者或者艾滋病患者，推诿或者拒绝对其其他疾病进行治疗。第四十二条规定，对确诊的艾滋病病毒感染者和艾滋病患者，医疗卫生机构的工作人员应当将其感染或者发病的事实告知本人；本人为无行为能力人或者限制行为能力人的，应当告知其监护人。

（二）性病患者护理的特殊规定

1. 心理护理　性病患者心理障碍表现为抑郁、焦虑、恐惧，怕歧视、自责，未婚者怕影响婚姻，已婚者怕失去家庭和睦，部分表现为性传播疾病恐怖症。所以，护理人员应热情接待患者，根据不同患者心理状态，注重心理护理。鼓励患者树立积极向上的人生观，克服不健康生活方式，教育患者洁身自爱，加强自我防护，防止性病传播及蔓延。

2. 严格执行消毒制度　护理人员应当按照《消毒管理办法》，严格执行医疗器械、器具的消毒工作技术规范。对于进入人体组织、无菌器官的医疗器械、器具和物品必须达到灭菌水平；对于接触皮肤的医疗器械、器具和物品必须达到消毒水平；对于各种用于注射、穿刺、采血等有创伤操作的医疗器具必须一用一灭菌；有关消毒药械、一次性医疗器械和器具应当符合国家有关规定；一次性使用的医疗器械、器具不得重复使用，使用后应当及时进行无害化处理。

3. 患者污物的处理　医疗机构内性病患者或者疑似性病患者污染的场所、物品、排泄物应进行严格的卫生处理。所有接触过性病患者的物品均应视为被污染，须经消毒后方可给他人使用。患者的排泄物、分泌物须经消毒处理后方可排放。每日做好病房空气和物品的消毒工作，接触患者或污染物品后必须双手消毒。对医疗机构内死亡的性病患者的尸体进行消毒处理。

第三节　执行医嘱的规定

执行医嘱是护士的重要职责，医嘱是护士执行各项护理的依据，护士应及时、准确无误地执行医嘱，从而确保患者的医疗安全，减少疾病给患者带来的痛苦。

一、医嘱概述

医嘱是医师在医疗活动中下达的医学指令，即医师诊查患者后，根据患者的病情、诊断所下达的治疗和护理意见。

（一）医嘱的内容

医嘱内容应当准确、清楚。具体内容应包括日期、时间、床号、姓名、护理常规、隔离种类、护理级别、饮食、卧位、药物及其剂量和用法、各种检查、治疗、术前准备和医生、护士的签名等。

(二) 医嘱的种类

1. 长期医嘱　是医生根据患者病情需要开立的，有效时间在 24 h 以上，当医生注明停止时间后医嘱失效，如护理级别、饮食、药物等。

2. 临时医嘱　是医生根据患者病情需要开立的，有效时间在 24 h 以内，要求护士在短时间内或即刻执行的医嘱，如出院、转科、死亡等。

3. 备用医嘱　是医生根据病情需要开立的，分为长期备用医嘱和临时备用医嘱两种。长期备用医嘱有效时间在 24 h 以上，必要时用，过时尚未执行则失效。临时备用医嘱仅在医生开写时起 12 h 内有效，必要时用，过时尚未执行则失效。

二、医嘱执行的规定

(一) 认真准确地执行医嘱

在一般情况下，护士对医师作出的医嘱，应不折不扣、认真、及时地执行。《医院工作人员职责》规定，门诊部护士应当协助医师进行检诊，按医嘱给患者进行处置。《全国医院工作条例》规定，护理人员要认真执行医嘱，严格执行“三查七对”制度。三查是：摆药后查；服药、注射、处置前查；服药、注射、处置后查。七对指的是：对姓名、对床号、对药名、对剂量、对浓度、对时间、对用法。病房护士应当认真执行各项护理制度和技术操作规程，正确执行医嘱，准确及时地完成各项护理工作，严格执行查对及交接班制度，防止差错、事故的发生。护理人员执行医嘱时出现错误，包括患者错误、药物错误、剂量错误、浓度错误、时间错误、途径错误，以及处理医嘱未核对床号、姓名及住院号，未按医嘱剂量配制液体等。因护理人员执行医嘱错误给患者造成损害的，应承担由此产生的法律责任。

(二) 特殊紧急情况下医嘱的执行

《护士条例》规定，护士在执业活动中，发现患者病情危急，应当立即通知医师。在紧急情况下为抢救垂危患者生命，应当先行实施必要的紧急救护。在特殊或紧急情况下，为了适时地进行治疗或不失时机地挽救患者的生命，护士不能消极地等医嘱，而应根据自己的独立判断，及时进行必要的处理或采取急救措施。

(三) 可疑医嘱的执行

《护士条例》规定，护士发现医嘱违反法律、法规、规章或者诊疗技术规范规定的，应当及时向开具医嘱的医师提出。必要时，应当向该医师所在科室的负责人或者医疗卫生机构负责医疗服务管理的人员报告。《全国医院工作制度》规定，护士对可疑医嘱，必须查清后方可执行。护士有责任仔细地核对医嘱，若发现某医嘱有明显不妥和错误的地方，在拒绝执行的同时，应及时向医师提出建议，而不能只是机械地执行医嘱。

(四) 口头医嘱的执行

通常状态下护理人员不执行口头医嘱，在急危重患者抢救过程中，为了分秒必争地进行抢救，医师通常采用口头医嘱。这时，护士应保持清醒的头脑和冷静的判断力，对医师的口头医嘱应复述一遍再执行，在对患者操作前还要重复一遍，核对无误再实施，以免忙中出错，贻误抢救和治疗，并及时做好记录。在6 h内医生应及时补开医嘱。

护士在执行口头医嘱时应注意以下几点。

1. 严格执行“三查七对”制度。

2. 清楚地复述医嘱并确保得到医生的确认。

3. 现场应有2名护士听到同样的口头医嘱。

4. 现场能直接记录下来作为口头医嘱的凭证最好。

5. 及时核对认可的口头医嘱。

6. 执行护士书写口头医嘱记录时应当字迹清楚，药名、剂量准确。

7. 执行口头的注射医嘱时保留液体瓶和安瓿，核对口头医嘱时使用。

8. 认真执行所有口头医嘱，确保在所有口头医嘱上签字。

第四节　护理执业中遵循的操作规范

护理行为应严格遵照各项护理常规进行，各项护理操作规范的严格落实是有效地对患者进行护理及防范护理事故发生的重要保障。部分护理人员在工作期间，没有严格执行护理操作规范，不仅给护理安全造成了重大隐患，严重的甚至酿成医疗事故。护理执业中应遵循的重要操作规范包括查对制度、交接班制度以及分级护理制度等。

一、护理查对制度

护理人员在执行各项治疗、护理等工作之前，必须坚持查对制度，按要求认真查对，必要时须两人查对，防止护理差错事故的发生。

（一）服药、注射、输液查对制度

1. 必须严格执行“三查七对”。三查指操作前查、操作中查、操作后查。七对指核对床号、姓名、药名、剂量、浓度、时间、方法。

2. 备药前要检查药品有无沉淀、混浊、变质，瓶口有无松动、裂痕，有效期和批号。如不符合要求或标签不清楚，不可使用。

3. 摆药后必须经第二人核对，方可执行。

4. 易过敏药，给药前应询问有无过敏史，使用毒、麻、限剧药时，要经过反复核对，用后保留安瓿。用多种药物时，要注意有无配伍禁忌。

5. 发药或注射时，如患者提出疑问，应及时查清，方可执行。

（二）输血查对制度

1. 严格执行“三查八对”制度。三查指查血的有效期、血的质量、输血装置是否完好。八对指核对姓名、床号、病案号、血瓶（袋）号、血型、交叉配血实验结果、血液种类、剂量。

2. 护士取血时，必须同检验人员一起核对无误后，方可取回；输血前交叉配血报告及血瓶(袋)标签内容必须经2人核对无误后，方可执行。

3. 输血期间严密观察，做好抢救准备工作。输血完毕，应保留血瓶(袋)24 h，以备必要时送检。

(三) 医嘱查对制度

1. 转抄医嘱必须写明日期、时间及签全名，转抄医嘱后经查对无误，方可执行。

2. 临时医嘱要准确记录执行时间，并签全名。

3. 对有疑问的医嘱必须问清后方可执行。

4. 无论注射或口服药，非在紧急抢救情况下，不执行口头医嘱，抢救时口头医嘱须复诵一遍，无误后方可执行，并保留用过的安瓿，经2人核对后方可丢弃。

5. 当日医嘱，认真查对，主班护士负责。护士长每日查对当日医嘱，夜班查对当日医嘱，每周大查对医嘱2次。查对者须做好登记，签全名。

二、护理交接班制度

交接班制度是护理工作连续性的重要保证，因此，各班护士应严格遵照护理管理制度，服从护士长安排，做好交接班，保证各项治疗护理工作准确及时地进行。

(一) 按时交接班

各科应设昼夜值班人员，值班人员应严格遵照医嘱和护士长的安排，对患者进行护理工作。每班必须按时交接班，接班者提前15 min进入科室，阅读交班报告、护理病历及医嘱本。在接班者未到之前，交班者不得离开岗位。

(二) 交班前的工作

上一班责任护士必须在交接班前尽量完成本班各项护理工作，处理好用过的器械物品和床边各种引流物品，为接班者做好工作提供便利条件及用物准备，如消毒敷料、试管、标本瓶、注射器、常备器械、被服等，以便于接班者工作。遇有特殊情况，必须详细交代，与接班者共同做好工作方可离去。

(三) 交接班的方式

早交班的方式可以是在护士之间进行，也可以是全病区医护联合交班。为减少夜班护士持续工作时间，医护早交班内容可以由日班组长接班后传达。医护联合交班时，日班组长或夜班护士报告病情，全体人员应严肃认真听取。之后由护士长或组长带领护士共同完成床边交接班。其余班次除详细交接班外，均应共同巡视病房，进行床边交接班。

(四) 交接班内容

1. 患者总数，出入院、转科、转院、分娩、手术、死亡人数，请假、外出人数，以及新入院患者、危重患者、抢救患者、大手术前后或有特殊检查处理、有行为异常、自杀倾向的患者的病情变化及心理状态。

2. 医嘱执行情况，重症护理记录，各种检查标本采集及各种处置完成情况，对尚未完成的工作，应向接班者交代清楚。

3. 查看重点患者，如新入院患者、当日手术或术后3天患者、危重患者、特殊检查治疗用药患者、有多重耐药菌感染患者，昏迷、瘫痪等危重患者有无压疮，以及基础护理完成情况，各种导管固定和通畅情况。

4. 贵重、毒、麻、精神药品及抢救药品、器械、仪器的数量、技术状态等。

5. 交接班者共同巡视检查病房是否达到清洁、整齐、安静的要求，检查各项工作的落实情况。

三、分级护理制度

住院患者由医师根据病情决定护理等级并下达医嘱，分为一、二、三级护理及特别护理4种。护理人员针对不同护理等级的患者应严格按照护理要求进行不同的护理。

（一）特级护理

特级护理适用于病情危重，随时可能发生病情变化需要进行抢救的患者、重症监护患者、各种复杂或者大手术后的患者、严重创伤或大面积烧伤的患者或其他有生命危险需要严密监护生命体征的患者。其护理要求包括以下6方面。

1. 严密观察患者病情变化，监测生命体征。

2. 根据医嘱，正确实施治疗、给药措施。

3. 根据医嘱，准确测量出入量。

4. 根据患者病情，正确实施基础护理和专科护理，如口腔护理、压疮护理、气道护理及管路护理等，实施安全措施。

5. 保持患者的舒适和功能体位。

6. 实施床旁交接班。

（二）一级护理

一级护理适用于病情趋向稳定的重症患者、手术后或者治疗期间需要严格卧床的患者、生活完全不能自理且病情不稳定的患者、生活部分自理且病情随时可能发生变化的患者。其护理要求包括以下5方面。

1. 每15～30 min巡视患者，观察患者病情变化。

2. 根据患者病情，测量生命体征。

3. 根据医嘱，正确实施治疗、给药措施。

4. 根据患者病情，正确实施基础护理和专科护理，如口腔护理、压疮护理、气道护理及管路护理等，实施安全措施。

5. 提供护理相关的健康指导。

（三）二级护理

二级护理适用于病情稳定，仍需卧床的患者以及生活部分自理的患者。其护理要求包括以下5方面。

1. 每2 h巡视患者，观察患者病情变化。

2. 根据患者病情，测量生命体征。

3. 根据医嘱，正确实施治疗、给药措施。

4. 根据患者病情，正确实施护理措施和安全措施。

5. 提供护理相关的健康指导。

(四) 三级护理

三级护理适用于生活完全自理且病情稳定的患者，以及生活完全自理且处于康复期的患者。其护理要求包括以下 4 方面。

1. 每日巡视患者 2～3 次，观察患者病情变化。

2. 根据患者病情，测量生命体征。

3. 根据医嘱，正确实施治疗、给药措施。

4. 提供护理相关的健康指导。

第五节　护理执业中个人防护的要求

护理是一种高责任、高风险的职业，护士在为患者解除身心痛苦的同时也面临着极高的职业危害及职业风险。职业危害因素广泛存在于日常临床工作中，如直接接触患者的血液、体液、分泌物、排泄物，病房中存在大量危害人体健康的因素，如挥发性的化学消毒剂、紫外线、放射线、利器、电器设备等。因此，在实际工作中护理人员应加强自身防护。职业风险是指在临床诊疗护理过程中，护理人员稍有不慎，极容易出现护理差错导致护理事故。

一、护理职业危害及防护措施

(一) 病区空气污染的防护

医院是空气污染相对严重的地方，病毒和细菌就像是无形的杀手，时刻威胁着护理人员的身体健康。空气中经常有多种有害物质的混合性污染，最常见的是有害物质的毒性相加现象，低浓度的污染物质长期地作用于人体会对人体造成潜在的伤害。医护人员在工作期间，除了保持工作场所空气流通，定期空气消毒以外，还有重要的一点就是一定要戴好口罩，防止病毒、细菌等随呼吸运动进入体内。

(二) 传染性疾病的防护

传染性疾病给医护人员的健康造成重大威胁。护士在工作中不可避免要接触到传染病患者的血液、体液、分泌物、排泄物等，因此受到感染的几率也较高。感染的途径主要有血液、呼吸道、皮肤接触等，因感染发生的疾病有乙肝、丙肝、艾滋病、结核、接触性皮肤病等。对这些传染性疾病应进行重点防护，具体措施包括以下几个方面。

1. 为了最大限度地减少职业危害，护士应主动接受更多关于乙肝、丙肝、艾滋病、结核等相关知识，了解相应的细菌、病毒的传播方式，对已确诊的患者要采取隔离措施，对于疑似患者要采取同样的隔离措施加强防护。操作前检查自己双手有无破损，如有破损用防水敷料加以保护，避免开放性伤口直接接触患者的血液、体液等。

2. 接触感染患者的血液、体液或护理有传染性皮肤病的患者时，均应有个人保护装置，如戴手套、穿隔离衣，必要时应配有防护镜、面罩、脚套等。如患者血液、体液等不慎溅到皮肤或眼睛里，应立即用流动水冲洗。在操作中洗手、戴手套是简单有效的防护措施，操作后立即用消毒液擦手，按正规6步洗手法可清除90%以上的微生物，非无菌操作戴手套可有效防止工作人员被感染。

3. 在工作中尽量避免针刺伤、刀割伤、玻璃锐器损伤，重点是在使用锐器前、中、后正确操作及用后对锐器的安全销毁。对工作人员进行适当的相关知识培训以减少针刺伤和锐器损伤，若不慎刺伤，应立即脱掉手套挤出少量血液，伤口用0.5%碘附溶液消毒，更换手套，同时向上级报告伤情，做出相应处理。

4. 妥善处理污染物品，用过的针头、注射器、手套等物品应按医用垃圾分类处理，被传染病患者血液、体液、分泌物污染的物品应焚烧处理，对不宜焚烧的物品，用高效消毒剂清洗消毒处理。

(三) 意外损伤的防护

在诊疗护理过程中，某些患者在行静脉造影拍片过程中，需静脉推入造影剂，或患者体力不支需护士陪同。有资料表明在少量多次接触放射线时，可因蓄积作用致畸或致癌，因此护理人员要在拍片过程中暂时回避或穿防护服。

另外，现代病房电器设备多，如监护仪、电动吸引器、呼吸机、输液泵等，有些设备存在漏电现象。工作人员在工作中偶有被电击或灼伤事件，因此部分陈旧电器要及时更换，设备定期检修，同时护士要熟练操作，严格遵守电器使用规范，确保自身安全。

(四) 心理危害的防护

由于护理人员工作时间较长，有时不能及时得到休息，因此长期处于高度紧张的精神状态中和超负荷的工作压力下，容易导致抵抗力下降，常出现偏头痛、下肢静脉曲张、胃下垂、慢性腰腿痛等症状。与此同时，也会产生精神紧张、焦虑、烦躁不安等不良情绪。因此，护理人员自我保护除了要有过硬的业务素质外，还要学会调节自己的情绪，矫正一般职业性紧张，保持平和的心境和乐观的心态，预防过久站立及走动产生的危害，注意保持良好的操作姿势和习惯。

二、护理职业风险及防护措施

护理工作的对象是患者，护理人员在护理过程中稍有不慎就很容易出现护理差错，从而对患者造成不良影响，甚至会发生医疗事故。因为护理职业中存在职业风险，故护理人员需要参加护理职业责任保险。

(一) 护理职业责任保险的概念

职业责任保险是指从业者通过定期向保险公司交纳保险费，使其一旦在职业保险范围内突然发生责任事故时，由保险公司承担对受损害者的赔偿。保险公司可在政策范围内为其提供法定代理人，以保证他们受到法庭的公正判决。由保险公司给予的经济赔偿，可在一定程度上抵消其为该责任所付出的代价。护理职业责任保险是指护理人员在从事与其资格相符的医疗活动中，因过失发生医疗事故或医疗差错，造成依法应由被保险人承担的经济赔偿责任，由保险人负责赔偿的职业责任保险。

(二) 护理职业责任保险的对象与责任

凡依法设立、有固定场所的医疗机构及经国家有关部门认定合格的护理人员，均可作为护理职业责任保险的被保险人。

在保险单明细表中列明的保险期限及承保区域范围内，被保险人在从事与其资格相符的诊疗护理工作中，因过失发生医疗事故或医疗护理差错造成依法应由被保险人承担的经济赔偿责任，并由被保险人在保险有效期内首次提出索赔申请的，保险人负责赔偿。

总之，降低护理人员的职业危害与职业风险，最有效的措施是依赖于护理人员风险意识的提高，在工作中加强自身防护能够有效保证护士的身体健康，从而更好地为患者服务。

知识链接

美国《患者权利法案》(1973)

1. 患者有权利接受妥善而有尊严的治疗。

2. 患者有权利要求自己或你的亲友能得到：(以你所能理解的方式)有关自己的诊断、治疗方式及预后的情况。你也有权利知道为你医疗的人员名字。

3. 患者有权利在任何医疗开始前，了解并决定是否签写同意书，除了紧急处理外，一般同意书的内容应包括以浅显易懂的文句介绍医疗程序的本质、预期的危险性及益处、不同意时的后果、有无其他可选择的医疗方式、且同意是你“自愿”的。

4. 患者有权利拒绝治疗。

5. 患者有权利保护隐私。

6. 患者有权利使你的沟通及记录保持机密。

7. 患者有权利要求医院在能力范围内对你所要求的服务做出合理的响应。而医院在紧急时，必须提供评估、服务及转诊。在情况允许下，转诊之前，患者有权利得到你全部的病历资料及解释。

8. 患者有权利获知医院之间的关系及治疗你的医疗人员的专业资料。

9. 患者有权利被告知进行人体试验或临床研究，且有权利拒绝。

10. 患者有权利要求合理的持续照顾。

11. 患者有权利知道账单，并检查内容或要求院方解释。

12. 患者有权利知道医院的规则以及患者的行为规范。对于患者应有的权利，患者可以主动争取而不被忽略。

小结

- 临床护理的相关法律规定
  - 维护患者权益规定
    - 患者权益的概念及立法保护
    - 患者的基本权益及维护
    - 患者的其他权益及维护
  - 特殊疾病患者护理的规定
    - 精神病患者护理的法律规定
    - 性病患者护理的法律规定
  - 执行医嘱的规定
    - 医嘱概述
    - 医嘱执行的规定
  - 护理执业中遵循的操作规范
    - 护理查对制度
    - 护理交接班制度
    - 分级护理制度
  - 护理执业中个人防护的要求
    - 护理职业危害及防护措施
    - 护理职业风险及防护措施

案例分析

2009 年 4 月 10 日，患者王某因病住进某医院治疗，经临床诊断为大叶性、中毒型肺炎。5 日后病情恶化，出现呼吸衰竭。患者家属见状要求护士为其吸氧，但是几名护士均称不当班，互相推诿，患者于当晚死亡。后经医疗事故鉴定委员会鉴定，认为王某系重症患者，应在入院时对其施行吸氧治疗，王某未能及时吸入氧气，虽不是致王某死亡的直接原因，但医院对此有严重过错。该事件经鉴定不属于医疗事故。

【思考】

1. 患者王某享有哪些权利？医院护士的行为违反了哪些法律规定及护理常规？
2. 本案中护士在患者突发呼吸衰竭时的正确处置行为是什么？

（兰玉梅　温俊轶）

第五章　传染病防治法律制度

学习目标：

1. 掌握传染病防治法律制度概念，传染病的法律分类，传染病的预防和控制，传染病疫情的报告、通报和公布，传染病疫情的控制，几种常见传染病防治的法律规定，承担的法律责任。
2. 熟悉传染病防治法立法目的与适用。
3. 了解传染病防治监督管理机构及其职责、防治监督管理人员权限。

案例：

张某被确诊为霍乱患者，在某医院门诊拒绝住院治疗，医院将此病例立即上报市疾病预防控制中心，市疾病预防控制中心马上派人到该患者家中动员患者入院，未果。又请其单位领导做工作，仍未果。最后，市疾病预防控制中心请求公安部门协助。公安人员强行将其送至医院隔离治疗。张某遂以侵犯其人身自由向人民法院提起诉讼。

【思考】

1. 医院发现这一传染病患者后采取的措施是否正确？为什么？

2. 疾病预防控制中心在派人去患者家做工作未果情况下请求公安部门协助，强制患者入院治疗是否合适？为什么？

3. 作为传染病患者及其家属，采取哪些行为是正确的？

第一节　概　　述

世界上有些国家对传染病的立法较早，如日本于 1897 年就制定了《传染病防治法》；接着英、美、法等国也相继立法，取得了明显的效果。发展到现在，许多国家还针对专门的病种立法以加强管理。日本在实施了《狂犬病预防法》以后，于 20 世纪 60 年代就消灭了狂犬病；在实施《结核病预防法》以后，已控制了结核病的流行。鉴于艾滋病流行的危害，美国、联邦德国、日本、韩国、法国、苏联等相继针对艾滋病立法以控制该病。可见对传染病的立法是大势所趋，是社会发展的需要。

一、传染病防治法的概念

传染病防治法是调整预防、控制和消除传染病发生和流行，保障人体健康活动中产生的各种社会关系的法律、法规、规范的总和。

传染病是指由于具有传染性的致病性微生物，如细菌、病毒、立克次体、寄生虫等侵入人体，发生使人体健康受到某种损害以至危及不特定的多数人生命健康甚至整个社会的疾病。

传染病防治是国家公共卫生事业的重要组成部分，《中华人民共和国传染病防治法》是公共卫生法的主要组成部分，它是以保障公民的生命健康为根本目标，直接涉及每一个人的切身利益，关系到每一个人的安全。

二、传染病防治法的立法目的与适用范围

（一）传染病防治法的立法目的

1989 年 2 月 21 日，第七届全国人民代表大会常务委员会第六次会议通过并颁布了《中华人民共和国传染病防治法》，于 1989 年 9 月 1 日起施行。1991 年经国务院批准，原卫生部发布了《中华人民共和国传染病防治法实施办法》。2004 年 8 月 28 日，第十届全国人民代表大会常务委员会第十一次会议通过了经过修订的《中华人民共和国传染病防治法》（以下简称《传染病防治法》），自 2004 年 12 月 1 日起施行。目前，我国传染病防治法律体系已初步形成，主要包括《传染病防治法》、《中华人民共和国国境卫生检疫法》及相关的《中华人民共和国食品安全法》、《中华人民共和国献血法》等法律；《国内交通卫生检疫条例》、《突发公共卫生事件应急条例》、《疫苗流通和预防接种管理条例》、《病原微生物实验室生物安全管理条例》、《医疗废物管理条例》、《艾滋病防治条例》、《血吸虫病防治条例》等行政法规；《性病防治管理办法》、《结核病防治管理办法》、《消毒管理办法》、《传染性非典型肺炎防治管理办法》、《突发公共卫生事件与传染病疫情监测信息报告管理办法》、《传染病病人或疑似传染病病人尸体解剖查验规定》、《医疗机构传染病预检分诊管理办法》等部门规章，以及相关的卫生标准等。

《传染病防治法》的第一条阐明了立法的目的："为了预防、控制和消除传染病的发生与流行，保障人体健康"。这为传染病防治工作规定了 3 个层次的奋斗目标：一是预防，力求使传染病少发生、不发生；二是控制，即对已发生的传染病采取行之有效的防治措施，制止其继续传播、发生和蔓延，将其危害减少到最低程度；三是消除，即努力创造条件，有计划地将一些用现代科技可以消除的传染病，逐步按期实现消除的目标。

（二）传染病防治法的适用范围

《传染病防治法》规定，在中华人民共和国领域内的一切单位和个人，必须接受医疗保健机构、疾病预防控制中心有关传染病的查询、检验、调查取证以及预防、控制措施，并有权检举、控告违反传染病防治法的行为。一切单位，包括我国的一切机关、团体、企事业单位，也包括我国领域内的外资企业和中外合资、合作企业等。一切个人，即我国领域内的一切自然人，包括中国人、具有外国国籍的人和无国籍人。外交人员没有这方面的豁免权，所以驻中国的外国使、领馆人员也必须遵守《传染病防治法》的规定。

三、传染病的分类

法定管理传染病是指纳入《传染病防治法》等法律管理的传染病。传染病的病种

很多，根据传染病的危害程度和应采取的监督、监测和管理措施，以及我国社会经济的发展水平和国家财政的承受能力，《传染病防治法》将39种急性和慢性传染病列为法定管理的传染病，并根据其传播方式、速度及其对人类危害程度的不同，分为甲类、乙类和丙类3类。

甲类传染病是指：鼠疫、霍乱。

乙类传染病是指：传染性非典型肺炎、艾滋病、病毒性肝炎、脊髓灰质炎、人感染高致病性禽流感、甲型H1N1流感、麻疹、流行性出血热、狂犬病、流行性乙型脑炎、登革热、炭疽、细菌性和阿米巴性痢疾、肺结核、伤寒和副伤寒、流行性脑脊髓膜炎、百日咳、白喉、新生儿破伤风、猩红热、布鲁氏菌病、淋病、梅毒、钩端螺旋体病、血吸虫病、疟疾。

丙类传染病是指：流行性感冒、流行性腮腺炎、风疹、急性出血性结膜炎、麻风病、流行性和地方性斑疹伤寒、黑热病、包虫病、丝虫病，除霍乱、细菌性和阿米巴性痢疾、伤寒和副伤寒以外的感染性腹泻病、手足口病。

上述规定以外的其他传染病，根据其暴发、流行情况和危害程度，需要列入乙类、丙类传染病的，由国务院卫生行政部门决定并予以公布。

对乙类传染病中的传染性非典型肺炎、炭疽中的肺炭疽和人感染高致病性禽流感，采取《传染病防治法》所称甲类传染病的预防、控制措施。其他乙类传染病和突发原因不明的传染病需要采取《传染病防治法》所称甲类传染病的预防、控制措施的，由国务院卫生行政部门及时报经国务院批准后予以公布、实施。省、自治区、直辖市人民政府对本行政区域内常见、多发的其他地方性传染病，可以根据情况决定按照乙类或者丙类传染病管理并予以公布，报国务院卫生行政部门备案。

第二节　传染病的预防和控制制度

一、传染病的预防

（一）传染病预防控制预案的制定

传染病预防控制预案是指经过一定程序制定的处置传染病暴发流行的事先方案。《传染病防治法》规定，县级以上地方人民政府应当制定传染病预防、控制预案，报上一级人民政府备案。传染病预防控制预案应当包括以下主要内容：① 传染病预防控制指挥部的组成和相关部门的职责。② 传染病的监测、信息收集、分析、报告、通报制度。③ 疾病预防控制机构、医疗机构在发生传染病疫情时的任务与职责。④ 传染病暴发、流行情况的分级以及相应的应急工作方案。⑤ 传染病预防、疫点疫区现场控制，应急设施、设备、救治药品和医疗器械以及其他物资和技术的储备与调用。

（二）传染病监测、预警制度

国家建立传染病监测制度。国务院卫生行政部门制定国家传染病监测规划和方案。省、自治区、直辖市人民政府卫生行政部门根据国家传染病监测规划和方案，制定本行政区域的传染病监测计划和工作方案。各级疾病预防控制机构对传染病的发生、流行以及影响其发生、流行的因素进行监测；对国外发生、国内尚未发生的传染病或者国内新发生的传染病进行监测。

同时，国家建立传染病预警制度。国务院卫生行政部门和省、自治区、直辖市人民政府根据传染病发生、流行趋势的预测及时发出传染病预警，根据情况予以公布。地方人民政府和疾病预防控制机构接到国务院卫生行政部门或者省、自治区、直辖市人民政府发出的传染病预警后，应当按照传染病预防、控制预案，采取相应的预防、控制措施。

（三）预防接种制度

为有效预防和控制传染病的传播，国家实行有计划的预防接种制度，并根据经济发展情况逐步扩大计划免疫的范围。国务院卫生行政部门和省、自治区、直辖市人民政府卫生行政部门，根据传染病预防、控制的需要，制定传染病预防接种规划并组织实施。为了加强对疫苗流通和预防接种的管理，预防、控制传染病的发生、流行，保障人体健康和公共卫生，2005 年 3 月 16 日，国务院发布了《疫苗流通和预防接种管理条例》，自 2005 年 6 月 1 日起施行。

（四）传染病菌种、毒种和病原微生物实验室管理制度

传染病菌种、毒种是指可能引起《传染病防治法》规定的传染病发生的细菌菌种、病毒毒种。病原微生物是指能够使人或者动物致病的微生物。病原微生物实验室实验活动是指实验室从事与病原微生物菌（毒）种、样本有关的研究、教学、检测、诊断等活动。为了加强病原微生物实验室生物安全管理，保护实验室工作人员和公众的健康，2004 年 11 月 12 日，国务院发布了《病原微生物实验室生物安全管理条例》，并自公布之日起施行。

（五）医疗废物管理制度

1. 使用后的一次性医疗用品必须由取得当地环保部门颁发的危险废物经营许可证的集中和处置单位统一收集处理，不得出售给个体商贩、废品回收站或交由其他任何单位收集处理。

2. 医疗一次性废物应分类放置于防渗漏、防锐器穿透的专用包装物或者密闭容器内，须有明显的警示标识和警示说明。由专人使用专用的转运工具按照确定的时间、路线转运到指定贮存地点。转运工具和容器使用后应当及时进行消毒和清洁。

3. 感染性废物、病理性废物、损坏性废物、药物性废物及化学性废物不能混合收集。少量的药物废物可以混入感染性废物，但应在标签上注明，进行集中处理。

4. 医疗废物中病原体的培养基、标本和菌种、毒种保存液等高危废物，应当首先在产生地点进行压力蒸汽灭菌或化学消毒处理，然后按感染性废物收集处置。

5. 使用过的一次性医疗用品，如一次性注射器、输液器和输血器等物品必须就地进行消毒毁形，放入专用收集袋进行集中处置。

6. 锐器不应与其他废弃物混放，用后必须稳妥安全地置入锐器容器中进行集中处置。

7. 传染病患者或疑似传染病患者产生的生活垃圾应按照医疗废物进行管理和处置。各科室产生的污水、传染病患者或者疑似传染病患者的排泄物应当按照国家规定严格消毒，达到国家规定的排放标准后，方可排入污水处理系统。

8. 禁止丢弃医疗废物，禁止在非贮存地点倾倒、堆放医疗废物或将医疗废物混入其他废物和生活垃圾。

9. 定期每月向当地环保行政部门上报医疗废物集中处置月报表，每年上报年报表。

10. 严格管理，定期检查。

(六) 传染病社会综合预防制度

1. 开展卫生宣传教育。
2. 改善环境，改造设施，从源头控制并减少传染病危害。
3. 控制传染源，预防传染病扩散。
4. 防止医院和医源性感染。
5. 保障饮用水和用于传染病防治的消毒产品的安全。
6. 人畜共患传染病的预防管理和自然疫源地建设项目管理。

二、传染病疫情的报告、通报和公布

(一) 疫情的报告

任何单位和个人发现传染病患者或者疑似传染病患者时应当及时向附近的疾病预防控制机构或者医疗机构报告即任何单位和个人都有疫情报告的义务。

疾病预防控制机构应当设立或者指定专门的部门、人员负责传染病疫情信息管理工作，及时对疫情报告进行核实、分析。负有传染病疫情报告职责的人民政府有关部门、疾病预防控制机构、医疗机构、采供血机构及其工作人员，不得隐瞒、谎报、缓报传染病疫情。

(二) 疫情的通报

县级以上地方人民政府卫生行政部门应当及时向本行政区域内的疾病预防控制机构和医疗机构通报传染病疫情以及监测、预警的相关信息。接到通报的疾病预防控制机构和医疗机构应当及时告知本单位的有关人员。

国务院卫生行政部门应当及时向国务院其他有关部门和各省、自治区、直辖市人民政府卫生行政部门通报全国传染病疫情以及监测、预警的相关信息。毗邻的以及相关的地方人民政府卫生行政部门应当及时互相通报本行政区域的传染病疫情以及监测、预警的相关信息。县级以上人民政府有关部门发现传染病疫情时应当及时向同级人民政府卫生行政部门通报。中国人民解放军卫生行政部门发现传染病疫情时，应当向国务院卫生行政部门通报。动物防疫机构和疾病预防控制机构应当及时互相通报动物间和人间发生的人畜共患传染病疫情以及相关信息。

(三) 疫情的公布

国家建立传染病疫情信息公布制度。国务院卫生行政部门定期公布全国传染病疫情信息。省、自治区、直辖市人民政府卫生行政部门定期公布本行政区域的传染病疫情信息。

传染病暴发、流行时，国务院卫生行政部门负责向社会公布传染病疫情信息，并可以授权省、自治区、直辖市人民政府卫生行政部门向社会公布本行政区域的传染病疫情信息。

公布传染病疫情信息应当及时、准确。

三、传染病疫情的控制

疫情报告和公布是传染病管理工作的重要组成部分。及时、全面、准确地掌握和交流疫情，有利于信息资源共享，及早提起预警，正确制定对策和措施，对防止传染病的流行具有十分重要的作用。

（一）一般控制措施

1. 医疗机构采取的措施 医疗机构发现甲类传染病时应当及时采取下列措施：① 对患者、病原携带者予以隔离治疗，隔离期限根据医学检查结果确定。② 对疑似患者，确诊前在指定场所单独隔离治疗。③ 对医疗机构内的患者、病原携带者、疑似患者的密切接触者，在指定场所进行医学观察和采取其他必要的预防措施。对于拒绝隔离治疗或者隔离期未满擅自脱离隔离治疗的可以由公安机关协助医疗机构采取强制隔离治疗措施。

医疗机构发现乙类或者丙类传染病患者应当根据病情采取必要的治疗和控制传播措施。医疗机构对本单位内被传染病病原体污染的场所、物品以及医疗废物，必须依照法律、法规的规定实施消毒和无害化处置。

2. 疾病预防控制机构采取的措施 疾病预防控制机构发现传染病疫情或者接到传染病疫情报告时，应当及时采取下列措施：① 对传染病疫情进行流行病学调查，根据调查情况提出划定疫点、疫区的建议，对被污染的场所进行卫生处理，对密切接触者，在指定场所进行医学观察和采取其他必要的预防措施，并向卫生行政部门提出疫情控制方案。② 传染病暴发、流行时，对疫点、疫区进行卫生处理，向卫生行政部门提出疫情控制方案，并按照卫生行政部门的要求采取措施。③ 指导下级疾病预防控制机构实施传染病预防、控制措施，组织、指导有关单位对传染病疫情的处理。

（二）紧急措施

当传染病暴发、流行时，县级以上地方人民政府应当立即组织力量，按照预防、控制预案进行防治，切断传染病的传播途径，必要时，报经上一级人民政府决定，可以采取下列紧急措施并予以公告：① 限制或者停止集市、影剧院演出或者其他人群聚集的活动。② 停工、停业、停课。③ 封闭或者封存被传染病病原体污染的公共饮用水源、食品以及相关物品。④ 控制或者捕杀染疫野生动物、家畜家禽。⑤ 封闭可能造成传染病扩散的场所。

上级人民政府接到下级人民政府关于采取上述紧急措施的报告时，应当即时作出决定。当疫情得到控制，需要解除紧急措施的，由原决定机关决定并宣布。

（三）疫区封锁

甲类、乙类传染病暴发、流行时，县级以上地方人民政府报经上一级人民政府决定，可以宣布本行政区域部分或者全部为疫区；国务院可以决定并宣布跨省、自治区、直辖市的疫区。

县级以上地方人民政府可以在疫区内采取相应的紧急措施，并可以对出入疫区的人员、物资和交通工具实施卫生检疫。

省、自治区、直辖市人民政府可以决定对本行政区域内的甲类传染病疫区实施封锁；但是，封锁大、中城市的疫区或者封锁跨省、自治区、直辖市的疫区，以及封锁疫区导致中断干线交通或者封锁国境的由国务院决定。疫区封锁的解除由原决定机关决定并宣布。

（四）其他措施

1. 隔离措施　对已经发生甲类传染病病例的场所或者该场所内的特定区域的人员，所在地的县级以上地方人民政府可以实施隔离措施，并同时向上一级人民政府报告；接到报告的上级人民政府应当即时作出是否批准的决定。上级人民政府作出不予批准决定的，实施隔离措施的人民政府应当立即解除隔离措施。隔离措施的解除由原决定机关决定并宣布。

在隔离期间，实施隔离措施的人民政府应当对被隔离人员提供生活保障；被隔离人员有工作单位的，所在单位不得停止支付其隔离期间的工作报酬。

2. 物品消毒和交通检疫　疫区中被传染病病原体污染或者可能被传染病病原体污染的物品，经消毒可以使用的应当在当地疾病预防控制机构的指导下，进行消毒处理后，方可使用、出售和运输。

发生甲类传染病时，为了防止该传染病通过交通工具及其乘运的人员、物资传播，可以实施交通卫生检疫。1998 年 11 月 28 日，国务院发布的《国内交通卫生检疫条例》规定，列车、船舶、航空器和其他车辆出入检疫传染病疫区和在非检疫传染病疫区的交通工具上发现检疫传染病疫情时，对交通工具及其乘运的人员、物资实施交通卫生检疫。

（1）县级以上地方人民政府卫生行政部门或者铁路、交通、民用航空行政主管部门的卫生主管机构根据各自的职责，对出入检疫传染病疫区的交通工具及其乘运的人员、物资，有权采取下列相应的交通卫生检疫措施：① 对出入检疫传染病疫区的人员、交通工具及其承运的物资进行查验。② 对检疫传染病患者、病原携带者、疑似检疫传染病患者和与其密切接触者实施临时隔离、医学检查及其他应急医学措施。③ 对被检疫传染病病原体污染或者可能被污染的物品，实施控制和卫生处理。④ 对通过该疫区的交通工具及其停靠场所，实施紧急卫生处理。⑤ 需要采取的其他卫生检疫措施。

（2）在非检疫传染病疫区的交通工具上发现下列情形之一时，县级以上地方人民政府卫生行政部门或者铁路、交通、民用航空行政主管部门的卫生主管机构根据各自的职责，有权对交通工具及其乘运的人员、物资实施交通卫生检疫：① 发现有感染鼠疫的啮齿类动物或者啮齿类动物反常死亡，并且死因不明。② 发现鼠疫、霍乱患者、病原携带者和疑似鼠疫、霍乱患者。③ 发现国务院确定并公布的需要实施国内交通卫生检疫的其他传染病。

(3) 在非检疫传染病疫区的交通工具上发现检疫传染病患者、病原携带者、疑似检疫传染病患者时，交通工具负责人应当组织有关人员采取下列监测措施：① 以最快的方式通知前方停靠点，并向交通工具营运单位的主管部门报告。② 对检疫传染病患者、病原携带者、疑似检疫传染病患者和与其密切接触者实施隔离。③ 封锁已经污染或者可能污染的区域采取禁止向外排放污物等卫生处理措施。④ 在指定的停靠点将检疫传染病患者、病原携带者、疑似检疫传染病患者和与其密切接触者，以及其他需要跟踪观察的旅客名单移交当地县级以上地方人民政府卫生行政部门。⑤ 对承运过检疫传染病患者、病原携带者、疑似检疫传染病患者的交通工具和可能被污染的环境实施卫生处理。

3. 人员和物资调集　传染病暴发、流行时，根据传染病疫情控制的需要，国务院有权在全国范围或者跨省、自治区、直辖市范围内，县级以上地方人民政府有权在本行政区域内紧急调集人员或者调用储备物资，临时征用房屋、交通工具以及相关设施、设备。紧急调集人员的，应当按照规定给予合理报酬。临时征用房屋、交通工具以及相关设施、设备的，应当依法给予补偿；能返还的，应当及时返还。

4. 尸体的处理　对于患甲类传染病、炭疽死亡的，应当将尸体立即进行卫生处理，就近火化。患其他传染病死亡的，必要时，应当将尸体进行卫生处理后火化或者按照规定深埋。为了查找传染病病因，医疗机构在必要时可以按照国务院卫生行政部门的规定，对传染病患者尸体或者疑似传染病患者尸体进行解剖查验，并应当告知死者家属。

5. 疫情调查分析　发生传染病疫情时，疾病预防控制机构和省级以上人民政府卫生行政部门指派的其他与传染病有关的专业技术机构，可以进入传染病疫点、疫区进行调查、采集样本、技术分析和检验。

6. 药品和医疗器械的供应　传染病暴发、流行时，药品和医疗器械生产、供应单位应当及时生产、供应防治传染病的药品和医疗器械。铁路、交通、民用航空经营单位必须优先运送处理传染病疫情的人员以及防治传染病的药品和医疗器械。县级以上人民政府有关部门应当做好组织协调工作。

第三节　传染病救治制度

一、传染病救治制度概述

医疗救治是传染病防治体系中的重要组成部分，针对一些地方传染病救治能力较弱，一些医疗机构的建筑设计、服务流程不符合传染病防治要求，不少医疗机构在传染病救治过程中不同程度地存在对患者互相推诿、对传染病诊治不及时、控制不得力等问题，《传染病防治法》从以下几方面对传染病的医疗救治制度作了规定。

1. 县级以上人民政府应当加强和完善传染病医疗救治服务网络的建设，指定具备传染病救治条件和能力的医疗机构承担传染病救治任务，或者根据传染病救治需要设置传染病医院。

2. 医疗机构的基本标准、建筑设计和服务流程，应当符合预防传染病医院感染的要求。

3. 医疗机构应当按照规定对使用的医疗器械进行消毒；对按照规定一次性使用的医疗器具，应当在使用后予以销毁。

4. 医疗机构应当按照国务院卫生行政部门规定的传染病诊断标准和治疗要求，采取相应措施，提高传染病医疗救治能力。

5. 医疗机构应当对传染病患者或者疑似传染病患者提供医疗救护、现场救援和接诊治疗，书写病历记录以及其他有关资料，并妥善保管。

6. 医疗机构应当实行传染病预检、分诊制度；对传染病患者、疑似传染病患者，应当引导至相对隔离的分诊点进行初诊。医疗机构不具备相应救治能力的，应当将患者及其病历记录复印件一并转至具备相应救治能力的医疗机构。

二、几种特殊传染病的救治制度

（一）结核病的救治制度

医疗预防保健机构对收治的肺结核患者应当按《全国结核病防治工作手册》和《肺结核病诊疗规程》实施诊断、治疗和管理。不能按规定实施诊断、治疗和管理的，必须将肺结核患者及时转至当地结核病防治机构或指定的医疗预防保健机构。

乡村医生和个体开业医生遇有疑似结核病的就诊患者应及时转至当地结核病防治机构或中心卫生院。

已确诊的排菌期肺结核患者应当按结核病防治要求，主动配合治疗单位的治疗与管理。

在《全国结核病防治规划（2011—2015年）》中提出规范患者管理，提高治疗水平。落实对肺结核患者的免费诊疗与管理政策，定点医疗机构要对肺结核患者实行规范化治疗，免费提供一线抗结核药品治疗和随访检查，规范开展辅助检查和辅助治疗，切实减轻患者的医疗费用负担。加强患者的治疗管理，探索推广适宜的治疗管理技术和方法。规范使用抗结核药物，逐步推广使用抗结核固定剂量复合制剂，提高患者治疗的依从性。

（二）性病治疗制度

依据《性病防治管理办法》，县级以上卫生行政部门根据工作需要可设性病防治机构，并健全疫情报告监测网络。在《性病防治管理办法》中规定的性病防治机构是指县级以上皮肤病性病防治院、所、站或卫生行政部门指定承担皮肤病性病防治机构职责的医疗预防保健机构。

《性病防治管理办法》对性病的治疗作了如下规定：凡性病患者或疑似患有性病的应当及时到性病防治机构进行诊断治疗。

性病防治机构要积极协助配合公安、司法部门对查禁的卖淫、嫖娼人员进行性病检查。

性病防治机构和从事性病诊断治疗业务的个体医对诊治的性病患者应当进行规范化治疗。

性病防治机构和从事性病诊断治疗业务的个体医在诊治性病患者时，必须采取保护性医疗措施，严格为患者保守秘密。

性病患者在就诊时应当如实提供染病及有关情况，并遵照医嘱进行定期检查，彻底治疗。

第四节　传染病防治监督制度

一、传染病防治监督管理机关及其职责

《传染病防治法》规定，执行传染病防治监督工作职权的机关是各级政府卫生行政部门和受国务院卫生行政部门委托的其他相关部门（如铁路、交通部门）卫生主管机构。

省级以上人民政府卫生行政部门负责组织对传染病防治重大事项的处理。

县级以上人民政府卫生行政部门对传染病防治工作履行下列监督检查职责。

1. 对下级人民政府卫生行政部门履行《传染病防治法》规定的传染病防治职责进行监督检查。

2. 对疾病预防控制机构、医疗机构的传染病防治工作进行监督检查。

3. 对采供血机构的采供血活动进行监督检查。

4. 对用于传染病防治的消毒产品及其生产单位进行监督检查，并对饮用水供水单位从事生产或者供应活动以及涉及饮用水卫生安全的产品进行监督检查。

5. 对传染病菌种、毒种和传染病检测样本的采集、保藏、携带、运输、使用进行监督检查。

6. 对公共场所和有关单位的卫生条件和传染病预防、控制措施进行监督检查。

县级以上人民政府卫生行政部门在履行监督检查职责时有权进入被检查单位和传染病疫情发生现场调查取证，查阅或者复制有关的资料和采集样本。被检查单位应当予以配合，不得拒绝、阻挠。

县级以上地方人民政府卫生行政部门在履行监督检查职责时发现被传染病病原体污染的公共饮用水源、食品以及相关物品，如不及时采取控制措施可能导致传染病传播、流行的可以采取封闭公共饮用水源、封存食品以及相关物品或者暂停销售的临时控制措施，并予以检验或者进行消毒。经检验，属于被污染的食品应当予以销毁；对未被污染的食品或者经消毒后可以使用的物品应当解除控制措施。

卫生行政部门工作人员依法执行职务时应当不少于2人，并出示执法证件，填写卫生执法文书。

卫生执法文书经核对无误后应当由卫生执法人员和当事人签名。当事人拒绝签名的卫生执法人员应当注明情况。

卫生行政部门应当依法建立健全内部监督制度，对其工作人员依据法定职权和程序履行职责的情况进行监督。

上级卫生行政部门发现下级卫生行政部门不及时处理职责范围内的事项或者不履行职责的应当责令纠正或者直接予以处理。

卫生行政部门及其工作人员履行职责应当自觉接受社会和公民的监督。单位和个人有权向上级人民政府及其卫生行政部门举报违反《传染病防治法》的行为。接到举报的有关人民政府或者其卫生行政部门应当及时调查处理。

知识链接

法国："强制申报"保百年平安

法国的国家传染病防治体系是建立在"强制申报"、"死亡统计"、"国家传染病防治中心"、"监测网络"基础之上的。其保证公共卫生的措施以预防为主，因此近百年来一直未出现暴发性传染病的大规模流行。法国有2个强制性的法律措施，即"强制申报"和"死亡统计"。法律规定，世界上100多种传染病中，有26种（该数字、种类随着情况不断变化）是必须在法国申报的，负责申报的人员是医院（包括私人诊所）的医生和医学生物分析实验室的分析师、各省卫生机构的公共卫生监察医生和卫生部国家卫生监测研究所的流行病专家等。国家卫生监测研究所的专家负责定期对高发性、有潜在流行可能的疾病进行分析、总结，以通报全国。

医院的死亡证明（从医学角度说明疾病的起因和死亡的原因）和关于死者情况的市政府简报（死者的社会情况说明，包括出生日期、出生地、家庭所在地、婚姻状况、职业等）均要汇总到省卫生机构的公共卫生监察医生处，并上报到国家统计研究所。法国国家卫生和健康研究所专门有一个小组与国家统计研究所合作，负责对上述情况进行分析，提出有关报告。

二、传染病管理检查员和传染病管理监督员的设立

设立基层监测点和传染病管理检查员，负责责任单位和地段的检查、技术指导和情况报告；设立传染病管理监督员，对传染病的预防、治疗、监测、控制和疫情管理措施进行监督检查。

第五节 法律责任

一、行政责任

行政责任是指因违反行政法律、法规规定而应承担的法律责任。行政法律规范要

求国家行政机关及其公务人员在行政活动中履行和承担相应的义务。

（一）行政处罚

行政处罚是指具有行政处罚权的行政主体为维护公共利益和社会秩序，保护公民、法人或其他组织的合法权益，依法对行政相对人违反行政法律法规而尚未构成犯罪的行政行为所实施的法律制裁。

依据《传染病防治法》，有下列情形之一，导致或者可能导致传染病传播、流行的，由县级以上人民政府卫生行政部门责令限期改正，没收违法所得，可以并处5万元以下的罚款；已取得许可证的，原发证部门可以依法暂扣或者吊销许可证；构成犯罪的，依法追究刑事责任。

1. 饮用水供水单位供应的饮用水不符合国家卫生标准和卫生规范的。

2. 涉及饮用水卫生安全的产品不符合国家卫生标准和卫生规范的。

3. 用于传染病防治的消毒产品不符合国家卫生标准和卫生规范的。

4. 出售、运输疫区中被传染病病原体污染或者可能被传染病病原体污染的物品，未进行消毒处理的。

5. 生物制品生产单位生产的血液制品不符合国家质量标准的。

违反《传染病防治法》规定，有下列情形之一的，由县级以上地方人民政府卫生行政部门责令改正，通报批评，给予警告，已取得许可证的，可以依法暂扣或者吊销许可证；造成传染病传播、流行以及其他严重后果的，对负有责任的主管人员和其他直接责任人员，依法给予降级、撤职、开除的处分，并可以依法吊销有关责任人员的执业证书；构成犯罪的，依法追究刑事责任。

1. 疾病预防控制机构、医疗机构和从事病原微生物实验的单位，不符合国家规定的条件和技术标准，对传染病病原体样本未按照规定进行严格管理，造成实验室感染和病原微生物扩散的。

2. 违反国家有关规定，采集、保藏、携带、运输和使用传染病菌种、毒种和传染病检测样本的。

3. 疾病预防控制机构、医疗机构未执行国家有关规定，导致因输入血液、使用血液制品引起经血液传播疾病发生的。

未经检疫出售、运输与人畜共患传染病有关的野生动物、家畜家禽的，由县级以上地方人民政府畜牧兽医行政部门责令停止违法行为，并依法给予行政处罚。

在国家确认的自然疫源地兴建水利、交通、旅游、能源等大型建设项目，未经卫生调查进行施工的，或者未按照疾病预防控制机构的意见采取必要的传染病预防、控制措施的，由县级以上人民政府卫生行政部门责令限期改正，给予警告，处5千元以上3万元以下的罚款；逾期不改正的，处3万元以上10万元以下的罚款，并可以提请有关人民政府依据职责权限，责令停建、关闭。

（二）行政处分

行政处分是指国家机关、企事业单位对所属的国家工作人员违法失职行为尚不构成犯罪，依据法律、法规所规定的权限而给予的一种惩戒。

依据《传染病防治法》，地方各级人民政府未依照规定履行报告职责，或者隐瞒、谎报、缓报传染病疫情，或者在传染病暴发、流行时，未及时组织救治、采取控制措施的，由上级人民政府责令改正，通报批评；造成传染病传播、流行或者其他严重后果的，对负有责任的主管人员，依法给予行政处分。

县级以上人民政府卫生行政部门违反规定，有下列情形之一的，由本级人民政府、上级人民政府卫生行政部门责令改正，通报批评；造成传染病传播、流行或者其他严重后果的，对负有责任的主管人员和其他直接责任人员，依法给予行政处分。① 未依法履行传染病疫情通报、报告或者公布职责，或者隐瞒、谎报、缓报传染病疫情的。② 发生或者可能发生传染病传播时未及时采取预防、控制措施的。③ 未依法履行监督检查职责，或者发现违法行为不及时查处的。④ 未及时调查、处理单位和个人对下级卫生行政部门不履行传染病防治职责的举报的。⑤ 违反《传染病防治法》的其他失职、渎职行为。

县级以上人民政府有关部门未依照规定履行传染病防治和保障职责的，由本级人民政府或者上级人民政府有关部门责令改正，通报批评；造成传染病传播、流行或者其他严重后果的，对负有责任的主管人员和其他直接责任人员，依法给予行政处分。

疾病预防控制机构违反规定，有下列情形之一的，由县级以上人民政府卫生行政部门责令限期改正，通报批评，给予警告；对负有责任的主管人员和其他直接责任人员，依法给予降级、撤职、开除的处分，并可以依法吊销有关责任人员的执业证书。① 未依法履行传染病监测职责的。② 未依法履行传染病疫情报告、通报职责，或者隐瞒、谎报、缓报传染病疫情的。③ 未主动收集传染病疫情信息，或者对传染病疫情信息和疫情报告未及时进行分析、调查、核实的。④ 发现传染病疫情时，未依据职责及时采取规定的措施的。⑤ 故意泄露传染病患者、病原携带者、疑似传染病患者、密切接触者涉及个人隐私的有关信息、资料的。

医疗机构违反《传染病防治法》规定，有下列情形之一的，由县级以上人民政府卫生行政部门责令改正，通报批评，给予警告；造成传染病传播、流行或者其他严重后果的，对负有责任的主管人员和其他直接责任人员，依法给予降级、撤职、开除的处分，并可以依法吊销有关责任人员的执业证书。① 未按照规定承担本单位的传染病预防、控制工作、医院感染控制任务和责任区域内的传染病预防工作的。② 未按照规定报告传染病疫情，或者隐瞒、谎报、缓报传染病疫情的。③ 发现传染病疫情时，未按照规定对传染病患者、疑似传染病患者提供医疗救护、现场救援、接诊、转诊的，或者拒绝接受转诊的。④ 未按照规定对本单位内被传染病病原体污染的场所、物品以及医疗废物实施消毒或者无害化处置的。⑤ 未按照规定对医疗器械进行消毒，或者对按照规定一次性使用的医疗器具未予销毁，再次使用的。⑥ 在医疗救治过程中未按照规定保管医学记录资料的，故意泄露传染病患者、病原携带者、疑似传染病患者、密切接触者涉及个人隐私的有关信息、资料的。

二、刑事责任

对于违反《传染病防治法》，情节严重、造成严重后果的，由司法机关依法追究刑事责任。

《中华人民共和国刑法》（以下简称《刑法》）第三百三十条规定，违反《传染病防治法》的规定，有下列情形之一，引起甲类传染病传播或者有传播严重危险的，处三年以下有期徒刑或者拘役；后果特别严重的，处三年以上七年以下有期徒刑。

1. 供水单位供应的饮用水不符合国家规定的卫生标准。

2. 拒绝按照卫生防疫机构提出的卫生要求，对传染病病原体污染的污水、污物、粪便进行消毒处理的。

3. 准许或者纵容传染病患者、病原携带者和疑似传染病患者从事国务院卫生行政部门规定禁止从事的易使该传染病扩散的工作的。

4. 拒绝执行卫生防疫机构依照传染病防治法提出的预防、控制措施的。

单位犯前款罪的，对单位判处罚金，并对其直接负责的主管人员和其他直接责任人员，依照前款的规定处罚。

《刑法》第三百三十一条规定，从事实验、保藏、携带、运输传染病菌种、毒种的人员，违反国务院卫生行政部门的有关规定，造成传染病菌种、毒种扩散，后果严重的，处三年以下有期徒刑或者拘役；后果特别严重的，处三年以上七年以下有期徒刑。

《刑法》第三百三十二条规定，违反国境卫生检疫规定，引起检疫传染病传播或者有传播严重危险的，处三年以下有期徒刑或者拘役，并处或者单处罚金。

单位犯前款罪的，对单位判处罚金，并对其直接负责的主管人员和其他直接责任人员，依照前款的规定处罚。

《刑法》第三百六十条规定，明知自己患有梅毒、淋病等严重性病卖淫、嫖娼的，处五年以下有期徒刑、拘役或者管制，并处罚金。

知识链接

2010 年 12 月，东北农业大学 28 名师生在“羊活体解剖学实验课”中，因实验用羊未被检疫，造成布鲁氏菌病感染。其中包括 27 名学生、1 名老师，感染者被送至黑龙江省农垦总局总医院接受治疗。通过对学生走访和现场实地调查，专家组认定该事故是一起因学校相关责任人在实验教学中违反有关规定造成的重大教学责任事故，学校对事故承担全部责任。对于事故责任人，免去郑某动物医学学院院长职务，免去魏某动物医学学院党总支书记职务等，校方承担治疗的全部费用。

小结

- 传染病防治法律制度
  - 概述
    - 传染病防治法的概念
    - 传染病防治法立法目的与适用范围
    - 传染病的分类
  - 传染病的预防和控制制度
    - 传染病的预防
    - 传染病疫情的报告、通报和公布
    - 传染病疫情的控制
  - 传染病救治制度
    - 传染病救治制度
    - 几种特殊传染病的救治制度
  - 传染病防治监督制度
    - 传染病防治监督管理机关及其职责
    - 传染病管理检查员、监督员设立
  - 法律责任
    - 行政责任
    - 刑事责任

案例分析

2008 年 11 月，在某乡田寨小学和田寨小帅才幼儿园发生甲肝（属国家规定的乙类传染病）疫情，赵某为该乡卫生院防保组组长，没有按传染病疫情报告制度及时上报。该县疾控中心学卫科科长张某，在明知发生甲肝疫情的情况下，对该乡防保组的疫情上报工作失予监管，导致甲肝疫情在该乡田寨小学和田寨小帅才幼儿园暴发流行。

【思考】

赵某和张某应当承担怎样的责任？

（翟晓璞　温俊轶）

第六章　职业病防治法律制度

学习目标：

1. 掌握职业病的概念及职业病的范围。
2. 熟悉劳动者的职业卫生权利。
3. 明确职业病的诊断和职业病人的保障。
4. 了解职业病的预防和防护措施及违反职业病防治法的法律责任。

案例：

河南省新密市一企业工人张某工作3年多后，被多家医院诊断为尘肺，但企业却拒绝为他提供相关资料。在向上级主管部门多次投诉后，他取得了去做正式鉴定的机会，但郑州职业病防治所为其做出了“肺结核”的诊断。

为寻求真相，28岁的他跑到郑州大学第一附属医院，不顾医生劝阻，坚持“开胸验肺”，用一个人的无奈之举，揭穿了谎言。

【思考】

1. 什么是职业病？
2. 职业病该如何诊断？职业病患者该享有哪些权利？

我国是世界上职业病危害最严重的国家之一，而且呈逐年上升趋势。根据原卫生部统计数据显示，截至2008年年底，各地累计报告职业病70多万例，其中尘肺病累计发病近64万例，近几年平均每年报告新发尘肺病高达1.5万～2万例，每年因职业病危害造成的直接经济损失约达1 000亿元。特别是大多数农民工在职业病危害严重的中小企业工作，工资偏低、劳动时间长、劳动环境恶劣，他们成为遭受职业病危害的主要群体，但维权之路却比较艰难。职业病防治法正是进行职业病防治管理，维护劳动者健康和权利的法律依据。

第一节　概　　述

一、职业病防治法

（一）职业病防治法的概念

职业病防治法是指调整职业病防治过程中，即在预防、控制和消除职业病危害，防治职业病，保护劳动者健康及其相关权益，促进经济社会发展过程中所产生的各种社会关系的法律规范的总称。从法律层面来说，目前适用的是2001年10月27日，第九届全国人民代表大会常务委员会第二十四次会议通过，并于2011年12月31日第十一届全国人民代表大会常务委员会第二十四次会议通过修改的《中华人民共和国职业病防治法》(以下简称《职业病防治法》)。包括总则、前期预防、劳动过程中的防护与管理、职业病诊断与职业病病人保障、监督检查、法律责任、附则共七章九十条内容。

(二) 职业病防治法的立法目的

《职业病防治法》第一条规定了该法具有4方面的目的，即预防、控制和消除职业病危害；防治职业病；保护劳动者健康及其相关权益；促进经济社会发展。

(三) 职业病防治法制建设

职业病防治关系到劳动者的身体健康和生命安全，关系到社会经济的发展，关系到人民生活的幸福和社会稳定。新中国成立后，党和政府高度重视职业病防治工作，加强推进职业病防治立法进程，颁布了一系列相关的法律法规和规章。1949年中国人民政治协商会议通过的《共同纲领》就有"实行工矿检查制度，以改进工矿的安全和卫生设备"的内容；1954年《中华人民共和国宪法》(以下简称《宪法》)也就劳动卫生和劳动保护作了明确规定；1951年原劳动部发布了《工厂安全卫生暂行条例草案》；1956年国务院颁布《工厂安全卫生规程》、《关于防止厂矿企业中矽尘危害的决定》；1957年原卫生部发布了《职业病范围和职业病患者处理办法的规定》；1963年国务院批准原劳动部等发布了《防止矽尘危害工作管理办法》；1979年原卫生部等先后发布了《工业企业设计卫生标准》、《工业企业噪声卫生标准(试行草案)》、《微波辐射暂行卫生标准》；1988年发布了《职业病报告办法》；1987年国务院制定了《尘肺病防治条例》。根据新形势下职业病防治的特点，根据国情及需要，2001年10月27日，第九届全国人民代表大会常务委员会第二十四次会议通过了《职业病防治法》，自2002年5月1日起施行。2002年5月12日国务院颁布了《使用有毒物品作业场所劳动保护条例》，原卫生部与国家有关部门也相继制定了一系列与之配套的规章及职业卫生标准，如《国家职业卫生标准管理办法》、《职业病危害项目申报管理办法》、《建设项目职业病危害分类管理办法》、《职业病诊断与鉴定管理办法》、《职业病危害事故调查处理办法》、《职业病目录》、《职业病危害因素分类目录》等，使具有中国特色的职业病防治的法律体系基本确立。2011年12月31日第十一届全国人民代表大会常务委员会第24次会议通过《全国人民代表大会常务委员会关于修改〈中华人民共和国职业病防治法〉的决定》，并从公布之日起施行。

二、职业病及范围

(一) 职业病

广义上，职业病是指凡在生产环境和劳动过程中，由职业危害因素所引起的各种疾病。狭义上的职业病是指由国家确认并经过法定程序公布的职业病。在《职业病防治法》第二条第二款规定，"本法所称职业病是指企业、事业单位和个体经济组织等用人单位的劳动者在职业活动中，因接触粉尘、放射性物质和其他有毒、有害因素而引起的疾病”。可见，作为法定职业病必须具备一定条件，即患病的主体必须是企业、事业单位和个体经济组织等用人单位的劳动者(新修改的《职业病防治法》在用人单位之前加了个“等”字，意味着职业病患病群体从原来限定于企、事业单位和个体经济组织这3类用人实体的劳动从业人员放大到所有用人单位，扩大了职业病保护范围)；必须是在从事职业活动的过程中产生的；必须是因接触粉尘、放射性物质和其他有毒、有害因素等职业危害因素导致的；必须是国家公布的《职业病目录》中所列的职业病。4个条件必须同时具备。也只有法定的职业病患者才能够享受国家规定的职业病待遇。

(二) 职业病的范围

《职业病防治法》第二条第三款规定，“职业病的分类和目录由国务院卫生行政部门会同国务院安全生产监督管理部门、劳动保障行政部门制定、调整并公布”。2002年4月，原卫生部、劳动保障部公布了目前的职业病目录。根据职业危害因素和危害程度把职业病确定为尘肺、职业性放射性疾病、职业中毒、物理因素所致职业病、生物因素所致职业病、职业性皮肤病、职业性眼病、职业性耳鼻喉口腔疾病、职业性肿瘤、其他职业病十大类共115种。

第二节 职业病的预防和防护制度

一、职业病的前期预防

我国职业病防治工作坚持预防为主、防治结合的方针，前期预防尤为重要。为此，《职业病防治法》规定：“用人单位应当依照法律、法规要求，严格遵守国家职业卫生标准，落实职业病预防措施，从源头上控制和消除职业病危害。”

(一) 职业病危害工作场所的职业卫生要求

产生职业病危害的用人单位的设立除应当符合法律、行政法规规定的设立条件外，其工作场所还应当符合下列职业卫生要求：① 职业病危害因素的强度或者浓度符合国家职业卫生标准。② 有与职业病危害防护相适应的设施。③ 生产布局合理，符合有害与无害作业分开的原则。④ 有配套的更衣间、洗浴间、孕妇休息间等卫生设施。⑤ 设备、工具、用具等设施符合保护劳动者生理、心理健康的要求。⑥ 法律、行政法规和国务院卫生行政部门、安全生产监督管理部门关于保护劳动者健康的其他要求。

(二) 职业病危害项目申报

《职业病防治法》第十六条规定，国家建立职业病危害项目申报制度。用人单位工作场所存在职业病目录所列职业病的危害因素的，应当及时、如实向所在地安全生产监督管理部门申报危害项目，接受监督。职业病危害因素分类目录由国务院卫生行政部门会同国务院安全生产监督管理部门制定、调整并公布。职业病危害项目申报的具体办法由国务院安全生产监督管理部门制定。

1. 申报的适用范围　新建、扩建、改建建设项目和技术改造、技术引进项目(以下统称建设项目)可能产生职业病危害的,建设单位在可行性论证阶段应当向安全生产监督管理部门提交职业病危害预评价报告。安全生产监督管理部门应当自收到职业病危害预评价报告之日起30日内,作出审核决定并书面通知建设单位。未提交预评价报告或者预评价报告未经安全生产监督管理部门审核同意的,有关部门不得批准该建设项目。

2. 职业病危害预评价报告的内容　职业病危害预评价报告应当对建设项目可能产生的职业病危害因素及其对工作场所和劳动者健康的影响作出评价,确定危害类别和职业病防护措施。

(三) 建设项目的职业病防护设施建设要求

1. 职业病防护设施建设要做到"三同时"　建设项目的职业病防护设施所需费用应当纳入建设项目工程预算,并与主体工程同时设计,同时施工,同时投入生产和使用。

2. 职业病防护设施设计及职业病危害控制效果的评价　职业病危害严重的建设项目的防护设施设计,应当经安全生产监督管理部门审查,符合国家职业卫生标准和卫生要求的,方可施工。建设项目在竣工验收前,建设单位应当进行职业病危害控制效果评价。建设项目竣工验收时,其职业病防护设施经安全生产监督管理部门验收合格后,方可投入正式生产和使用。

3. 评价机构　职业病危害预评价、职业病危害控制效果评价由依法设立的取得国务院安全生产监督管理部门或者设区的市级以上地方人民政府安全生产监督管理部门按照职责分工给予资质认可的职业卫生技术服务机构进行。

二、劳动过程的防护与管理

(一) 职业病防治管理措施

《职业病防治法》规定,用人单位应当采取下列职业病防治管理措施:① 设置或者指定职业卫生管理机构或者组织,配备专职或者兼职的职业卫生管理人员,负责本单位的职业病防治工作。② 制定职业病防治计划和实施方案。③ 建立、健全职业卫生管理制度和操作规程。④ 建立、健全职业卫生档案和劳动者健康监护档案。⑤ 建立、健全工作场所职业病危害因素监测及评价制度。⑥ 建立、健全职业病危害事故应急救援预案。由此,强调职业病防治在管理措施方面应当有专门的机构和人员,有确定的计划方案和制度,并建立完善的卫生档案和劳动者健康监护档案、职业病危害因素监测及评价制度及职业病危害事故应急救援预案制度,从制度和措施上确保劳动者的执业安全。

(二) 防护用品的规定

用人单位必须采用有效的职业病防护设施,并为劳动者提供个人使用的职业病防护用品。为劳动者个人提供的职业病防护用品必须符合防治职业病的要求,不符合要求的,不得使用。

1. 用人单位应当优先采用有利于防治职业病和保护劳动者健康的新技术、新工艺、新设备、新材料，逐步替代职业病危害严重的技术、工艺、设备、材料。用人单位对采用的技术、工艺、设备、材料，应当知悉其产生的职业病危害，隐瞒其危害而采用的，对所造成的职业病危害后果承担责任。

2. 向用人单位提供可能产生职业病危害的设备的，应当提供中文说明书，并在设备的醒目位置设置警示标识和中文警示说明。警示说明应当载明设备性能、可能产生的职业病危害、安全操作和维护注意事项、职业病防护以及应急救治措施等内容。

3. 向用人单位提供可能产生职业病危害的化学品、放射性同位素和含有放射性物质的材料的，应当提供中文说明书。说明书应当载明产品特性、主要成分、存在的有害因素、可能产生的危害后果、安全使用注意事项、职业病防护以及应急救治措施等内容。产品包装应当有醒目的警示标识和中文警示说明。贮存上述材料的场所应当在规定的部位设置危险物品标识或者放射性警示标识。国内首次使用或者首次进口与职业病危害有关的化学材料，使用单位或者进口单位按照国家规定经国务院有关部门批准后，应当向国务院卫生行政部门、安全生产监督管理部门报送该化学材料的毒性鉴定以及经有关部门登记注册或者批准进口的文件等资料。

4. 任何单位和个人不得生产、经营、进口和使用国家明令禁止使用的可能产生职业病危害的设备或者材料。

5. 对职业病防护设备、应急救援设施和个人使用的职业病防护用品，用人单位应当进行经常性的维护、检修，定期检测其性能和效果，确保其处于正常状态，不得擅自拆除或者停止使用。

(三) 工作环境和工作场所的防护措施

1. 产生职业病危害的用人单位，应当在醒目位置设置公告栏，公布有关职业病防治的规章制度、操作规程、职业病危害事故应急救援措施和工作场所职业病危害因素检测结果。对产生严重职业病危害的作业岗位，应当在其醒目位置，设置警示标识和中文警示说明。警示说明应当载明产生职业病危害的种类、后果、预防以及应急救治措施等内容。

2. 对可能发生急性职业损伤的有毒、有害工作场所，用人单位应当设置报警装置，配置现场急救用品、冲洗设备、应急撤离通道和必要的泄险区。对放射工作场所和放射性同位素的运输、贮存，用人单位必须配置防护设备和报警装置，保证接触放射线的工作人员佩戴个人剂量计。

3. 用人单位应当实施由专人负责的职业病危害因素日常监测，并确保监测系统处于正常运行状态。应当按照国务院安全生产监督管理部门的规定，定期对工作场所进行职业病危害因素检测、评价。检测、评价结果存入用人单位职业卫生档案，定期向所在地安全生产监督管理部门报告并向劳动者公布。

第三节　劳动者的职业卫生权利

随着社会的进步和经济的发展，劳动者的职业安全和健康越来越受到国家和社会广泛的重视，我国相关的法律法规赋予了劳动者相应的职业卫生权利。《宪法》第二十一条规定："国家发展医疗卫生事业……，保护人们健康。"第四十二条规定：国家"加强劳动保护，改善劳动条件"。第四十五条规定："中华人民共和国公民在年老、疾病或者丧失劳动能力的情况下，有从国家和社会获得物质帮助的权利。"《中华人民共和国民法通则》第九十八条规定："公民享有生命健康权。"保护劳动者健康和相关权益成为我国新时期职业卫生工作的核心，也是我国《职业病防治法》的立法宗旨之一。《职业病防治法》第四条规定："劳动者依法享有职业卫生保护的权利。用人单位应当为劳动者创造符合国家职业卫生标准和卫生要求的工作环境和条件，并采取措施保障劳动者获得职业卫生保护。工会组织依法对职业病防治工作进行监督，维护劳动者的合法权益。用人单位制定或者修改有关职业病防治的规章制度，应当听取工会组织的意见。"其具体的职业卫生权利包括知情权、培训权、拒绝冒险作业权、职业健康权、特殊保障权、参与决策权、检举控告权、求偿权等。

（一）知情权

用人单位有告知的义务，劳动者有知情的权利。用人单位招用劳动者时，应当如实告知劳动者工作内容、工作条件、工作地点、职业危害、安全生产状况、劳动报酬，以及劳动者要求了解的其他情况。劳动者有权知悉自己即将从事的工作有无职业危害、自己所处的工作环境的好坏程度和危险性，并根据所了解的情况和本人意愿，作出是否在该环境下劳动的决定。

1. 用人单位与劳动者订立劳动合同（含聘用合同，下同）时，应当将工作过程中可能产生的职业病危害及其后果、职业病防护措施和待遇等如实告知劳动者，并在劳动合同中写明，不得隐瞒或者欺骗。

劳动者在已订立劳动合同期间，因工作岗位或者工作内容变更，从事所订立劳动合同中未告知的存在职业病危害的作业时，用人单位应当依照规定，向劳动者履行如实告知的义务，并协商变更原劳动合同相关条款。

用人单位违反规定的，劳动者有权拒绝从事存在职业病危害的作业，用人单位不得因此解除与劳动者所订立的劳动合同。

2. 劳动者有权了解工作场所产生或者可能产生的职业病危害因素、危害后果和应当采取的职业病防护措施。

3. 从事或接触职业病危害因素的劳动者，有权要求用人单位按规定组织职业健康检查，且了解检查结果，要求检查结果以书面方式告知劳动者。

4. 医疗卫生机构发现疑似职业病患者时，应当告知劳动者本人。

（二）培训权

劳动者有权获得职业卫生教育和培训。从事特种作业的劳动者必须经过专门培训并取得特种作业资格。劳动者应当学习和掌握相关的职业卫生知识，增强职业病防范意识，遵守职业病防治法律、法规、规章和操作规程，正确使用、维护职业病防护设备和个人使用的职业病防护用品，发现职业病危害事故隐患应当及时报告。这既是劳动者的权利，同时也是劳动者的义务。

用人单位的主要负责人和职业卫生管理人员应当增强职业病防治观念和意识，接受职业卫生培训，遵守职业病防治法律、法规，依法组织本单位的职业病防治工作。

用人单位应当对劳动者进行上岗前的职业卫生培训和在岗期间的定期职业卫生培训，普及职业卫生知识，督促劳动者遵守职业病防治法律、法规、规章和操作规程，指导劳动者正确使用职业病防护设备和个人使用的职业病防护用品。劳动者不履行规定义务的，用人单位应当对其进行教育。

(三) 拒绝冒险作业权

劳动法规定，劳动者对用人单位管理人员违章指挥、强令冒险作业，有权拒绝执行。《职业病防治法》第四十条规定，劳动者有权拒绝违章指挥和强令进行没有职业病防护措施的作业。用人单位与劳动者订立劳动合同时，未将工作过程中可能产生的职业病危害及其后果、职业病防护措施和待遇等如实告知劳动者，或者劳动者在已订立劳动合同期间因工作岗位或者工作内容变更，从事所订立劳动合同中未告知的存在职业病危害的作业时，用人单位未按规定向劳动者履行如实告知的义务，并协商变更原劳动合同相关条款的，劳动者有权拒绝从事存在职业病危害的作业，用人单位不得因此解除与劳动者所订立的劳动合同。

(四) 职业健康权

劳动者有获得职业健康检查、职业病诊疗、康复等职业病防治服务，保持职业健康的权利。维护劳动者职业健康权的具体规定包括以下几个方面。

1. 用人单位必须建立、健全劳动安全卫生制度，严格执行国家劳动安全卫生规程和标准，对劳动者进行劳动安全卫生教育，防止劳动过程中的事故，减少职业危害。发生或者可能发生急性职业病危害事故时，用人单位应当立即采取应急救援和控制措施，并及时报告所在地安全生产监督管理部门和有关部门。安全生产监督管理部门接到报告后，应当及时会同有关部门组织调查处理；必要时，可以采取临时控制措施。卫生行政部门应当组织做好医疗救治工作。

2. 用人单位必须为劳动者提供符合国家规定的劳动安全卫生条件和必要的劳动防护用品，对从事有职业危害作业的劳动者应当定期进行健康检查。

对从事接触职业病危害的作业的劳动者，用人单位应当按照国务院安全生产监督管理部门、卫生行政部门的规定组织上岗前、在岗期间和离岗时的职业健康检查，并将检查结果书面告知劳动者。职业健康检查费用由用人单位承担。

对遭受或者可能遭受急性职业病危害的劳动者，用人单位应当及时组织救治、进行健康检查和医学观察，所需费用由用人单位承担。

用人单位不得安排未经上岗前职业健康检查的劳动者从事接触职业病危害的作业；不得安排有职业禁忌的劳动者从事其所禁忌的作业；对在职业健康检查中发现有与所从事的职业相关的健康损害的劳动者，应当调离原工作岗位，并妥善安置；对未进行离岗前职业健康检查的劳动者不得解除或者终止与其订立的劳动合同。

3. 用人单位应当为劳动者建立职业健康监护档案，并按照规定的期限妥善保存。职业健康监护档案应当包括劳动者的职业史、职业病危害接触史、职业健康检查结果和职业病诊疗等有关个人健康资料。劳动者离开用人单位时，有权索取本人职业健康监护档案复印件，用人单位应当如实、无偿提供，并在所提供的复印件上签章。

4. 用人单位应当及时安排对疑似职业病患者进行诊断；在疑似职业病患者诊断或者医学观察期间，不得解除或者终止与其订立的劳动合同。疑似职业病患者在诊断、医学观察期间的费用，由用人单位承担。

（五）特殊保障权

存在职业危害因素的工作中有一些特殊的环境、特殊的人群、特殊时期给予的特殊保障权利。要求用人单位提供符合防治职业病要求的职业病防护设施和个人使用的职业病防护用品，改善工作条件。

1. 产生职业病危害的用人单位在工作场所应该有配套的更衣间、洗浴间、孕妇休息间等卫生设施。对可能发生急性职业损伤的有毒、有害工作场所，用人单位应当设置报警装置，配置现场急救用品、冲洗设备、应急撤离通道和必要的泄险区。

国家对从事放射、高毒、高危粉尘等作业实行特殊管理。对放射工作场所和放射性同位素的运输、贮存，用人单位必须配置防护设备和报警装置，保证接触放射线的工作人员佩戴个人剂量计。高危粉尘是造成劳动者健康损害的重要危害因素，据统计，2010 年共报告职业病 27 240 例，其中尘肺病占报告职业病的 87.4%。对放射作业的管理也有专门的法规，即国务院颁布的《放射性同位素与射线装置放射防护条例》。

2. 用人单位不得安排未成年工从事接触职业病危害的作业；不得安排孕期、哺乳期的女职工从事对本人和胎儿、婴儿有危害的作业。

用人单位不得安排有职业禁忌的劳动者从事其所禁忌的劳动。

3. 任何单位和个人不得将产生职业病危害的作业转移给不具备职业病防护条件的单位和个人。不具备职业病防护条件的单位和个人不得接受产生职业病危害的作业。

（六）参与决策权

劳动者有权参与用人单位职业卫生工作的民主管理，对职业病防治工作提出意见和建议。

（七）检举控告权

劳动者有权对违反职业病防治法律、法规以及危及生命健康的行为提出批评、检举和控告。

（八）求偿权

从事职业病危害作业的劳动者，有享受用人单位按规定给予适当岗位津贴的权利。职业病患者除依法享有工伤保险外，依照有关民事法律，尚有获得赔偿的权利的，有权向用人单位提出赔偿要求。

用人单位应当保障劳动者行使以上各项权利。因劳动者依法行使正当权利而降低其工资、福利等待遇或者解除、终止与其订立的劳动合同的，其行为无效。

第四节　职业病诊断与职业病患者保障制度

一、职业病的报告

国家建立伤亡事故和职业病统计报告和处理制度。县级以上各级人民政府劳动行政部门、有关部门和用人单位应当依法对劳动者在劳动过程中发生的伤亡事故和劳动者的职业病状况，进行统计、报告和处理。

发生或者可能发生急性职业病危害事故时，用人单位应当立即采取应急救援和控制措施，并及时报告所在地安全生产监督管理部门和有关部门。安全生产监督管理部门接到报告后，应当及时会同有关部门组织调查处理；必要时，可以采取临时控制措施。

用人单位和医疗卫生机构发现职业病患者或者疑似职业病患者时，应当及时向所在地卫生行政部门和安全生产监督管理部门报告。确诊为职业病的，用人单位还应当向所在地劳动保障行政部门报告。接到报告的部门应当依法作出处理。

县级以上地方人民政府卫生行政部门负责本行政区域内的职业病统计报告的管理工作，并按照规定上报。

卫生行政部门、安全生产监督管理部门，不按照规定报告职业病和职业病危害事故的，由上一级行政部门责令改正，通报批评，给予警告；虚报、瞒报的，对单位负责人、直接负责的主管人员和其他直接责任人员依法给予降级、撤职或者开除的处分。

二、职业病的诊断

职业病诊断是由依法取得职业病诊断资质的医疗卫生机构依据《职业病防治法》、国家颁布的有关职业病诊断法规、规章、分类和目录及诊断标准，对劳动者在职业活动中因接触粉尘、放射性物质和其他有毒、有害因素而引起的疾病所进行的诊断活动。

（一）职业病诊断的机构

1. 职业病诊断机构　职业病诊断是一项技术性非常强的工作。医疗卫生机构承担职业病诊断，应当经省、自治区、直辖市人民政府卫生行政部门批准。省、自治区、直辖市人民政府卫生行政部门应当向社会公布本行政区域内承担职业病诊断的医疗卫生机构的名单。

承担职业病诊断的医疗卫生机构应当具备下列条件：① 持有《医疗机构执业许可证》。② 具有与开展职业病诊断相适应的医疗卫生技术人员。③ 具有与开展职业病诊断相适应的仪器、设备。④ 具有健全的职业病诊断质量管理制度。

2. 职业病诊断机构的确定　劳动者对职业病诊断地和诊断机构有自由选择权。劳动者可以在用人单位所在地、本人户籍所在地或者经常居住地依法承担职业病诊断的医疗卫生机构进行职业病诊断。同时，《职业病防治法》第四十四条规定：“承担职业病诊断的医疗卫生机构不得拒绝劳动者进行职业病诊断的要求。"这为劳动者进行职业病诊断提供了保障。

(二)职业病诊断的标准

职业病诊断标准和职业病诊断、鉴定办法由国务院卫生行政部门制定。职业病伤残等级的鉴定办法由国务院劳动保障行政部门会同国务院卫生行政部门制定。职业病诊断的结果关系到劳动者健康权益的维护和享受的待遇,需要严格管理和规范,必须按国务院卫生行政部门制定的《职业病诊断与鉴定管理办法》的规定进行。

1. 综合分析　职业病诊断,应当综合分析下列因素:① 病人的职业史。② 职业病危害接触史和工作场所职业病危害因素情况。③ 临床表现以及辅助检查结果等。没有证据否定职业病危害因素与病人临床表现之间的必然联系的,应当诊断为职业病。

2. 集体诊断　承担职业病诊断的医疗卫生机构在进行职业病诊断时,应当组织3名以上取得职业病诊断资格的执业医师集体诊断。对职业病诊断有意见分歧的,应当按多数人的意见诊断;对不同意见应当如实记录。

3. 职业病诊断证明书　职业病诊断机构做出职业病诊断后,应当向当事人出具《职业病诊断证明书》。职业病诊断证明书应当明确是否患有职业病,对患有职业病的,还应当载明所患职业病的名称、程度(期别)、处理意见和复查时间。

《职业病诊断证明书》应当由参与诊断的医师共同签署,并经承担职业病诊断的医疗卫生机构审核盖章。《职业病诊断证明书》应当一式三份,劳动者、用人单位各执一份,诊断机构存档一份。

(三)职业病诊断中的相关规定

1. 提供相关资料　根据原卫生部《职业病诊断与鉴定管理办法》的规定,申请职业病诊断时应当提供:职业史、既往史;职业健康监护档案复印件;职业健康检查结果;工作场所历年职业病危害因素检测、评价资料;诊断机构要求提供的其他必需的有关材料。《职业病防治法》规定,用人单位应当如实提供职业病诊断、鉴定所需的劳动者职业史和职业病危害接触史、工作场所职业病危害因素检测结果等资料;安全生产监督管理部门应当监督检查和督促用人单位提供上述资料;劳动者和有关机构也应当提供与职业病诊断、鉴定有关的资料。

职业病诊断、鉴定过程中,用人单位不提供工作场所职业病危害因素检测结果等资料的,诊断、鉴定机构应当结合劳动者的临床表现、辅助检查结果和劳动者的职业史、职业病危害接触史,并参考劳动者的自述、安全生产监督管理部门提供的日常监督检查信息等,作出职业病诊断、鉴定结论。

2. 现场调查　职业病诊断、鉴定机构需要了解工作场所职业病危害因素情况时,可以对工作场所进行现场调查,也可以向安全生产监督管理部门提出,安全生产监督管理部门应当在10日内组织现场调查,用人单位不得拒绝、阻挠。劳动者对用人单位提供的工作场所职业病危害因素检测结果等资料有异议,或者因劳动者的用人单位解散、破产,无用人单位提供上述资料的,诊断、鉴定机构应当提请安全生产监督管理部门进行调查,安全生产监督管理部门应当自接到申请之日起30日内对存在异议的资料或者工作场所职业病危害因素情况作出判定;有关部门应当配合。

3. 劳动人事争议仲裁　职业病诊断、鉴定过程中,在确认劳动者职业史、职业病危害接触史时,当事人对劳动关系、工种、工作岗位或者在岗时间有争议的,可以向当地的劳动人事争议仲裁委员会申请仲裁;接到申请的劳动人事争议仲裁委员会应当受理,并在30日内作出裁决。当事人在仲裁过程中对自己提出的主张,有责任提供证据。劳动者无法提供由用人单位掌握管理的与仲裁主张有关的证据的,仲裁庭应当要求用人单位在指定期限内提供;用人单位在指定期限内不提供的,应当承担不利后果。

劳动者对仲裁裁决不服的,可以依法向人民法院提起诉讼。用人单位对仲裁裁决不服的,可以在职业病诊断、鉴定程序结束之日起15日内依法向人民法院提起诉讼;诉讼期间,劳动者的治疗费用按照职业病待遇规定的途径支付。

(四) 职业病诊断争议的鉴定

1. 鉴定的情形　① 当事人对职业病诊断有异议的,在接到《职业病诊断证明书》之日起30日内,可以向作出诊断的医疗卫生机构所在地地方人民政府卫生行政部门申请鉴定。② 人民法院受理有关案件需要进行职业病鉴定时,应当从省、自治区、直辖市人民政府卫生行政部门依法设立的相关的专家库中选取参加鉴定的专家组织进行鉴定。

2. 鉴定机构　职业病诊断争议由设区的市级以上地方人民政府卫生行政部门根据当事人的申请,组织职业病诊断鉴定委员会进行鉴定。职业病诊断鉴定委员会由相关专业的专家组成。省、自治区、直辖市人民政府卫生行政部门应当设立相关的专家库,需要对职业病争议作出诊断鉴定时,由当事人或者当事人委托有关卫生行政部门从专家库中以随机抽取的方式确定参加诊断鉴定委员会的专家。职业病诊断鉴定委员会组成人数为5人以上单数,鉴定委员会设主任委员1名,由鉴定委员会推举产生。

3. 职业病鉴定的程序　根据《职业病诊断与鉴定管理办法》有关规定,进行职业病鉴定程序如下:① 提出申请:当事人向作出诊断的医疗卫生机构所在地地方人民政府卫生行政部门提出鉴定申请,并提交《职业病鉴定申请书》。② 通知:卫生行政部门委托的职业病鉴定办事机构收到《职业病鉴定申请书》后出具《职业病鉴定资料提交通知书》。③ 提交材料:当事人在10个工作日内如实提交职业病鉴定所需的资料或者书面陈述。④ 受理:职业病鉴定办事机构应当自收到申请资料之日起10日内完成材料审核,符合受理条件的发给《职业病鉴定受理通知书》,材料不全的,通知当事人补充。⑤ 抽取鉴定专家组成鉴定委员会,职业病诊断鉴定办事机构应当在受理鉴定之日起60日内组织鉴定。⑥ 鉴定委员会进行鉴定:审查当事人提供的材料,听取当事人的陈述和申辩,对被鉴定人进行医学检查,对被鉴定人的工作场所进行现场调查取证。根据需要可以向原职业病诊断机构调阅有关的诊断资料,也可以向用人单位索取与鉴定有关的资料,用人单位应当如实提供。鉴定委员会应当认真审阅有关资料,依照有关规定和职业病诊断标准,运用科学原理和专业知识,独立进行鉴定。⑦ 作出鉴定结论,制作并出具《职业病诊断鉴定书》。鉴定结论以鉴定委员会成员的过半数通过。鉴定过程应当如实记载。参加鉴定的专家应当在鉴定书上签字,鉴定书加盖职业病诊断鉴定委员会印章。⑧ 职业病诊断鉴定书应当于鉴定结束之日起 20 日内由职业病诊断鉴定办事机构发送当事人。

4. 提供的材料　当事人申请职业病诊断鉴定时,应当提供以下材料:《职业病鉴定申请书》、《职业病诊断证明书》、申请职业病诊断时提供的相关材料、其他有关资料。

5. 再鉴定　当事人对设区的市级职业病诊断鉴定委员会的鉴定结论不服的,在接到《职业病诊断鉴定书》之日起 15 日内,可以向省、自治区、直辖市人民政府卫生行政部门申请再鉴定。省级职业病诊断鉴定委员会的鉴定为最终鉴定。

6. 费用承担　职业病诊断、鉴定的费用由用人单位承担。

三、职业病患者的权益保障

(一) 疑似职业病患者的权益保障

疑似职业病患者除享有患者的一般权益外,还应享有知情权、合理诊疗权、保留工作及待遇的权利、申请职业病诊断和鉴定的权利、提请劳动争议仲裁及民事诉讼的权利等。《职业病防治法》规定:医疗卫生机构发现疑似职业病患者时,应当告知劳动者本人并及时通知用人单位。用人单位应当及时安排对疑似职业病患者进行诊断;在疑似职业病患者诊断或者医学观察期间,不得解除或者终止与其订立的劳动合同。疑似职业病患者在诊断、医学观察期间的费用,由用人单位承担。

(二) 职业病患者的保障

职业病患者依法享受国家规定的职业病待遇,用人单位应当保障职业病患者依法享受国家规定的职业病待遇。职业病患者待遇包括工伤医疗待遇、伤残待遇、因工死亡待遇、职业康复待遇及其他工伤保险待遇。

用人单位应当按照国家有关规定,安排职业病患者进行治疗、康复和定期检查;对不适宜继续从事原工作的职业病患者,应当调离原岗位,并妥善安置;对从事接触职业病危害的作业的劳动者,应当给予适当岗位津贴。

职业病患者的诊疗、康复费用,伤残以及丧失劳动能力的职业病患者的社会保障,按照国家有关工伤保险的规定执行。劳动者被诊断患有职业病,但用人单位没有依法参加工伤保险的,其医疗和生活保障由该用人单位承担。

职业病患者变动工作单位,其依法享有的待遇不变。用人单位在发生分立、合并、解散、破产等情形时,应当对从事接触职业病危害的作业的劳动者进行健康检查,并按照国家有关规定妥善安置职业病患者。

职业病患者可申请政府救助。当用人单位已经不存在或者无法确认劳动关系时,职业病患者可以向地方人民政府民政部门申请医疗救助和生活等方面的救助。地方各级人民政府应当根据本地区的实际情况,采取其他措施,使职业病患者获得医疗救治。

第五节　法律责任

一、行政责任

1. 建设单位　建设单位违反《职业病防治法》规定，有下列行为之一的，由安全生产监督管理部门给予警告，责令限期改正；逾期不改正的，处10万元以上50万元以下的罚款；情节严重的，责令停止产生职业病危害的作业，或者提请有关人民政府按照国务院规定的权限责令停建、关闭。① 未按照规定进行职业病危害预评价或者未提交职业病危害预评价报告，或者职业病危害预评价报告未经安全生产监督管理部门审核同意，开工建设的。② 建设项目的职业病防护设施未按照规定与主体工程同时投入生产和使用的。③ 职业病危害严重的建设项目，其职业病防护设施设计未经安全生产监督管理部门审查，或者不符合国家职业卫生标准和卫生要求施工的。④ 未按照规定对职业病防护设施进行职业病危害控制效果评价、未经安全生产监督管理部门验收或者验收不合格，擅自投入使用的。

2. 用人单位　用人单位违反《职业病防治法》规定，由安全生产监督管理部门给予警告，责令限期改正；逾期不改正的，处以罚款；情节严重的，责令停止产生职业病危害的作业，或者提请有关人民政府按照国务院规定的权限责令关闭。

3. 用人单位和医疗卫生机构　用人单位和医疗卫生机构未按照规定报告职业病、疑似职业病的，由有关主管部门依据职责分工责令限期改正，给予警告，可以并处1万元以下的罚款；弄虚作假的，并处2万元以上5万元以下的罚款；对直接负责的主管人员和其他直接责任人员，可以依法给予降级或者撤职的处分。

4. 生产、经营或者进口企业　生产、经营或者进口国家明令禁止使用的可能产生职业病危害的设备或者材料的，依照有关法律、行政法规的规定给予处罚。

5. 医疗卫生、职业卫生服务机构　机构未取得职业卫生技术服务资质认可擅自从事职业卫生技术服务的，或者医疗卫生机构未经批准擅自从事职业健康检查、职业病诊断的，由安全生产监督管理部门和卫生行政部门依据职责分工责令立即停止违法行为，没收违法所得；违法所得5千元以上的，并处违法所得2倍以上10倍以下的罚款；没有违法所得或者违法所得不足5千元的，并处5千元以上5万元以下的罚款；情节严重的，对直接负责的主管人员和其他直接责任人员，依法给予降级、撤职或者开除的处分。

从事职业卫生技术服务的机构和承担职业健康检查、职业病诊断的医疗卫生机构违反《职业病防治法》规定，超出资质认可或者批准范围从事职业卫生技术服务或者职业健康检查、职业病诊断的；不按照规定履行法定职责的；出具虚假证明文件的，由安全生产监督管理部门和卫生行政部门依据职责分工责令立即停止违法行为，给予警告，没收违法所得；违法所得5千元以上的，并处违法所得2倍以上5倍以下的罚款；没有违法所得或者违法所得不足5千元的，并处5千元以上2万元以下的罚款；情节严重的，由原认可或者批准机关取消其相应的资格；对直接负责的主管人员和其他直接责任人员，依法给予降级、撤职或者开除的处分。

6. 职业病诊断鉴定委员会　职业病诊断鉴定委员会组成人员收受职业病诊断争议当事人的财物或者其他好处的，给予警告，没收收受的财物，可以并处 3 千元以上 5 万元以下的罚款，取消其担任职业病诊断鉴定委员会组成人员的资格，并从省、自治区、直辖市人民政府卫生行政部门设立的专家库中予以除名。

7. 卫生行政部门、安全生产监督管理部门　卫生行政部门、安全生产监督管理部门不按照规定报告职业病和职业病危害事故的，由上一级行政部门责令改正，通报批评，给予警告；虚报、瞒报的，对单位负责人、直接负责的主管人员和其他直接责任人员依法给予降级、撤职或者开除的处分。

8. 县级以上地方人民政府　县级以上地方人民政府在职业病防治工作中未履行职责，本行政区域出现重大职业病危害事故、造成严重社会影响的，依法对直接负责的主管人员和其他直接责任人员给予记大过直至开除的处分。

9. 县级以上人民政府职业卫生监督管理部门　县级以上人民政府职业卫生监督管理部门不履行规定的职责，滥用职权、玩忽职守、徇私舞弊，依法对直接负责的主管人员和其他直接责任人员给予记大过或者降级的处分；造成职业病危害事故或者其他严重后果的，依法给予撤职或者开除的处分。

二、民事责任

在劳动过程中造成劳动者患职业病或者其他职业健康损害时，用人单位依法承担民事赔偿责任。

三、刑事责任

用人单位违反《职业病防治法》规定，造成重大职业病危害事故或者其他严重后果，构成犯罪的，对直接负责的主管人员和其他直接责任人员，依法追究刑事责任。

从事职业卫生技术服务的机构和承担职业健康检查、职业病诊断的医疗卫生机构违反《职业病防治法》规定，有下列行为之一，构成犯罪的，依法追究直接负责的主管人员和其他直接责任人员的刑事责任：① 超出资质认可或者批准范围从事职业卫生技术服务或者职业健康检查、职业病诊断的。② 不按照规定履行法定职责的。③ 出具虚假证明文件的。

知识链接

美国：保险和立法双管齐下

在美国，没有由政府专门设立的职业病鉴定机构，在法律上对职业病的诊断可以由任何普通执业医生，甚至家庭医生进行。美国通过立法把职业病的诊断和治疗纳入了劳动者医疗保险体系，同时接受政府劳动部门及司法部门的监督和仲裁。如果有义务对职业病患者提供赔偿的雇主或保险公司拒绝承认医生有关职业病的诊断结果，那么可由各州政府劳务部门的调解服务处进行调解仲裁；如果调解无效或仲裁结果不被争议双方接受，则争议可诉诸法庭甚至可逐级上诉。

德国：法定强制保险一锤定音

德国拥有相当完备的社会福利保险制度，职业病的预防、认定和赔偿也被纳入法定强制保险体系管理。德国意外事故保险法规定，职业病原则上按照工伤赔偿。负责赔偿的是承保单位，即面向私企员工的各家同业工伤事故保险联合会和为公共事业职工设立的意外事故保险。

巴西：职业病认定程序日趋简化

巴西职工所患疾病是否被认定为“职业病”，在 2007 年以前必须由社保部门专门指定的鉴定医师出示证明。但 2007 年 4 月开始执行的一项法律简化了认定程序。凡是“重复性劳动损伤”或由有毒物质造成的呼吸道疾病等，都自动被认定为职业病。对于其他疾病，如果企业有专门医生或者合同医院，则专门医生或合同医院的医生经检查后可以出示证明，如果没有，则由社保部门指定医学专家认定。患上职业病的职工有权要求治疗，如果造成的伤害迫使其在一段时间内不能从事类似工作或者必须减少工作时间和强度，甚至永远丧失某种工作能力，他们可以要求得到金钱补偿。

（摘自“国外职业病预防、认定和赔偿的做法”，中国人力资源开发网，作者：顾锦龙）

小结

- 职业病防治法律制度
  - 概述
    - 职业病防治法
    - 职业病及范围
  - 职业病的预防和防护制度
    - 职业病的前期预防
    - 劳动过程的防护与管理
  - 劳动者的职业卫生权利
    - 知情权、培训权、拒绝冒险作业权
    - 职业健康权、特殊保障权、参与决策权
    - 检举控告权、求偿权
  - 职业病诊断及职业病患者保障制度
    - 职业病的报告
    - 职业病的诊断
    - 职业病患者的权益保障
  - 法律责任
    - 行政责任
    - 民事责任
    - 刑事责任

案例分析

陈某是山西某煤矿有限公司的一名下井采煤工人，他与公司依法签订了劳动合

同，公司按照法律规定为陈某缴纳包括工伤保险在内的各类社会保险。2009年的一天，陈某因感到身体不适，到医院接受诊治。医院诊断后认为，陈某系长期吸入煤质粉尘所致，属尘肺病，医生建议他到职业病诊断机构进行职业病诊断。于是，陈某向市职业病诊断机构提出职业病诊断申请，并依法提供了相关材料。市职业病诊断机构审查后认为，陈某所患疾病不属于职业病范围。因此，职业病诊断机构作出陈某所患疾病不属于职业病范畴的结论。对于职业病诊断机构的诊断结论，陈某不服。

【思考】

1. 陈某对职业病诊断结论不服，他该怎么做？可否直接向人民法院提起诉讼？
2. 如果陈某最终被诊断为患了职业病，他该享有哪些权益？

（张大凯　江成鹏　熊俊霞）

第七章 突发公共卫生事件应急处理法律制度

学习目标：

1. 掌握突发公共卫生事件的概念和特征。
2. 熟悉突发公共卫生事件应急报告的相关规定。
3. 掌握医疗卫生机构在突发公共卫生事件应急处理中的法定责任。
4. 了解医疗卫生机构和相关单位、个人在突发公共卫生事件应急处理中不履行法定职责而承担的法律后果。

案例：

2009年9月的一天，某高校校医院刘大夫和护士小李接待了感冒发烧的本校学生小王。小王诉说周末到A城找同学去了，返校后出现症状。刘大夫和护士小李对小王做了常规检查，发现症状并不严重，便开了处方，嘱咐其按时服药，多休息，多喝白开水。2天后，小王病情加重，重返校医院治疗，他所在班级和系部发现多例感冒发烧患者。这时，刘大夫和护士小李一下子想到在小王逗留A城期间，A城已有甲型H1N1流感病例报告，于是立即申请对小王进行流行病学筛查，结果，小王被确诊为甲型H1N1流感病例。

【思考】

1. 该校发生的事件是否属于突发公共卫生事件？为什么？
2. 刘大夫和护士小李应该承担什么责任？

现代社会，人口规模不断膨胀，城市不断扩张，人员往来日趋频繁，人口密度空前加大，人类自身已经成为病毒和细菌增长、演变、蔓延的巨大培养基。现代交通工具在帮助人类实现快速、便捷流动迁移的同时，也使人类自身成为病毒和细菌快速蔓延的载体，一旦局部暴发流行病毒危机，就会在一国范围内，甚至全球范围内迅速传播，由地方危机扩展为一国甚至全球性危机。传染性非典型肺炎危机、禽流感、甲型H1N1流感等均是典型的全球公共卫生危机事件。

为了有效预防、及时控制和消除突发公共卫生事件的危害，保障公众身体健康与生命安全，维护正常的社会秩序，2003年5月7日国务院第7次常务会议通过《突发公共卫生事件应急条例》（以下简称《条例》），于2003年5月9日公布、实施；2003年

11 月 7 日，原卫生部公布《突发公共卫生事件与传染病疫情监测信息报告管理办法》，对突发公共卫生事件与传染病疫情的监测、报告等作了详细规定；2006 年 2 月 26 日，国务院发布《突发公共卫生事件应急预案》，对突发公共卫生事件的应急处理作了进一步规定；2007 年 8 月 30 日，第十届全国人民代表大会常务委员会第二十九次会议通过《中华人民共和国突发事件应对法》和其他法律法规的出台，标志着我国逐步将突发公共卫生事件应急处理工作纳入到了法制化轨道，并日趋完善。

第一节 概 述

一、突发公共卫生事件的概念

根据《条例》的规定，突发公共卫生事件，是指突然发生，造成或者可能造成社会公众健康严重损害的重大传染病疫情、群体性不明原因疾病、重大食物和职业中毒以及其他严重影响公众健康的事件。

重大传染病疫情是指某种传染病在短时间内发生、波及范围广泛，出现大量的患者或死亡病例，其发病率远远超过常年的发病率水平的情况。

群体性不明原因疾病是指在短时间内，某个相对集中的区域内同时或者相继出现具有共同临床表现患者，且病例不断增加，范围不断扩大，又暂时不能明确诊断的疾病。

重大食物和职业中毒是指由于食品污染和职业危害的原因，造成的人数众多或者伤亡较重的中毒事件。

二、突发公共卫生事件的特征

(一) 突发公共卫生事件具有突发性

它是突然发生的、突如其来的、不易预测的事件。例如 2003 年在我国一些地区发生的传染性非典型肺炎，就是突如其来的公共卫生事件。

(二) 突发公共卫生事件具有公共卫生属性

它针对的不是特定的人，而是不特定的社会群体，包括重大传染病疫情、群体性不明原因的疾病、重大食物和职业中毒，以及其他严重影响公众健康的事件。

(三) 对公众健康造成或者可能造成严重损害

判断一个发生的事件是否为突发公共卫生事件，要看该事件是否对社会公众健康造成严重损害，或者从发展的趋势看，该事件是否可能对公众健康造成严重影响。

三、突发公共卫生事件的分级

根据突发公共卫生事件性质、危害程度、涉及范围，突发公共卫生事件划分为特别重大（Ⅰ）、重大（Ⅱ）、较大（Ⅲ）和一般（Ⅳ）4 个等级。

(一) 特别重大突发公共卫生事件(Ⅰ级)

1. 肺鼠疫、肺炭疽在大、中城市发生并有扩散趋势,或肺鼠疫、肺炭疽疫情波及 2 个以上的省份,并有进一步扩散趋势。

2. 发生传染性非典型肺炎、人感染高致病性禽流感病例,并有扩散趋势。

3. 涉及多个省份的群体性不明原因疾病,并有扩散趋势。

4. 发生新传染病或我国尚未发现的传染病发生或传入,并有扩散趋势,或发现我国已消灭的传染病重新流行。

5. 发生烈性病菌株、毒株、致病因子等丢失事件。

6. 周边以及与我国通航的国家和地区发生特大传染病疫情,并出现输入性病例,严重危及我国公共卫生安全的事件。

7. 国务院卫生行政部门认定的其他特别重大突发公共卫生事件。

(二) 重大突发公共卫生事件(Ⅱ级)

1. 在一个县(市)行政区域内,一个平均潜伏期内(6 天)发生 5 例以上肺鼠疫、肺炭疽病例;或者相关联的疫情波及 2 个以上的县(市)。

2. 发生传染性非典型肺炎、人感染高致病性禽流感疑似病例。

3. 腺鼠疫发生流行,在一个市(地)行政区域内,一个平均潜伏期内多点连续发病 20 例以上,或流行范围波及 2 个以上市(地)。

4. 霍乱在一个市(地)行政区域内流行,1 周内发病 30 例以上,或波及 2 个以上市(地),有扩散趋势。

5. 乙类、丙类传染病波及 2 个以上县(市),1 周内发病水平超过前 5 年同期平均发病水平 2 倍以上。

6. 我国尚未发现的传染病发生或传入,尚未造成扩散。

7. 发生群体性不明原因疾病,扩散到县(市)以外的地区。

8. 发生重大医源性感染事件。

9. 预防接种或群体预防性服药出现人员死亡。

10. 一次食物中毒人数超过 100 人并出现死亡病例,或出现 10 例以上死亡病例。

11. 一次发生急性职业中毒 50 人以上,或死亡 5 人以上。

12. 境内外隐匿运输、邮寄烈性生物病原体、生物毒素造成我境内人员感染或死亡病例。

13. 省级以上人民政府卫生行政部门认定的其他重大突发公共卫生事件。

(三) 较大突发公共卫生事件(Ⅲ级)

1. 发生肺鼠疫、肺炭疽病例,一个平均潜伏期内病例数未超过 5 例,流行范围在一个县(市)行政区域以内。

2. 腺鼠疫发生流行,在一个县(市)行政区域内,一个平均潜伏期内连续发病 10 例以上,或波及 2 个以上县(市)。

3. 霍乱在一个县(市)行政区域内发生,1 周内发病 10~29 例,或波及 2 个以上县(市),或市(地)级以上城市的市区首次发生。

4. 一周内在一个县(市)行政区域内,乙类、丙类传染病发病水平超过前5年同期平均发病水平1倍以上。

5. 在一个县(市)行政区域内发生群体性不明原因疾病。

6. 一次食物中毒人数超过100人或出现死亡病例。

7. 预防接种或群体预防性服药出现群体心因性反应或不良反应。

8. 一次发生急性职业中毒10～49人,或死亡4人以下。

9. 市(地)级以上人民政府卫生行政部门认定的其他较大突发公共卫生事件。

(四) 一般突发公共卫生事件(Ⅳ级)

1. 腺鼠疫在一个县(市)行政区域内,一个平均潜伏期内病例数未超过10例。

2. 霍乱在一个县(市)行政区域内发生,1周内发病9例以下。

3. 一次食物中毒30～99人,未出现死亡病例。

4. 一次发生急性职业中毒9人以下,未出现死亡病例。

5. 县级以上人民政府卫生行政部门认定的其他一般突发公共卫生事件。

新传染病是指全球首次发现的传染病。

我国尚未发现的传染病是指埃博拉、猴痘、黄热病、人变异性克雅氏病等在其他国家和地区已经发现,在我国尚未发现过的传染病。

我国已消灭的传染病是指天花、脊髓灰质炎等传染病。

四、突发公共卫生事件应急方针和原则

《条例》规定,突发公共卫生事件应急工作,应当遵循预防为主、常备不懈的方针,贯彻统一领导、分级负责、反应及时、措施果断、依靠科学、加强合作的原则。

(一) 预防为主、常备不懈

预防为主是卫生工作的基本指导方针,做好预防工作,可以有效控制传染病的发生和传播,减少食物中毒、职业中毒和其他突发公共卫生事件。常备不懈就是要提高全社会对突发公共卫生事件的防范意识,落实各项防范措施,做好人员、技术、物资和设备的应急储备工作,对各类可能引发突发公共卫生事件的情况要及时进行分析、预警,做到早发现、早报告、早处理,争取把突发公共卫生事件的危害控制在最小范围、最低程度。

(二) 统一领导、分级负责、反应及时、措施果断、依靠科学、加强合作

1. 统一领导、分级负责 统一领导是指在突发公共卫生事件应急处理的各项工作中,必须坚持由各级人民政府统一领导,成立应急指挥部,对突发公共卫生事件应急处理工作实行统一指挥,各有关部门在应急指挥部的领导下,依照《条例》的规定,在各自的职责范围内开展各项应急处理工作;分级负责指的是根据突发公共卫生事件的范围、性质和危害程度的不同,对其实行分级管理、分级负责。

2. 反应及时、措施果断 突发公共卫生事件发生后,卫生行政主管部门应当及时作出反应,指导、报告疫情及有关情况,立即组织调查,组织医疗队伍,积极开展救治,并向政府提出处理建议;政府应当根据卫生行政主管部门的建议,对突发公共卫生事

件和可能发生的公共卫生事件作出快速反应，及时、有效开展监测、报告和处理工作，有效控制突发公共卫生事件事态发展。

3. 依靠科学、加强合作　突发公共卫生事件应急工作要充分尊重和依靠科学，要重视开展防范和处理突发公共卫生事件的科研和培训，为突发公共卫生事件应急处理提供科技保障。各有关部门和单位要通力合作、资源共享，有效应对突发公共卫生事件。要广泛组织、动员公众参与突发公共卫生事件的应急处理。

五、突发公共卫生事件应急组织机构及其职责

突发公共卫生事件发生后，国务院设立全国突发公共卫生事件应急处理指挥部，由国务院有关部门和军队有关部门组成，国务院主管领导担任总指挥，负责对全国突发公共卫生事件应急处理的统一领导、统一指挥。国务院卫生行政主管部门和其他有关部门，在各自的职责范围内做好突发公共卫生事件应急处理的有关工作。

突发公共卫生事件发生后，省、自治区、直辖市人民政府成立地方突发公共卫生事件应急处理指挥部，省、自治区、直辖市人民政府主要领导人担任总指挥，负责领导、指挥本行政区域内突发公共卫生事件应急处理工作。

县级以上地方人民政府卫生行政主管部门，具体负责组织突发公共卫生事件的调查、控制和医疗救治工作；县级以上地方人民政府有关部门，在各自的职责范围内做好突发公共卫生事件应急处理有关工作。

第二节　预防与应急准备

一、突发公共卫生事件应急预案的制定

国务院卫生行政主管部门按照分类指导、快速反应的要求，制定全国突发公共卫生事件应急预案，报请国务院批准。

省、自治区、直辖市人民政府根据全国突发公共卫生事件应急预案，结合本地实际情况，制定本行政区域的突发公共卫生事件应急预案。

全国突发公共卫生事件应急预案包括以下几个方面的内容。

1. 突发公共卫生事件应急处理指挥部的组成和相关部门职责　突发公共卫生事件发生后，国务院和省、自治区、直辖市人民政府要成立突发公共卫生事件应急指挥部，统一领导、统一指挥应急处理工作。不同突发公共卫生事件所组成的应急指挥部的成员可以不一样。但是，每一类突发公共卫生事件应急预案中必须列明突发公共卫生事件应急指挥部的组成部门，并明确各个部门的具体职责。

2. 突发公共卫生事件的监测与预警　在日常工作中，要对可能发生的突发公共卫生事件进行监测，并及时发出预警；突发公共卫生事件发生后，也要对已经发生的突发公共卫生事件进行跟踪监测，掌握其变化情况，对可能出现的趋势和问题及时进行预警。在应急预案中，要根据突发公共卫生事件的类别，制定监测计划、预警等级、报

告程序和时限，确保监测和预警系统的正常进行。

3. 突发公共卫生事件信息的收集、分析、报告、通报制度　应急处理机制能不能及时启动，应急措施是否有效，关键要看突发公共卫生事件信息渠道是否畅通。信息不准，反应可能出现错误；信息不快，反应就会延误。所以，信息的收集、分析、报告、通报要形成制度，明确责任、明确时限、明确渠道、明确程序、明确主体。

4. 突发公共卫生事件应急处理技术和监测机构及其任务　由于突发公共卫生事件的种类不同，根据专业机构的不同性质，明确不同类别突发公共卫生事件的监测机构，并规定其任务，可以保证对突发公共卫生事件的有效监测和预警。

5. 突发公共卫生事件的分级和应急处理工作方案　不同的突发公共卫生事件性质不同，波及范围有大有小，危害程度有轻有重，所以，针对不同的突发公共卫生事件采取的应急处理方式、动用的应急力量、实施的应急措施也不同。将突发公共卫生事件分为不同等级，按照不同等级制定不同的应急处理方案，可以最有效地应急处理突发公共卫生事件。

6. 突发公共卫生事件预防、现场控制，应急设施、设备、救治药品和医疗器械以及其他物资和技术的储备与调度　突发公共卫生事件种类很多，其预防措施、现场控制措施也不尽相同，所需要的设施、设备、药品、器械，以及其他物资和技术均不一样。根据不同情况做好相应的预防措施、现场控制方案，以及物资储备，建立合理的物资调度制度，对防范突发公共卫生事件十分必要。

7. 突发公共卫生事件应急处理专业队伍的建设和培训　突发公共卫生事件应急处理从现场处置、医疗救护到科研攻关等，都需要一大批经过专门训练的专业人员。定期对医疗卫生机构和人员开展突发公共卫生事件应急处理相关知识、技能的培训，定期组织医疗卫生机构进行突发公共卫生事件应急演练，推广最新知识和先进技术，造就一支专业过硬、素质过强的应急处理队伍，是突发公共卫生事件应急处理顺利进行的关键。

二、突发公共卫生事件预防控制体系

国家建立统一的突发公共卫生事件预防控制体系。

1. 地方各级人民政府应当依照法律、行政法规的规定，做好传染病预防和其他公共卫生工作，防范突发公共卫生事件的发生。

2. 县级以上各级人民政府卫生行政主管部门和其他有关部门，应当对公众开展突发公共卫生事件应急知识的专门教育，增强全社会对突发公共卫生事件的防范意识和应对能力。

3. 县级以上地方人民政府应当建立和完善突发公共卫生事件监测与预警系统。

4. 县级以上各级人民政府卫生行政主管部门，应当指定机构负责开展突发公共卫生事件的日常监测，并确保监测与预警系统的正常运行。

监测与预警工作应当根据突发公共卫生事件的类别，制定监测计划，科学分析、综合评价监测数据。对早期发现的潜在隐患以及可能发生的突发公共卫生事件，应当依照《条例》规定的报告程序和时限及时报告。

三、突发公共卫生事件应急储备

1. 国务院有关部门和县级以上地方人民政府及其有关部门，应当根据突发公共卫生事件应急预案的要求，保证应急设施、设备、救治药品和医疗器械等物资储备。

2. 县级以上各级人民政府应当加强急救医疗服务网络的建设，配备相应的医疗救治药物、技术、设备和人员，提高医疗卫生机构应对各类突发公共卫生事件的救治能力。

3. 设区的市级以上地方人民政府应当设置与传染病防治工作需要相适应的传染病专科医院，或者指定具备传染病防治条件和能力的医疗机构承担传染病防治任务。

4. 县级以上地方人民政府卫生行政主管部门，应当定期对医疗卫生机构和人员开展突发公共卫生事件应急处理相关知识、技能的培训，定期组织医疗卫生机构进行突发公共卫生事件应急演练，推广最新知识和先进技术。

第三节　报告与信息发布

一、突发公共卫生事件应急报告

国家建立突发公共卫生事件应急报告制度。国务院卫生行政主管部门制定突发公共卫生事件应急报告规范，建立重大、紧急疫情信息报告系统。

（一）突发公共卫生事件的报告单位和报告人

1. 任何单位和个人都有权向国务院卫生行政部门和地方各级人民政府及其有关部门报告突发公共卫生事件及其隐患，也有权向上级政府部门举报不履行或者不按照规定履行突发公共卫生事件应急处理职责的部门、单位及个人。

2. 突发公共卫生事件的责任报告单位，包括：① 突发公共卫生事件监测机构，指县级以上各级人民政府卫生主管部门指定的开展突发公共卫生事件日常监测的机构。② 各级各类医疗卫生机构，指各级各类疾病控制、卫生监督、医疗、保健等与卫生有关的机构。③ 各级卫生行政部门。④ 县级以上地方人民政府。⑤ 检验检疫机构、食品药品监督管理机构、环境保护监测机构、教育机构等有关单位。有关单位，指突发公共卫生事件发生的单位、与群众健康和卫生保健工作有密切关系的机构或单位。

3. 执行职务的各级各类医疗卫生机构的医疗卫生人员、个体开业医生为突发公共卫生事件的责任报告人。

（二）突发公共卫生事件的报告程序和时限

1. 有下列情形之一的，省、自治区、直辖市人民政府应当在接到报告 1 h 内，向国务院卫生行政主管部门报告：① 发生或者可能发生传染病暴发、流行的。② 发生或者发现不明原因的群体性疾病的。③ 发生传染病菌种、毒种丢失的。④ 发生或者可能发生重大食物和职业中毒事件的。

国务院卫生行政主管部门对可能造成重大社会影响的突发公共卫生事件，应当立即向国务院报告。

2. 突发公共卫生事件监测机构、医疗卫生机构和有关单位发现有上述情形之一的，应当在2 h内以电话或传真等方式向所在地县级人民政府卫生行政主管部门指定的专业机构报告，具备网络直报条件的要同时进行网络直报，不具备网络直报条件的，应采用最快的通讯方式将《突发公共卫生事件相关信息报告卡》报送所在地县级人民政府卫生行政主管部门指定的专业机构；接到《突发公共卫生事件相关信息报告卡》的专业机构，应对信息进行审核，确定真实性，2 h内进行网络直报，同时以电话或传真等方式报告同级卫生行政部门。

接到报告的卫生行政主管部门应当在2 h内向本级人民政府报告，并同时通过突发公共卫生事件信息报告管理系统向上级人民政府卫生行政主管部门和国务院卫生行政主管部门报告。

县级人民政府应当在接到报告后2 h内向设区的市级人民政府或者上一级人民政府报告；设区的市级人民政府应当在接到报告后2 h内向省、自治区、直辖市人民政府报告。

3. 接到报告的地方人民政府、卫生行政主管部门依照《条例》规定报告的同时，应当立即组织力量对报告事项调查核实、确证，如确认为实际发生突发公共卫生事件，应根据不同的级别，采取必要的控制措施，并及时报告调查情况。

(三) 突发公共卫生事件的报告要真实、及时、准确

突发公共卫生事件发生后，有关单位和个人应当真实、及时、准确地向有关部门报告。任何单位和个人对突发公共卫生事件，不得隐瞒、缓报、谎报或者授意他人隐瞒、缓报、谎报。

隐瞒是指为了某种目的和利益，明知突发公共卫生事件的真实情况，故意不按规定报告突发公共卫生事件。

缓报是指为了某种目的和利益，明知突发公共卫生事件的报告时限，故意不按规定的时限报告突发公共卫生事件。

谎报是指为了某种目的和利益，明知突发公共卫生事件的真实情况，故意编造虚假的情况报告。

授意是指将自己的意图通过一定方式明示或者暗示他人，使其按照自己的意图从事某一活动。

二、突发公共卫生事件通报

国务院卫生行政主管部门应当根据发生突发公共卫生事件的情况，及时向国务院有关部门和各省、自治区、直辖市人民政府卫生行政主管部门以及军队有关部门通报。

突发公共卫生事件发生地的省、自治区、直辖市人民政府卫生行政主管部门，应当及时向毗邻省、自治区、直辖市人民政府卫生行政主管部门通报。

接到通报的省、自治区、直辖市人民政府卫生行政主管部门，必要时应当及时通知本行政区域内的医疗卫生机构。

县级以上地方人民政府有关部门，已经发生或者发现可能引起突发公共卫生事件的情形时，应当及时向同级人民政府卫生行政主管部门通报。

三、突发公共卫生事件信息发布

国务院卫生行政主管部门负责向社会发布突发公共卫生事件的信息。必要时，可以授权省、自治区、直辖市人民政府卫生行政主管部门向社会发布本行政区域内突发公共卫生事件的信息。信息发布应当及时、准确、全面。

第四节　突发公共卫生事件应急处理

一、应急预案的启动

1. 突发公共卫生事件发生后，卫生行政主管部门应当组织专家对突发公共卫生事件进行综合评估，初步判断突发公共卫生事件的类型，提出是否启动突发公共卫生事件应急预案的建议。

2. 在全国范围内或者跨省、自治区、直辖市范围内启动全国突发公共卫生事件应急预案，由国务院卫生行政主管部门报国务院批准后实施。省、自治区、直辖市启动突发公共卫生事件应急预案，由省、自治区、直辖市人民政府决定，并向国务院报告。

3. 全国突发公共卫生事件应急处理指挥部对突发公共卫生事件应急处理工作进行督察和指导，地方各级人民政府及其有关部门应当予以配合。省、自治区、直辖市突发公共卫生事件应急处理指挥部对本行政区域内突发公共卫生事件应急处理工作进行督察和指导。

4. 应急预案启动前，县级以上各级人民政府有关部门应当根据突发公共卫生事件的实际情况，做好应急处理准备，采取必要的应急措施；应急预案启动后，突发事件发生地的人民政府有关部门，应当根据预案规定的职责要求，服从突发公共卫生事件应急处理指挥部的统一指挥，立即到达规定岗位，采取有关的控制措施。

突发公共卫生事件应急预案应当根据突发公共卫生事件的变化和实施中发现的问题及时进行修订、补充，使应急预案更好地适应新的形势，指导应急工作。

二、应急处理措施

（一）突发公共卫生事件的评价和调查

突发公共卫生事件发生后，省级以上人民政府卫生行政主管部门或者其他有关部门指定的突发公共卫生事件应急处理专业技术机构，负责突发公共卫生事件的技术调查、确证、处置、控制和评价工作。

医疗卫生机构、监测机构和科学研究机构，应当服从突发公共卫生事件应急处理指挥部的统一指挥，相互配合、协作，集中力量开展相关的科学研究工作。

国务院卫生行政主管部门或者其他有关部门指定的专业技术机构，有权进入突发公共卫生事件现场进行调查、采样、技术分析和检验，对地方突发公共卫生事件的应急处理工作进行技术指导，有关单位和个人应当予以配合；任何单位和个人不得以任何理由予以拒绝。

(二) 新发现的突发传染病的宣布

对新发现的突发传染病、不明原因的群体性疾病、重大食物和职业中毒事件，国务院卫生行政主管部门应当尽快组织力量制定相关的技术标准、规范和控制措施。

对新发现的突发传染病，根据危害程度、流行强度，依照《中华人民共和国传染病防治法》的规定，由国务院卫生行政主管部门及时宣布为法定传染病；宣布为甲类传染病的，由国务院决定。

(三) 人员和疫区的控制

1. 突发公共卫生事件发生后，突发公共卫生事件应急处理指挥部根据突发公共卫生事件应急处理的需要，必要时，可以对人员进行疏散或者隔离，并可以依法对传染病疫区实行封锁，还可以对食物和水源采取控制措施。

县级以上地方人民政府卫生行政主管部门对突发公共卫生事件现场等采取控制措施，宣传突发公共卫生事件防治知识，及时对易受感染的人群和其他易受损害的人群采取应急接种、预防性投药、群体防护等措施。

2. 传染病暴发、流行区域内流动人口，由突发公共卫生事件发生地的县级以上地方人民政府做好预防工作，落实有关卫生控制措施；对传染病患者和疑似传染病患者，应当采取就地隔离、就地观察、就地治疗的措施；对需要治疗和转诊的，应当按照规定将患者及其病历记录的复印件转送至接诊的或者指定的医疗机构。

3. 交通工具上发现根据国务院卫生行政主管部门的规定需要采取应急控制措施的传染病患者、疑似传染病患者，其负责人应当以最快的方式通知前方停靠点，并向交通工具的营运单位报告。交通工具的前方停靠点和营运单位应当立即向交通工具营运单位行政主管部门和县级以上地方人民政府卫生行政主管部门报告。卫生行政主管部门接到报告后，应当立即组织有关人员采取相应的医学处置措施。

交通工具上的传染病患者密切接触者，由交通工具停靠点的县级以上各级人民政府卫生行政主管部门或者铁路、交通、民用航空行政主管部门，根据各自的职责，依照传染病防治法律、行政法规的规定，采取控制措施。

涉及国境口岸和入出境的人员、交通工具、货物、集装箱、行李、邮包等需要采取传染病应急控制措施的，依照国境卫生检疫法律、行政法规的规定办理。

4. 参加突发公共卫生事件应急处理的工作人员，应当按照预案的规定，采取卫生防护措施，并在专业人员的指导下进行工作。

在突发公共卫生事件中需要接受隔离治疗、医学观察措施的患者、疑似患者和传染病患者密切接触者，在卫生行政主管部门或者有关机构采取医学措施时应当予以配合；拒绝配合的，由公安机关依法协助强制执行。

(四) 物资和人员保证

1. 突发公共卫生事件发生后，根据突发公共卫生事件应急处理的需要，突发公共卫生事件应急处理指挥部有权紧急调集人员、储备的物资、交通工具以及相关设施、设备。

2. 国务院有关部门和县级以上地方人民政府及其有关部门，应当保证突发公共卫生事件应急处理所需的医疗救护设备、救治药品、医疗器械等物资的生产、供应；铁路、交通、民用航空行政主管部门应当保证及时运送。

3. 县级以上各级人民政府应当提供必要资金，保障因突发公共卫生事件致病、致残的人员得到及时、有效的救治。

三、医疗卫生机构和有关单位的责任

1. 医疗卫生机构应当对因突发公共卫生事件致病的人员提供医疗救护和现场救援，对就诊患者必须接诊治疗，并书写详细、完整的病历记录；对需要转送的患者，应当按照规定将患者及其病历记录的复印件转送至接诊的或者指定的医疗机构；应当采取卫生防护措施，防止交叉感染和污染，并对传染病患者密切接触者采取医学观察措施。

医疗卫生机构收治传染病患者、疑似传染病患者，应当依法报告所在地的疾病预防控制机构。接到报告的疾病预防控制机构应当立即对可能受到危害的人员进行调查，根据需要采取必要的控制措施。

2. 传染病暴发、流行时，街道、乡镇以及居民委员会、村民委员会应当组织力量，团结协作，群防群治，协助卫生行政主管部门和其他有关部门、医疗卫生机构做好疫情信息的收集和报告、人员的分散隔离、公共卫生措施的落实工作，向居民、村民宣传传染病防治的相关知识。

3. 有关部门、医疗卫生机构应当对传染病做到早发现、早报告、早隔离、早治疗，切断传播途径，防止扩散。

第五节 法律责任

一、行政责任

（一）各级政府部门责任

1. 县级以上地方人民政府及其卫生行政主管部门未依照《条例》的规定履行报告职责，对突发公共卫生事件隐瞒、缓报、谎报或者授意他人隐瞒、缓报、谎报的，对政府主要领导人及其卫生行政主管部门主要负责人，依法给予降级或者撤职的行政处分；造成传染病传播、流行或者对社会公众健康造成其他严重危害后果的，依法给予开除的行政处分。

2. 国务院有关部门、县级以上地方人民政府及其有关部门未依照《条例》的规定，完成突发公共卫生事件应急处理所需要的设施、设备、药品和医疗器械等物资的生产、供应、运输和储备的，对政府主要领导人和政府部门主要负责人依法给予降级或者撤职的行政处分；造成传染病传播、流行或者对社会公众健康造成其他严重危害后果的，依法给予开除的行政处分。

3. 突发公共卫生事件发生后，县级以上地方人民政府及其有关部门对上级人民政府有关部门的调查不予配合，或者采取其他方式阻碍、干涉调查的，对政府主要领导人和政府部门主要负责人依法给予降级或者撤职的行政处分；构成犯罪的，依法追究刑事责任。

4. 县级以上各级人民政府卫生行政主管部门和其他有关部门在突发公共卫生事件调查、控制、医疗救治工作中玩忽职守、失职、渎职的，由本级人民政府或者上级人民政府有关部门责令改正、通报批评、给予警告；对主要负责人、负有责任的主管人员和其他责任人员依法给予降级、撤职的行政处分；造成传染病传播、流行或者对社会公众健康造成其他严重危害后果的，依法给予开除的行政处分。

5. 县级以上各级人民政府有关部门拒不履行应急处理职责的，由同级人民政府或者上级人民政府有关部门责令改正、通报批评、给予警告；对主要负责人、负有责任的主管人员和其他责任人员依法给予降级、撤职的行政处分；造成传染病传播、流行或者对社会公众健康造成其他严重危害后果的，依法给予开除的行政处分。

(二) 医疗卫生机构责任

医疗卫生机构有下列行为之一的，由卫生行政主管部门责令改正、通报批评、给予警告；情节严重的，吊销《医疗机构执业许可证》；对主要负责人、负有责任的主管人员和其他直接责任人员依法给予降级或者撤职的纪律处分。

1. 未依照《条例》的规定履行报告职责，隐瞒、缓报或者谎报的。
2. 未依照《条例》的规定及时采取控制措施的。
3. 未依照《条例》的规定履行突发公共卫生事件监测职责的。
4. 拒绝接诊患者的。
5. 拒不服从突发公共卫生事件应急处理指挥部调度的。

(三) 有关单位和个人责任

在突发公共卫生事件应急处理工作中，有关单位和个人未依照《条例》的规定履行报告职责，隐瞒、缓报或者谎报，阻碍突发公共卫生事件应急处理工作人员执行职务，拒绝国务院卫生行政主管部门或者其他有关部门指定的专业技术机构进入突发公共卫生事件现场，或者不配合调查、采样、技术分析和检验的，对有关责任人员依法给予行政处分或者纪律处分；触犯《中华人民共和国治安管理处罚条例》，构成违反治安管理行为的，由公安机关依法予以处罚。

(四) 扰乱社会秩序、市场秩序的责任

在突发公共卫生事件发生期间，散布谣言、哄抬物价、欺骗消费者，扰乱社会秩序、市场秩序的，由公安机关或者工商行政管理部门依法给予行政处罚。

二、刑事责任

以下行为，构成犯罪的，根据《最高人民法院、最高人民检察院关于办理妨害预防、控制突发传染病疫情等灾害的刑事案件具体应用法律若干问题的解释》，依法追究刑

事责任。

1. 故意传播突发传染病病原体，危害公共安全的，依照《中华人民共和国刑法》（以下简称《刑法》）第一百一十四条、第一百一十五条第一款的规定，按照以危险方法危害公共安全罪定罪处罚。

患有突发传染病或者疑似突发传染病而拒绝接受检疫、强制隔离或者治疗，过失造成传染病传播，情节严重，危害公共安全的，依照《刑法》第一百一十五条第二款的规定，按照过失以危险方法危害公共安全罪定罪处罚。

2. 在预防、控制突发传染病疫情等灾害期间，生产、销售伪劣的防治、防护产品、物资，或者生产、销售用于防治传染病的假药、劣药，构成犯罪的，分别依照《刑法》第一百四十条、第一百四十一条、第一百四十二条的规定，以生产、销售伪劣产品罪，生产、销售假药罪或者生产、销售劣药罪定罪，依法从重处罚。

3. 在预防、控制突发传染病疫情等灾害期间，生产用于防治传染病的不符合保障人体健康的国家标准、行业标准的医疗器械、医用卫生材料，或者销售明知是用于防治传染病的不符合保障人体健康的国家标准、行业标准的医疗器械、医用卫生材料，不具有防护、救治功能，足以严重危害人体健康的，依照《刑法》第一百四十五条的规定，以生产、销售不符合标准的医用器材罪定罪，依法从重处罚。

医疗机构或者个人，知道或者应当知道系前款规定的不符合保障人体健康的国家标准、行业标准的医疗器械、医用卫生材料而购买并有偿使用的，以销售不符合标准的医用器材罪定罪，依法从重处罚。

4. 国有公司、企业、事业单位的工作人员，在预防、控制突发传染病疫情等灾害的工作中，由于严重不负责任或者滥用职权，造成国有公司、企业破产或者严重损失，致使国家利益遭受重大损失的，依照《刑法》第一百六十八条的规定，以国有公司、企业、事业单位人员失职罪或者国有公司、企业、事业单位人员滥用职权罪定罪处罚。

5. 广告主、广告经营者、广告发布者违反国家规定，假借预防、控制突发传染病疫情等灾害的名义，利用广告对所推销的商品或者服务作虚假宣传，致使多人上当受骗，违法所得数额较大或者有其他严重情节的，依照《刑法》第二百二十二条的规定，以虚假广告罪定罪处罚。

6. 违反国家在预防、控制突发传染病疫情等灾害期间有关市场经营、价格管理等规定，哄抬物价、牟取暴利，严重扰乱市场秩序，违法所得数额较大或者有其他严重情节的，依照《刑法》第二百二十五条第（四）项的规定，以非法经营罪定罪，依法从重处罚。

7. 在预防、控制突发传染病疫情等灾害期间，假借研制、生产或者销售用于预防、控制突发传染病疫情等灾害用品的名义，诈骗公私财物数额较大的，依照《刑法》有关诈骗罪的规定定罪，依法从重处罚。

8. 以暴力、威胁方法阻碍国家机关工作人员、红十字会工作人员依法履行为防治突发传染病疫情等灾害而采取的防疫、检疫、强制隔离、隔离治疗等预防、控制措施的，依照《刑法》第二百七十七条第一款、第三款的规定，以妨害公务罪定罪处罚。

9. 在预防、控制突发传染病疫情等灾害期间，聚众"打砸抢"，致人伤残、死亡的，依照《刑法》第二百八十九条、第二百三十四条、第二百三十二条的规定，以故意伤害罪或者故意杀人罪定罪，依法从重处罚。对毁坏或者抢走公私财物的首要分子，依照《刑法》第二百八十九条、第二百六十三条的规定，以抢劫罪定罪，依法从重处罚。

10. 编造与突发传染病疫情等灾害有关的恐怖信息，或者明知是编造的此类恐怖信息而故意传播，严重扰乱社会秩序的，依照《刑法》第二百九十一条之一的规定，以编造、故意传播虚假恐怖信息罪定罪处罚。

利用突发传染病疫情等灾害，制造、传播谣言，煽动分裂国家、破坏国家统一，或者煽动颠覆国家政权、推翻社会主义制度的，依照《刑法》第一百零三条第二款、第一百零五条第二款的规定，以煽动分裂国家罪或者煽动颠覆国家政权罪定罪处罚。

11. 在预防、控制突发传染病疫情等灾害期间，强拿硬要或者任意损毁、占用公私财物情节严重，或者在公共场所起哄闹事，造成公共场所秩序严重混乱的，依照《刑法》第二百九十三条的规定，以寻衅滋事罪定罪，依法从重处罚。

12. 未取得医师执业资格非法行医，具有造成突发传染病患者、病原携带者、疑似突发传染病患者贻误诊治或者造成交叉感染等严重情节的，依照《刑法》第三百三十六条第一款的规定，以非法行医罪定罪，依法从重处罚。

13. 违反《传染病防治法》等国家有关规定，向土地、水体、大气排放、倾倒或者处置含传染病病原体的废物、有毒物质或者其他危险废物，造成突发传染病传播等重大环境污染事故，致使公私财产遭受重大损失或者人身伤亡的严重后果的，依照《刑法》第三百三十八条的规定，以重大环境污染事故罪定罪处罚。

14. 贪污、侵占用于预防、控制突发传染病疫情等灾害的款物或者挪用归个人使用，构成犯罪的，分别依照《刑法》第三百八十二条、第三百八十三条、第二百七十一条、第三百八十四条、第二百七十二条的规定，以贪污罪、侵占罪、挪用公款罪、挪用资金罪定罪，依法从重处罚。

挪用用于预防、控制突发传染病疫情等灾害的救灾、优抚、救济等款物，构成犯罪的，对直接责任人员，依照《刑法》第二百七十三条的规定，以挪用特定款物罪定罪处罚。

15. 在预防、控制突发传染病疫情等灾害的工作中，负有组织、协调、指挥、灾害调查、控制、医疗救治、信息传递、交通运输、物资保障等职责的国家机关工作人员，滥用职权或者玩忽职守，致使公共财产、国家和人民利益遭受重大损失的，依照《刑法》第三百九十七条的规定，以滥用职权罪或者玩忽职守罪定罪处罚。

16. 在预防、控制突发传染病疫情等灾害期间，从事传染病防治的政府卫生行政部门的工作人员，或者在受政府卫生行政部门委托代表政府卫生行政部门行使职权的组织中从事公务的人员，或者虽未列入政府卫生行政部门人员编制但在政府卫生行政部门从事公务的人员，在代表政府卫生行政部门行使职权时，严重不负责任，导致传染病传播或者流行，情节严重的，依照《刑法》第四百零九条的规定，以传染病防治失职罪定罪处罚。

17. 在国家对突发传染病疫情等灾害采取预防、控制措施后，具有下列情形之一的，属于《刑法》第四百零九条规定的"情节严重"。

(1) 对发生突发传染病疫情等灾害的地区或者突发传染病患者、病原携带者、疑似突发传染病患者，未按照预防、控制突发传染病疫情等灾害工作规范的要求做好防疫、检疫、隔离、防护、救治等工作，或者采取的预防、控制措施不当，造成传染范围扩大或者疫情、灾情加重的。

(2) 隐瞒、缓报、谎报或者授意、指使、强令他人隐瞒、缓报、谎报疫情、灾情，造成传染范围扩大或者疫情、灾情加重的。

(3) 拒不执行突发传染病疫情等灾害应急处理指挥机构的决定、命令，造成传染范围扩大或者疫情、灾情加重的。

(4) 具有其他严重情节的。

18. 人民法院、人民检察院办理有关妨害预防、控制突发传染病疫情等灾害的刑事案件，对于有自首、立功等悔罪表现的，依法从轻、减轻、免除处罚或者依法作出不予起诉决定。

知识链接

美国突发公共卫生事件应急管理体系

美国当前的突发公共卫生事件预警与应急管理能力在全世界名列前茅，当传染性非典型肺炎(SARS)疫情在全球肆虐时，美国依靠其危机反应系统的高效运作，确保自己在SARS防卫战中掌握主动权，创下了国内受感染人数少、零死亡的记录。

美国突发公共卫生事件应对系统纵横交织。纵向包括CDC(联邦)疾病控制与预防系统、HASA(州)医院应急准备系统、MMRS(地方)城市医疗应急系统3个子系统，横向包括全国公共卫生信息系统、全国公共卫生实验室快速诊断应急网络系统、现场流行病学调查控制机动队伍和网络系统、全国大都市医学应急网络系统、全国医药器械应急物品救援快速反应系统。其中，CDC(联邦疾病控制与预防系统)是整个公告卫生突发事件应对系统的主要组成部分，它既是主要公共卫生突发事件的具体决策和执行机构，也是整个公共卫生突发事件应对系统的核心和协调中心；全国公共卫生信息系统中的国家应急行动中心电子网络疾病监测报告预警系统则是最重要的信息系统，它在国家、州和当地政府3个层次上收集和监视全国范围的疾病发病趋势和暴发方面的数据。抗击SARS的成绩应主要归功于早发现、早治疗、隔离检疫和预警应急措施。

(摘自：赵霖，冯振翼，安建民．美国突发公共卫生事件应急管理体系一瞥．华北煤炭医学院学报，2006.8(2)：253～255.)

小结

- 突发公共卫生事件应急处理法律制度
  - 概述
    - 突发公共卫生事件的概念
    - 突发公共卫生事件的特征
    - 突发公共卫生事件的分级
    - 突发公共卫生事件应急方针和原则
    - 突发公共卫生事件应急组织机构及其职责
  - 预防与应急准备
    - 突发公共卫生事件应急预案的制定
    - 突发公共卫生事件预防控制体系
    - 突发公共卫生事件应急储备
  - 报告与信息发布
    - 突发公共卫生事件应急报告
    - 突发公共卫生事件通报
    - 突发公共卫生事件信息发布
  - 突发公共卫生事件应急处理
    - 应急预案的启动
    - 应急处理措施
    - 医疗卫生机构和有关单位的责任
  - 法律责任
    - 行政责任
    - 刑事责任

案例分析

小丽是某社区卫生院的护士。一天，小丽正在值班，好朋友小雯到值班室来找她，告诉她自己感冒了，还有点发烧，请小丽给自己推荐一些感冒药。闲聊中，小雯告诉小丽说自己到外地亲戚家住了几天，亲戚家养的鸡得了流感，按政府要求处理了好多，昨天刚刚回来。小丽听了后有些担心，但是想到小雯平时身体素质很好，现在的症状也不严重，就给小雯推荐了感冒药，嘱咐她按时服药，在家好好休息，不要到处乱跑。2天后，小雯病情加重，被确诊为禽流感疑似病例。

【思考】

1. 护士小丽的处理措施是否合适？为什么？
2. 护士小丽要不要为自己的处理措施承担责任？为什么？

（邢秀兰）

第八章　母婴保健法律制度

学习目标：

1. 掌握母婴保健法、婚前保健服务、婚前检查、终止妊娠、医学技术鉴定的概念。
2. 熟悉婚前保健和孕产期保健的法律规定。
3. 了解医疗保健机构和母婴保健工作管理的法律规定，以及违反母婴保健法的法律责任。

案例：

25岁的卓某是上海一小学教师，夫妻俩身体健全。2003年1月，怀孕20周的她开始定期到某医院做各种产前检查，每次医生都告诉她胎儿发育一切正常。同年5月，卓某剖宫产下一女。她和丈夫还没来得及品尝初为父母的喜悦，就坠入了巨大的悲痛之中，孩子的右手自手腕以下缺失。经诊断为指掌畸形，鉴定结果为三级肢残。医院未对B超中胎儿的体表进行详细描述，在数次超声检查中均未查出胎儿体表有明显肢体缺失，存在严重漏诊。卓某说："如医院表明不具备检查和预见能力，我们可换一家医院。""他们剥夺了我对胎儿发育的知情权和生育的选择权。"遂将该医院告上法庭。

【思考】

该医院B超未查出胎儿右手缺失的行为是否对胎儿父母的优生优育权构成侵权？

第一节　概　　述

一、母婴保健法的概念

母婴保健法是调整母亲和婴儿健康，提高出生人口素质活动中产生的各种社会关系的法律规范的总和。

当今时代，"儿童优先"、"母亲安全"已成为国际社会的共识。保障母亲和儿童的健康权利，是世界各国共同关注的社会问题，一些国家和地区对此有着专门性的立法，如日本的《优生保护法》、韩国的《母子保健法》、中国台湾地区现行的《优生保护法》。另外，法国、德国、新加坡等国对人工终止妊娠问题，有专门的《流产法》，或者在其他法律中有相应的规定。在我国，保护妇女儿童的合法权益，保障妇女儿童的身心健康，一直受到党和政府的高度重视和关怀。我国在《中华人民共和国宪法》、《中华人民共和国婚姻法》、《中华人民共和国妇女权益保障法》中均规定了保护妇女儿童的专门条款。1991 年我国政府签署了《儿童生存、保护和发展世界宣言》和《执行九十年代儿童生存、保护和发展世界宣言行动计划》，向国际社会作出了“对儿童的权利，对他们的生存及对他们的保护和发展给予高度优先”的庄严承诺。1992 年国务院批转了《九十年代中国儿童发展规划纲要》，对儿童保健工作提出了 10 项具体指标。2001 年 9 月，国家原卫生部制定了《贯彻〈中国儿童发展纲要（2001～2010 年）〉实施方案》，2011 年 10 月，国家科技部、原卫生部等十部委联合制定《医学科技发展“十二五”规划》，提出要全面提高妇女儿童健康水平。开展妇女生殖保健监测研究，加强儿童常见多发病以及新生儿窒息、儿童肺炎、腹泻等婴幼儿重症疾病的防治技术的研究及推广。

控制人口数量，提高出生人口素质，是我国的一项基本国策。实行优生优育，防止有遗传疾病或先天性畸形的劣质人口出生，保证有良好体力和智力的劳动者个体，有利于国家经济和社会的发展，是人类文明发展的必然趋势，是人口再生产的历史进步。但是，我国目前特别是边远贫困地区的劣生现象仍较为严重，孕产妇死亡率、婴儿死亡率还较高，因此，必须以法律手段来保证优生，控制、减少劣生，使母亲和婴儿获得高效、优质的保健服务。1994 年 10 月 27 日，八届全国人大常委会第十次会议通过了《中华人民共和国母婴保健法》（以下简称《母婴保健法》），自 1995 年 6 月 1 日起施行，2009 年进行了修订。2001 年国务院公布了《中华人民共和国母婴保健法实施办法》（以下简称《母婴保健法实施办法》）。此外，原卫生部也颁布了一系列专门的法规条例和规范性文件，有《妇幼卫生工作条例》、《婚姻保健工作常规（试行）》、《全国城市围产保健管理办法（试行）》、《中国儿童发展规划纲要》等。这些法律法规对于提高人口素质，改善农村边远贫困地区妇女儿童的健康状况，发展我国妇幼卫生事业，促进社会进步具有重要的意义。

二、母婴保健法的适用范围和工作方针

在中华人民共和国境内从事母婴保健服务活动的机构及其人员应当遵守《母婴保健法》和《母婴保健法实施办法》。从事计划生育技术服务的机构开展计划生育技术服务活动，依照《计划生育技术服务管理条例》的规定执行。

母婴保健工作以保健为中心，以保障生殖健康为目的，实行保健和临床相结合，面向群体、面向基层和预防为主的工作方针。

《母婴保健法》规定，国家发展母婴保健事业，提供必要条件和物质帮助，使母亲和婴儿获得医疗保健服务，国家对边远贫困地区的母婴保健事业给予扶持。各级人民政府领导母婴保健工作，主要包括以下几个方面。

1. 将母婴保健工作纳入本级国民经济和社会发展计划。

2. 为母婴保健事业的发展提供必要的经济、技术和物质条件，对少数民族地区、贫困地区的母婴保健事业给予特殊支持。

3. 国务院卫生行政部门主管全国母婴保健工作，其他有关部门在各自职责范围内，配合卫生行政部门做好母婴保健工作。

4. 县级以上地方人民政府根据本地区的实际情况和需要，可以设立母婴保健事业发展专项资金。

三、母婴保健技术服务

公民享有母婴保健的知情选择权，国家保障公民获得适宜的母婴保健服务的权利。从事母婴保健服务的单位和人员，需经卫生行政部门批准，单位取得《母婴保健技术服务执业许可证》、个人取得《母婴保健技术考核合格证书》后，方可开展批准项目的母婴保健技术服务。母婴保健技术服务主要包括以下事项。

1. 有关母婴保健的科普宣传、教育和咨询。
2. 婚前医学检查。
3. 产前诊断和遗传病诊断。
4. 助产技术。
5. 实施医学上需要的节育手术。
6. 新生儿疾病筛查。
7. 有关生育、节育、不育的其他生殖保健服务。

第二节　婚前保健和孕产期保健制度

一、婚前保健

（一）婚前保健服务内容

婚前保健服务是指对准备结婚的男女双方，在结婚登记前所进行的婚前医学检查、婚前卫生指导和婚前卫生咨询服务。

婚前卫生指导是指关于性卫生知识、生育知识和遗传病知识的教育。具体包括下列事项。

1. 有关性卫生的保健和教育。
2. 新婚避孕知识及计划生育指导。
3. 受孕前的准备、环境和疾病对后代影响等孕前保健知识。
4. 遗传病的基本知识。
5. 影响婚育的有关疾病的基本知识。
6. 其他生殖健康知识。

婚前卫生咨询是指对有关婚配、生育保健等问题提供医学意见。医师进行婚前卫生咨询时，应当为服务对象提供科学的信息，对可能产生的后果进行指导，并提出适当的建议。

婚前医学检查是指对准备结婚的男女双方可能患影响结婚和生育的疾病进行医学检查。

根据《母婴保健法》及其实施办法的规定，医疗保健机构应当为公民提供婚前保健服务，对准备结婚的男女双方提供与结婚和生育有关的生殖健康知识，并根据需要提出医学指导意见。

（二）婚前医学检查规定

婚前医学检查项目包括询问病史、体格及相关检查。婚前医学检查疾病的范围是：① 严重遗传性疾病，是指由于遗传因素先天形成，患者全部或者部分丧失自主生活能力，后代再现风险高，医学上认为不宜生育的遗传性疾病。② 指定传染病，是指《传染病防治法》中规定的艾滋病、淋病、梅毒、麻风病以及医学上认为影响结婚和生育的其他传染病。③ 有关精神病，是指精神分裂症、躁狂抑郁型精神病以及其他重型精神病。

经婚前医学检查，医疗保健机构应当向接受婚前医学检查的当事人出具《婚前医学检查证明》。《婚前医学检查证明》必须列明是否发现下列疾病：① 在传染期内的指定传染病。② 在发病期内的有关精神病。③ 不宜生育的严重遗传性疾病。④ 医学上认为不宜结婚的其他疾病。并提出医学意见，如发现在传染期内的指定传染病、在发病期内的有关精神病以及不宜生育的严重遗传性疾病的，医师应当向当事人说明情况，提出预防、治疗以及采取相应医学措施的建议。当事人依据医生的医学意见，可以暂缓结婚，也可以自愿采用长效避孕措施或者结扎手术，医疗、保健机构应当为其治疗提供医学咨询和医疗服务。

医疗保健机构出具的《婚前医学检查证明》，应在“医学意见”栏内注明：① 双方为直系血亲，三代以内旁系血亲关系，以及患有医学上认为不宜结婚的疾病，如一方或双方患有重度、极重度智力低下、重型精神病等，注明“建议不宜结婚”。② 发现医学上认为不宜生育的严重遗传性疾病或其他重要脏器疾病，以及医学上认为不宜生育的疾病的，注明“建议不宜生育”。③ 发现指定传染病在传染期内、有关精神病在发病期内或其他医学上认为应暂缓结婚的疾病时，注明“建议暂缓结婚”。对于婚检发现的可能会终生传染的不在发病期的传染病患者或病原体携带者，在出具婚前检查医学意见时，应向受检者说明情况，提出预防、治疗及采取其他医学措施的意见。若受检者坚持结婚，应充分尊重受检方的意愿，注明“建议采取医学措施，尊重受检方意愿”。④ 未发现前款①、②、③类情况，为婚检时法定允许结婚的情形，注明“未发现医学上不宜结婚的情形”。

婚前医学检查由县级以上妇幼保健院或者经设区的市级以上卫生行政部门指定的医疗机构承担，不宜生育的严重遗传性疾病的诊断由省级卫生行政部门指定的医疗保健机构负责。医疗保健机构对婚前医学检查不能确诊的，应当转诊。接受婚前医学检查的人员对检查结果持有异议的，可以申请医学技术鉴定，取得医学鉴定证明。

虽然我国《母婴保健法》规定，男女双方在结婚登记时，应当持有婚前医学检查证明或者医学鉴定证明。但是，国务院于2003年颁布的《婚姻登记条例》对于结婚登记不再要求婚前医学检查证明。婚检与否，各省、自治区、直辖市人民政府根据本地区的实际情况，制定实施办法。因此，《婚姻登记条例》取消的只是“强制婚检”而不是“婚检”本身。为了结婚当事人双方的幸福以及孕育健康下一代的需要，婚前医学检查现已成为国家、政府、百姓日益关注的问题。

二、孕产期保健

（一）孕产期保健服务内容

孕产期保健服务，是指医疗保健机构为育龄妇女提供有关避孕、节育、生育、不育和生殖健康的咨询和医疗保健服务，为孕产妇提供孕产期保健服务。

孕产期保健服务具体包括下列内容。

1. 母婴保健指导　对孕育健康后代以及严重遗传性疾病和碘缺乏病等地方病的发病原因、治疗和预防方法提供医学意见。

2. 孕产妇保健　为孕产妇提供卫生、营养、心理等方面的咨询和指导以及产前定期检查等医疗保健服务。医疗保健机构应为孕产妇建立保健手册（卡），对高危孕妇进行重点监护、随访，为孕产妇提供安全分娩技术服务，定期进行产后访视，指导产妇科学喂养婴儿，提供避孕咨询指导和技术服务，对产妇及其家属进行生殖健康教育和科学育儿知识教育以及其他孕产期保健服务。

3. 胎儿保健　为胎儿生长发育进行监护，提供咨询和医学指导。

4. 新生儿保健　为新生儿生长发育、哺乳和护理提供的医疗保健服务。医疗保健机构应当按照国家有关规定开展新生儿先天性、遗传性代谢病筛查、诊断、治疗和监测；对新生儿进行访视，建立儿童保健手册（卡），定期对其进行健康检查，提供有关预防疾病、合理膳食、促进智力发育等科学知识，做好婴儿多发病、常见病防治等医疗保健服务；按照规定的程序和项目对婴儿进行预防接种；推进母乳喂养。

（二）医学指导和医学意见

医疗保健机构对发现下列患严重疾病或者接触物理、化学、生物等有毒有害的致畸物质，妊娠可能危及孕妇生命安全或者可能严重影响孕妇健康和胎儿正常发育情况的，应当予以医学指导和必要的医学检查。

1. 严重的妊娠合并症或者并发症。
2. 严重的精神性疾病。
3. 国务院卫生行政部门规定的严重影响生育的其他疾病。

医师发现或者怀疑患严重遗传性疾病的育龄夫妻，应当提出医学意见。育龄夫妻应当根据医师的医学意见采取避孕、节育、不孕等相应的医学措施。

产前诊断是指对胎儿进行先天性缺陷和遗传性疾病的诊断。发现孕妇有下列情形之一的，医师应对其进行产前诊断。

1. 羊水过多或过少。
2. 胎儿发育异常或者胎儿有可疑畸形。
3. 孕早期接触过可能导致胎儿先天缺陷的物质。
4. 有遗传病家族史或者曾经分娩过先天性严重缺陷婴儿。

5. 初产妇年龄超过 35 周岁。

生育过严重遗传性病或者严重缺陷患儿的妇女再次妊娠前，夫妻双方应当按照国家有关规定到医疗保健机构进行医学检查。医疗保健机构应当向当事人介绍有关遗传性疾病的知识、给予咨询指导。对诊断患有医学上认为不宜生育的严重遗传性疾病的，医师应当向当事人说明情况，并提出医学意见。

(三) 终止妊娠

经产前诊断，有下列情形之一的，医师应当向夫妻双方说明情况，并提出终止妊娠的医学意见。

1. 胎儿患严重遗传性疾病。有关病种由国务院卫生行政部门规定，包括强直性肌营养不良、结节性硬化等染色体显性遗传病。

2. 胎儿有严重缺陷。有关病种由国务院卫生行政部门规定，包括无脑畸形、脑积水、脊柱裂、脑脊膜膨出、内脏膨出或外翻、四肢短小畸形等严重缺陷。

3. 因患严重疾病，继续妊娠可能危及孕妇生命安全或者严重危害孕妇健康。

需要施行终止妊娠或者结扎手术，应当经本人同意，并签署意见。本人无行为能力的，应当经其监护人同意，并签署意见。根据《中华人民共和国民法通则》规定，监护人包括：配偶、父母、成年子女、其他近亲属、关系密切的其他亲属、朋友愿意承担监护责任，经精神病患者的所在单位或者住所地的居民委员会、村民委员会同意的也可以担任监护人。没有上述人可以担任监护人的，由精神病患者的所在单位或者住所地的居民委员会、村民委员会或者民政部门担任监护人。依法施行终止妊娠或者结扎手术的，接受免费服务。

(四) 提倡住院分娩

国家提倡住院分娩。医疗保健机构应当按照国务院卫生行政部门制定的技术操作规范，实施消毒接生和新生儿复苏，预防产伤及产后出血等产科并发症，降低孕产妇及围产儿发病率、死亡率。没有条件住院分娩的，应当由经县级地方人民政府卫生行政部门许可并取得家庭接生员技术证书的人员接生。高危孕妇应当在医疗保健机构住院分娩。

(五) 新生儿出生医学证明

医疗保健机构和从事家庭接生的人员按照国务院卫生行政部门的规定，出具统一制发的《新生儿出生医学证明》。有产妇和婴儿死亡以及新生儿出生缺陷情况的，应当向卫生行政部门报告。出生医学证明是新生儿申报户口的证明。

(六) 严禁采用技术手段对胎儿进行性别鉴定

《母婴保健法》规定，严禁采用技术手段对胎儿进行性别鉴定。对怀疑胎儿可能为伴性遗传病，需要进行性别鉴定的，由省、自治区、直辖市人民政府卫生行政部门指定的医疗保健机构按照国务院卫生行政部门的规定进行鉴定。

据 2011 年 11 月我国第 6 次人口普查结果显示，我国出生人口的男、女性别比偏高，为 118.06：100，这个数据比 2000 年第 5 次人口普查的出生人口性别比 116.86：100 提高了 1.2 个百分比。人口结构失衡不仅会对婚姻、就业和社会保健造成严重挤压，还将影响到国家的经济发展、社会稳定和民族繁荣。

为了贯彻落实《母婴保健法》和《中华人民共和国人口与计划生育法》，2002 年 11 月，原卫生部、原人口与计划生育委员会、原国家药品监督管理局联合发布了《关于禁止非医学需要的胎儿性别鉴定和选择性别的人工终止妊娠的规定》(以下简称《规定》)。《规定》严禁利用超声技术和其他手段进行非医学需要的胎儿性别鉴定；严禁非医学需要的选择性别的人工终止妊娠。严厉打击未经卫生行政部门或计划生育行政部门批准，从事胎儿性别鉴定和进行非医学需要人工终止妊娠的犯罪行为。严肃查处从事非法产前性别鉴定和性别选择引产的违法单位和人员。坚决同歧视、虐待生育女婴的妇女和不育妇女的现象做斗争，禁止歧视、虐待女婴，严厉打击溺死、遗弃、拐卖女孩的犯罪行为。

三、医学技术鉴定

医学技术鉴定是指母婴保健医学技术鉴定组织就接受母婴保健服务的公民或提供母婴保健服务的医疗保健机构，对婚前医学检查、遗传病诊断和产前诊断结果或医学技术鉴定结论持有异议时所进行的技术鉴定。

(一) 医学技术鉴定组织

县级以上地方人民政府可以设立医学技术鉴定组织，该组织的名称为“母婴保健医学技术鉴定委员会”。负责对婚前医学检查、遗传病诊断和产前诊断结果有异议的进行医学技术鉴定。母婴保健医学技术鉴定委员会分为省、市、县 3 级。省级母婴保健医学技术鉴定委员会的鉴定为最终鉴定结论。

(二) 医疗技术鉴定人员

母婴保健医学技术鉴定委员会成员，必须具备临床经验和医学遗传学知识，同时，应当符合下列任职条件。

1. 县级母婴保健医学技术鉴定委员会成员应当具有主治医师以上专业技术职务。

2. 设区的市级和省级母婴保健医学技术鉴定委员会成员应当具有副主任医师以上专业技术职务。

医学技术鉴定组织的组成人员，由卫生行政部门提名，同级人民政府聘任。

(三) 医学技术鉴定程序

当事人对婚前医学检查、遗传病诊断、产前诊断结果有异议，需要进一步确诊的，可以自接到检查或者诊断结果之日起 15 日内向所在地县级或者设区的市级母婴保健医学技术鉴定委员会提出书面鉴定申请。母婴保健医学技术鉴定委员会应当自接到鉴定申请之日起 30 日内作出医学技术鉴定意见，并及时通知当事人。当事人对鉴定意见有异议的，可以自接到鉴定意见通知书之日起 15 日内向上一级母婴保健医学技术鉴定委员会申请再鉴定。

母婴保健医学技术鉴定委员会进行医学鉴定时须有 5 名以上相关专业医学技术鉴定委员会成员参加。鉴定委员会成员应当在鉴定结论上署名，不同意见应当如实记录。鉴定委员会根据鉴定结论向当事人出具鉴定意见书。

医学技术鉴定实行回避制度。凡与当事人有利害关系，可能影响公正鉴定的人员，应当回避。

知识链接

澳大利亚非常重视母乳喂养宣传教育，母乳喂养率超过90%。澳大利亚政府于2005年专门建立了一个“母乳库”，鼓励那些奶水充足的产妇把自己多余的奶水贡献出来，医院对乳汁经过严格检查、消毒后进行冷藏。乳汁在76℃高温下消毒25 min后，存放在−25℃冰箱里可以保存18个月，如果在−80℃冰箱里，可以保存3年之久。目前该“母乳库”容量能够让200个宝宝吃饱肚子。政府正着手在全国范围内建立更多的“母乳库”，并对母乳的质量建立了严格的检查制度，确保更多的宝宝得到母乳喂养。

（摘自北晨网 morningpost. com. cn 2010－12－06，文章来源：搜狐健康《专家介绍澳大利亚母乳喂养和母婴保健的做法》）

第三节　母婴保健机构管理制度

一、母婴保健机构

母婴保健机构是指各级妇幼保健院以及经卫生行政部门批准并登记注册，依据《母婴保健法》开展母婴保健业务以及其他母婴保健技术服务的医疗机构。各级妇幼保健机构是由政府举办，不以营利为目的，具有公共卫生性质的公益性事业单位，是为妇女儿童提供公共卫生和基本医疗服务的专业机构。妇幼保健机构要遵循“以保健为中心，以保障生殖健康为目的，保健与临床相结合，面向群体、面向基层和预防为主”的妇幼卫生工作方针，坚持正确的发展方向。

医疗保健机构按照国务院卫生行政部门的规定，负责其职责范围内的母婴保健工作，建立医疗保健工作规范，提高医学技术水平，采取各种措施方便人民群众，做好母婴保健服务工作。

（一）政府领导母婴保健工作

《母婴保健法》规定，国家发展母婴保健事业，提供必要条件和物质帮助，使母亲和儿童获得医疗保健服务。各级人民政府领导母婴保健工作，母婴保健事业应当纳入国民经济和社会发展计划。各级人民政府必须采取措施，加强对母婴保健工作的领导和管理。

1. 投入人力和物力，进一步完善母婴保健三级网络，为母婴保健机构提供必需的医疗设施和交通工具，提供配套资金；积极发展母婴保健领域的教育和科学研究，培养一支思想素质好、技术水平高的专业队伍，以确保广大的母亲和婴儿获得优质的保健服务。

2. 采取措施，为母亲孕育健康的后代创造良好的生存环境。各级政府要采取积极措施治理污染，保护环境，重点防治由环境因素所致的严重危害孕妇、胎儿、新生儿健康的地方性高发性疾病。

如果不积极采取措施，必然会导致严重的后果。如此案件“某市新生儿筛查中心发现当年先天性甲低、苯丙酮尿症检出率有所上升，估计和流动人口及环境因素有关。因此，向本市卫生主管部门提出了应对措施。但是由于上级部门的玩忽职守，没有对这种情况作出反应，导致当年高发性疾病发病率大幅上升。”当地人民政府应当采取措施，积极防治由环境因素所致严重危害母亲和婴儿健康的地方性高发性疾病。该市新生儿筛查针对的主要是可能严重危害母婴健康的地方性高发性疾病，其上级部门有责任采取措施应对这一情况。该市卫生主管部门的玩忽职守行为主要违反了此条规定，应当受到处罚。

3. 认真执行母婴保健工作的许可制度，确保工作质量。政府有关部门在各自的职责范围内要配合卫生行政部门做好母婴保健工作，促进母婴保健事业的发展。

(二) 卫生行政部门管理母婴保健工作

县级以上地方人民政府卫生行政部门管理本行政区域内的母婴保健工作；省级人民政府卫生行政部门指定的母婴保健机构，即各省、自治区、直辖市妇幼保健院，负责本行政区域内的母婴保健监测和技术指导。

1. 母婴保健监测是指对母婴保健各项业务工作的监测、指导和检查等，如对婚前医学检查、孕产期及婴儿保健、母乳喂养、技术鉴定、产前诊断、遗传咨询等综合服务情况进行监测和指导，对技术标准执行情况、专业人员的业务素质和技术水平、仪器使用情况进行定期检查，了解危害母婴保健的主要疾病的发病趋势，发现影响母婴健康的重大问题应及时上报。

2. 母婴保健技术指导是指对下级母婴保健机构开展各项母婴保健工作给予技术上的帮助，如技术人员的培训、技术指标的掌握运用、先进技术的推广应用等。

如下面案件中规定某医院为唯一合法婚前保健单位的做法合理吗？

“1998 年《××区关于加强优生节育技术管理的规定》中规定，××区妇幼保健院为 YY 市指定的唯一合法婚前保健单位。××区公民应按照《中华人民共和国母婴保健法》和《YY 市计划生育条例》的规定到该医院接受婚前保健。对此，市民议论纷纷。”省、自治区、直辖市人民政府卫生行政部门指定的医疗保健机构负责行政区域内的母婴保健监测和技术指导。××区妇幼保健院为 YY 市指定的唯一合法婚前保健单位，符合法律规定。

(三) 医疗保健机构开展母婴保健技术服务须取得执业许可

各级妇幼保健机构应根据《母婴保健法》、《母婴保健法实施办法》、《医疗机构管理条例》等相关法律法规进行设置审批和执业登记。从事婚前保健、产前诊断和遗传病诊断、助产技术、终止妊娠和结扎手术的妇幼保健机构要依法取得《母婴保健技术服务执业许可证》。

1. 开展遗传病诊断以及涉外婚前医学检查，必须经省级卫生行政部门审批，取得执业许可证。

2. 开展结扎手术和终止妊娠手术，必须经县级以上卫生行政部门的审批，取得执业许可证。

3. 开展婚前医学检查，必须经设区的市级以上卫生行政部门审批，取得执业许可证。

《母婴保健技术服务执业许可证》的有效期为3年，期满后继续开展母婴保健技术服务的，由原发证机关重新审核认可。

医疗保健机构要按照原卫生部制定的《妇幼卫生机构分级分类标准》和《妇幼卫生服务规范》负责其职责范围内的母婴保健工作。开展婚前医学检查、遗传病诊断、产前诊断以及实行结扎手术和终止妊娠手术的，在设备、人员和技术方面必须符合要求，并经县级以上卫生行政部门许可后方可进行。为了防止性别歧视，保护妇女的利益，严禁采用技术手段对胎儿进行性别鉴定。

如案件："某村邬某夫妇生育的头胎是女孩，根据有关政策，他们于2003年1月领取二胎生育指标。为确保二胎是儿子，他们多次以检查胎位为名，进行胎儿性别鉴定。确定是女胎后，便谎称自己怀孕期间，误服妊娠期违禁抗生素类药物氧氟沙星等，以可能导致胎儿发育畸形为由，在医院实施人工终止妊娠手术。"这种行为不但违反《母婴保健法》，也违反了《人口与计划生育法》、《妇女权益保障法》的相关规定。

但医学上确有需要的，如某些遗传性疾病只传男性不传女性，必须进行胎儿性别鉴定，避免遗传性疾病引起的严重缺陷儿时，允许对胎儿性别进行鉴定。

二、母婴保健人员

《母婴保健法》规定，从事母婴保健工作的医疗保健人员应当参加卫生行政部门组织的母婴保健法知识培训和业务培训，并取得相应的资格，遵守职业道德，以保证保健对象的健康权益。

（一）取得相应资格证书

从事婚前医学检查、遗传病诊断、产前诊断、施行结扎手术和终止妊娠手术及家庭接生技术服务的人员，必须符合《母婴保健专项技术服务基本标准》，经过省、自治区、直辖市人民政府卫生行政部门的考核，并取得《母婴保健技术考核合格证书》或《家庭接生员技术合格证书》。

1. 从事婚前医学检查的人员，由设区的市级以上卫生行政部门考核并颁发合格证书。

2. 施行结扎手术和终止妊娠手术的人员，由县级以上地方卫生行政部门考核并颁发许可证。

3. 从事家庭接生的人员，由县级以上卫生行政部门颁发《家庭接生员技术合格证书》。

（二）遵守职业道德

婚前保健和孕产期保健等母婴保健工作可能涉及保健对象的个人隐私，为保护保健对象的个人及家庭利益，从事母婴保健工作的人员应当严格遵守职业道德，为当事人保密。

如下面案件中就涉及母婴保健工作人员的职业道德问题。

"2006年5月，王女士刚刚在某市妇产医院生下一名男婴，然而，各种各样的与育婴相关的推销和广告却纷至沓来。出院的当天下午，就接到某品牌婴儿奶粉推销员打到家中的电话。从那天起，除了奶粉推销商外，还有尿不湿、补钙等产品的推销商打来电话。最令她感到不解的是，一名奶粉推销员在推销产品时竟一口报出了婴儿的体重！显然，是医院出卖了产妇的个人信息。"医院是合法获得产妇的个人信息的，如果医院的工作人员将这些资料提供给商家等第三人，那么医院就侵犯了产妇的隐私权，因为，医院没有尽到保密义务。现在很多婴儿出生后，家长马上接到商家的推销电话就是因为医院将产妇的个人资料出卖给商家，这是一种典型的侵权行为。同时，医院还违反了《母婴保健法》。

第四节　母婴保健监督管理制度

中华人民共和国国家卫生和计划生育委员会负责全国妇幼保健机构的监督管理，县级以上地方人民政府卫生行政部门负责本行政区域内妇幼保健机构的规划和监督管理。妇幼保健机构应坚持以群体保健工作为基础，面向基层、预防为主，为妇女儿童提供健康教育、预防保健等公共卫生服务。在切实履行公共卫生职责的同时，开展与妇女儿童健康密切相关的基本医疗服务。各级妇幼保健机构应接受卫生行政部门的监督管理与评估，同时应接受上级妇幼保健机构的业务指导与评价。

一、母婴保健监管机构及职责

（一）国务院卫生行政部门及其职责

《母婴保健法》规定，国务院卫生行政部门主管全国母婴保健工作，其他有关部门在各自职责范围内，配合卫生行政部门做好母婴保健工作。国务院卫生行政部门主管全国母婴保健工作，并对母婴保健工作实施监督管理。其主要职责包括以下几个方面。

1. 执行《母婴保健法》及其实施办法。
2. 制定《母婴保健法》配套规章及技术规范，并负责解释。
3. 按照分级分类指导原则制定全国母婴保健工作发展规划和实施步骤。
4. 组织推广母婴保健适宜技术并进行评价。
5. 对母婴保健工作进行监督管理。

（二）县级以上卫生行政部门及其职责

县级以上地方人民政府卫生行政部门负责管理本辖区内的母婴保健工作，并实施监督。其主要职责包括以下几个方面。

1. 依照《母婴保健法》及其实施办法以及国务院卫生行政部门规定的条件和技术标准，对从事母婴保健工作的机构和人员实施许可，并核发相应的许可证书。
2. 对《母婴保健法》及其实施办法的执行情况进行监督检查。

3. 对违反《母婴保健法》及其实施办法的行为，依法给予行政处罚。

4. 负责母婴保健工作监督管理的其他事项。

各级卫生行政部门负责对同级妇幼保健机构实施监督与管理，建立健全妇幼保健机构评估和监督考核制度，定期进行监督评估和信息公示。建立社会民主监督制度，定期收集社会各界的意见和建议，并将服务对象的满意度作为考核妇幼保健机构和从业人员业绩的评定标准之一。加强妇幼保健机构的规范化建设，严格遵守国家有关法律、法规、规章、诊疗常规和技术规范。加强对医务人员的教育和监管，实施全面质量管理。

二、母婴保健监督员

母婴保健监督员是指在《母婴保健法》规定的监督范围内进行执法监督的人员。国家对母婴保健监督员实行资格考试、在职培训、工作考核和任免制度。县级以上地方人民政府卫生行政部门对母婴保健监督员进行统一管理，母婴保健监督员由聘任机关发给全国统一的证件。

（一）资格

卫生行政管理人员或专业技术人员必须经母婴保健监督员资格考试合格，方可受聘为母婴保健监督员。具备下列条件者方可参加母婴保健监督员资格考试。

1. 具有良好的职业道德、一定的专业技术和监督管理实践经验。

（1）从事妇幼卫生行政管理工作，具有科员以上职务的国家公务员。

（2）从事妇幼卫生工作3年以上，已取得医（技）师以上资格的专业技术人员。

2. 取得经设区的市级以上地方人民政府卫生行政部门组织的《母婴保健法》知识培训合格证。

（二）任免

母婴保健监督员在县级以上地方人民政府卫生行政部门和妇幼保健机构中聘任。县级以上地方人民政府卫生行政部门可以根据母婴保健监督管理范围大小，确定母婴保健监督员聘任人数。一般县级为5～7人，省和市（地）可以根据需要适当增加人数。国务院卫生行政部门为完成特定的母婴保健监督任务可从全国聘任国家特派的母婴保健监督员。

县级以上地方人民政府卫生行政部门定期对所聘母婴保健监督员的业务水平、法律知识和执法情况进行考核。有下列情况之一者，可依法直接撤免或建议原聘任机关撤免。

1. 不符合规定聘任的人员。

2. 经资格考试、工作考核不合格的人员。

3. 不接受指定的业务培训或培训考试不合格的人员。

4. 在母婴保健监督管理工作中，有违纪违法行为并受过行政处分或刑事处分的人员。

母婴保健监督员资格考试、在职培训和工作考核规范由省级政府卫生行政部门制定并负责组织实施。离休、退休或调离妇幼卫生工作岗位的母婴保健监督员，由原聘任机关办理解聘手续。被撤免和解聘的监督员由原聘任机关收回其监督员证件，并报上级卫生行政部门备案。

(三) 职责

母婴保健监督员在执行职务时，应当出示证件，并可以向医疗保健、婚姻登记、户籍登记、托儿所、幼儿园等机构了解情况，索取必要的资料，医疗保健等机构不得拒绝和隐瞒，同时母婴保健监督员对医疗保健等机构提供的技术材料负有保密的义务。

1. 母婴保健监督员在法定范围内，根据卫生行政部门或相应的监督管理机构交付的任务，行使下列监督职权。

(1) 监督检查《母婴保健法》及《母婴保健法实施办法》的执行情况。

(2) 对违反《母婴保健法》及《母婴保健法实施办法》的单位和个人提出处罚意见。

(3) 提出改进母婴保健工作的建议。

(4) 完成卫生行政部门交给的其他监督检查任务。

(5) 参与有关案件的处理。

2. 母婴保健监督员必须熟练掌握和运用与本职工作有关的各项国家法律、法规、规章、国家标准、技术规范和工作程序等。母婴保健监督员必须做到以下几点。

(1) 遵纪守法，廉洁奉公，作风正派，实事求是。

(2) 忠于职守，有法必依，执法必严，违法必究。

(3) 风纪严谨，证件齐全，文明执法，恪守职业道德。

(4) 遵守监督执法程序、标准、规范和制度。

(5) 取证及时、完善，方法科学，手段合法。

(6) 执法文书书写规范，手续完备。

(7) 履行相关法律、法规规定的保密义务。

(8) 遇有与被监督者有直接利害关系或其他有碍公正执法情况时，应当回避。

(四) 奖惩

县级以上人民政府卫生行政部门对在母婴保健监督执法工作中做出突出成绩的监督员进行表彰或奖励。对违法违纪的母婴保健监督员，视情节轻重由有关机关追究其行政责任或刑事责任。

第五节 法律责任

一、行政责任

行政责任是指对违反母婴保健法律、法规、规范的医疗保健机构、医疗保健人员及非医疗保健机构、非医疗保健人员依法承担行政上的责任。

1. 医疗保健机构或者人员未取得母婴保健技术许可，擅自从事婚前医学检查、遗传病诊断、产前诊断、终止妊娠手术和医学技术鉴定或者出具有关医学证明的，由卫生行政部门给予警告、责令停止违法行为，没有违法所得；违法所得 5 000 元以上的，并处违法所得3倍以上5倍以下罚款；没有违法所得或者违法所得不足5 000元的，并处5 000元以上2万元以下罚款。

如下面案件中医生张某和该门诊部应当如何处罚？

“2005年6月12日，某区红十字会医院门诊部妇产科医生张某非法为育龄妇女周某实施了人流手术。根据相关规定，20周岁以上、妊娠14周以上的孕妇终止妊娠的，应当向经批准的施术机构提供乡（镇）人民政府、街道办事处的计划生育工作机构出具的证明。经查，周某并未提供有关证明，该门诊部也不具备施术资格。有关部门认定，该红十字会医院门诊部对周某的施术过程属违法实施计划生育手术。”根据《母婴保健法》第三十五条规定，对张某和门诊部，卫生行政部门应当根据情节给予警告或者处以罚款，并对门诊部主要领导进行批评教育。

2. 从事母婴保健技术服务的人员出具虚假医学证明文件的，依法给予行政处分；有下列情形之一的，由原发证部门撤销相应的母婴保健技术执业资格或者医师执业证书。

(1) 因延误诊治造成严重后果的。

(2) 给当事人身心健康造成严重后果的。

(3) 造成其他严重后果的。

3. 违反《母婴保健法》规定进行胎儿性别鉴定的，由卫生行政部门给予警告、责令停止违法行为；对医疗机构直接负责的主管人员和其他直接责任人员，依法给予行政处分。进行胎儿性别鉴定2次以上的或者以营利为目的进行胎儿性别鉴定的，并由原发证机关撤销相应的母婴保健技术执业资格或者医师执业证书。

如此案件：“郑某已经怀孕5个月了，为了达到生个男孩的目的，就和丈夫商量去做胎儿性别鉴定。郑某通过熟人介绍，和妹妹等人一同到某医院做了B超鉴定，结果是女婴，回家后告诉了婆婆和丈夫。后来2人商量决定服药堕胎。郑某服下堕胎药，到第2天下午5时，肚子剧痛出血，在某医院流产，产下一死女婴。”对该医院做B超进行胎儿性别鉴定的医生应当如何处罚？

根据《母婴保健法》第三十七条规定，对该医生应当由医疗保健机构或者卫生行政部门根据情节给予行政处分；情节严重的，依法取消执业资格。

二、民事责任

母婴保健机构及其工作人员，在诊疗护理过程中，违反《母婴保健法》等法律、法规、规章、技术规范，过失造成患者死亡、残疾、组织器官损伤导致功能障碍的，应按照《医疗事故处理条例》等法律法规的有关规定承担民事责任。

三、刑事责任

1. 取得相应合格证书的从事母婴保健工作的工作人员由于严重不负责任，造成就诊人员死亡或者严重损害就诊人身体健康的，依照《中华人民共和国刑法》（以下简称《刑法》）第三百三十五条医疗事故罪追究刑事责任。

2. 未取得国家颁发的有关合格证书，施行终止妊娠手术或者采取其他方法终止妊娠，致人死亡、残疾、丧失或者基本丧失劳动能力的，依照《刑法》第一百三十四条、第一百三十五条的有关规定追究刑事责任。

3. 未取得医师执业资格，擅自为他人进行节育复通手术、假节育手术、终止妊娠手术或者摘取宫内节育器，情节严重的，依照《刑法》第三百三十六条，处 3 年以下有期徒刑、拘役或者管制，并处或者单处罚金；严重损害就诊人身体健康的，处 3 年以上 10 年以下有期徒刑，并处罚金；造成就诊人死亡的，处 10 年以上有期徒刑，并处罚金。

如此案件："2005 年 5 月 16 日，某村妇女林某，在镇卫生院做麻醉流产手术。镇卫生院妇科医生谢某为牟取 300 元私利，竟独自一人在没有取得《母婴保健技术考核合格证书》的情形下，未经家属和受害者的同意就实施人工流产手术，当场致林某死亡。"根据《母婴保健法》第三十六条的规定，未取得国家颁发的有关合格证书，实施终止妊娠手术，致人死亡的，依照《刑法》非法进行节育手术罪定罪处罚。对于谢某，应当处 10 年以上有期徒刑，并处罚金。

知识链接

各具特色的国外妇幼保健工作

1. 美国推崇以社区为基础的妇幼保健：妇幼保健服务与管理机构；多方筹资保证妇幼保健经费；政府确保基本保健服务内容；不同机构提供不同侧重的服务。

2. 英国创立发达国家的基本服务模式：立足社区，重视预防保健；妇幼保健工作周到完善；多元服务，社会形成合力；推崇人员培养和科学研究。

3. 挪威保持世界最低的母婴死亡率：社会经济发展创造了有利条件；医务人员训练有素、诊疗规范；生殖健康服务涵盖终身保健；产科服务模式保障分娩安全。

4. 日本使用颇具特色的《母子保健手册》：母与子保健形影相随；身与心发展相容兼顾；我与他参与互动增效；感与情纪录意味深远。

小结

- 母婴保健法律制度
  - 概述
    - 母婴保健法的概念
    - 母婴保健法的适用范围和工作方针
    - 母婴保健技术服务
  - 婚前保健和孕产期保健制度
    - 婚前保健
    - 孕产期保健
    - 医学技术鉴定
  - 母婴保健机构管理制度
    - 母婴保健机构
    - 母婴保健人员
  - 母婴保健监督管理制度
    - 母婴保健监管机构及职责
    - 母婴保健监督员
  - 法律责任
    - 行政责任
    - 民事责任
    - 刑事责任

案例分析

【案例1】

男方余某，1966年2月生，原已婚配，现离异。女方钟某，1980年10月生，未婚。双方于2004年4月8日经人介绍相识，4月16日定亲，4月17日余某付聘礼2万元，4月19日在县民政局登记结婚，4月30日开始同居。婚后双方性生活不满意，男方要求离婚，并要求赔偿经济损失。女方到一家私立医院做生殖系统手术，术后发炎，转到县人民医院住院治疗。诊断：先天性阴道闭锁，手术后感染。女方自愿退回聘礼2万元，并赔偿男方精神损失费1万元，于8月6日到县民政局办理离婚手续。

【思考】

请你谈谈对婚前医学检查及其有关立法状况的看法。

【案例2】

某县赤脚医生沈某曾于1989年参加过接生培训，1999年6月15日，该县卫生局发给其有效期为3年的《家庭接生员技术合格证书》。该证有效期过后，沈某仍于2005年4月15日为王某接生，同月27日为齐某接生。2005年6月25日上午8时左右，沈某又为李某接生，结果间接导致李某失血性休克死亡。该县人民法院一审以非法行医罪判处被告沈某有期徒刑1年，缓刑1年，并处罚金1万元。

【思考】

有接生证接生的，也会犯罪吗？

（史君榕　张革秋）

第九章　健康相关产品管理法律制度

学习目标：

1. 掌握健康相关产品的概念、特点及范围，献血法概念，医疗器械管理的法律制度。
2. 掌握药品标准的规定，药品审批，违反药品管理法的法律责任。
3. 熟悉无偿献血、血液制品管理的法律规定，医疗器械监督管理的法律规定。
4. 熟悉药品生产及经营企业的审批程序，特殊药品的管理规定。
5. 了解健康相关产品生产、管理、使用的相关法律责任。
6. 了解进口药品的管理，药品监管制度。

案例：

【案例 1】

王某因患糖尿病需要服用降糖药物，经常到其所在社区医院开取处方降糖药物，结果该社区医院给王某开出的降糖药物存在质量问题，造成其糖尿病加重，后经医疗鉴定机构鉴定，发现了该降糖药物的质量问题。故王某找制药厂索赔。

【思考】

请分析本案中该制药厂生产不符合质量标准的药品应承担什么责任？此时，王某应如何维护自己的合法权益？

【案例 2】

张某因妊娠合并肝坏死血流不止，到某人民医院就医。因血小板等凝血因子活性受到破坏，医院的库存血输进患者体内后病情无好转。医院随即要求省中心血站支援新鲜全血，可是血站因种种原因没有给予解决。眼看张某因失血过多性命难保，张家人提出自己献血救亲人，未获准许。最终，医生采集了闻讯赶到现场的当地驻军子弟兵们的鲜血，张某的病情迅速得到控制。然而，正当各家媒体对此事进行正面宣传报道时，省红十字血液中心将此事作为事故上报国务院卫生行政部门，要求对医院进行严肃处理。

【思考】

医院的行为是否需要严肃处理？为什么？

第一节　药品管理法律制度

一、概述

药品管理法是调整药品监督管理、确保药品质量、维护人体健康活动中产生的各种社会关系的法律规范的总和。

1984 年 9 月 20 日，第六届全国人大常委会第七次会议通过了《中华人民共和国药品管理法》（以下简称《药品管理法》），1985 年 7 月 1 日起施行，2001 年 2 月 28 日修订。这是新中国成立以来第一部关于药品管理的法律。除此之外，我国药品管理方面的法律法规还包括《中华人民共和国药品管理法实施条例》、《麻醉药品和精神药品管理条例》、《医疗用毒性药品管理办法》、《放射性药品管理办法》等。

药品管理法在加强药品监督管理、提高药品质量方面起着重要作用，是保障人民群众用药安全的重要法宝。

二、药品生产和经营的法律规定

（一）药品生产的法律规定

1. 开办药品生产企业的条件　药品生产企业是指生产药品的专营企业或者兼营企业。开办药品生产企业应符合国家制定的药品行业发展规划和产业政策，同时必须具备 4 个条件：① 有依法经过资格认定的药学技术人员、工程技术人员及相应的技术工人。② 有与其药品生产相适应的厂房、设施和卫生环境。③ 有能对所生产药品进行质量管理和质量检验的机构、人员以及必要的仪器设备。④ 有保证药品质量的规章制度。

2. 药品生产许可　开办药品生产企业，须经企业所在地的省、自治区、直辖市人民政府药品监督管理部门批准并发给《药品生产许可证》，凭该证到工商行政管理部门办理登记取得经营执照。《药品生产许可证》有效期为 5 年，到期重新审查发证。

3. 药品生产质量的管理　药品生产企业必须按照《药品生产质量管理规范》（GMP）的要求组织生产，并经 GMP 认证，取得认证证书。除中药饮片炮制外，药品必须按照国家药品标准和国务院药品监督管理部门批准的生产工艺进行生产，药品出厂前必须有企业的质量检验报告，不合格者不得出厂。

（二）药品经营的法律规定

1. 开办药品经营企业的条件　药品经营企业是指经营药品的专营企业或兼营企业。开办药品经营企业，应同时具备以下条件：① 有依法经过资格认定的药学技术人员。② 有与所经营药品相适应的营业场所、设备、仓储设施和卫生环境。③ 具有与所经营药品相适应的质量管理机构或者人员。④ 具有保证所经营药品质量的规章制度。

2. 药品经营许可　药品批发企业，须经企业所在地省、自治区、直辖市人民政府药品监督管理部门批准并发给《药品经营许可证》。药品零售企业，须经企业所在地县级以上地方药品监督管理部门批准发给《药品经营许可证》。然后凭该证到工商行政管理部门办理登记注册。

3. 药品经营质量的管理　药品经营企业必须按照《药品经营质量管理规范》(GSP)的要求经营药品。药品监督管理部门按照规定对药品经营企业是否符合《药品经营质量管理规范》(GSP)的要求进行认证，对认证合格的，发给认证证书。药品经营企业必须制定和执行药品保管制度，采取必要的冷藏、防冻、防潮、防虫、防鼠等措施，保证药品质量。

三、医疗机构制剂管理的法律规定

医疗机构制剂是指医疗单位根据本单位的临床、科研需要，自配、自制、自用的制剂。

(一) 医疗机构配制制剂的人员要求及范围

医疗机构配制制剂必须配备与其相适应的药学技术人员。县级以上医疗单位的制剂室应配备药师以上的技术人员，县级以下(不含县)医疗单位的制剂室配备药剂士以上的技术人员，非药学技术人员不得从事制剂工作。

医疗机构配制制剂范围包括：常用而疗效确切的协定处方制剂；为临床科研需要临时配制的处方制剂；医药部门无供应或供应不足的制剂或特殊规格的制剂。医疗机构配制的制剂，只限于本单位临床、科研需要使用。

(二) 医疗机构配制制剂的许可

医疗机构配制制剂，须经所在地省、自治区、直辖市人民政府卫生行政部门审核同意，由省、自治区、直辖市人民政府药品监督管理部门批准，发给《医疗机构制剂许可证》。《医疗机构制剂许可证》有效期5年，到期重新审查发证。无《医疗机构制剂许可证》的，不得配制制剂。

(三) 医疗机构配制制剂的质量管理

医疗机构配制制剂必须具有能够保证制剂质量的设施、管理制度、检验仪器和卫生条件。配制输液剂的，必须具备超净条件。灭菌制剂室要具备更衣、缓冲、洗涤、配制、灌封、灭菌、包装等适宜的条件和空调设施。

医疗机构配制的制剂必须按照规定进行质量检验，合格的方可使用。

四、药品管理的法律规定

(一) 药品标准

药品标准是国家对药品质量规格及检验方法所作的技术性规定，是药品生产、销售、使用和检验单位共同遵守的法定依据。我国《药品管理法》规定，药品必须符合国家药品标准。

我国的药品标准包括《中华人民共和国药典》和国务院药品监督管理部门颁布的药品标准。只有符合国家药品标准的药品，才是合格药品，方可生产、销售和使用。

（二）药品的审批

《药品管理法》规定，在我国药品生产企业实行药品许可证的基础上，具体生产某一药品，实行药品生产批准文号制度。生产新药或者已有国家标准的药品的，须经国务院药品监督管理部门批准，并发给药品批准文号，药品生产企业在取得药品批准文号后，方可生产该药品。

（三）进口药品的管理

药品进口，须经国务院药品监督管理部门组织审查，经审查确认符合质量标准、安全有效的，方可批准进口，并发给《进口药品注册证》。首次进口药品，进口单位必须提供该药品的有关资料和样品，及出口国批准的生产证明文件，经国务院卫生行政部门批准方可签订合同。进口的药品，必须由国务院卫生行政部门授权的药品检验所检验合格后，方可进口。进口麻醉药品和国家规定范围的精神药品，必须持有国务院药品监督管理部门发给的《进口准许证》。

（四）特殊药品的管理

我国《药品管理法》规定，国家对麻醉药品、精神药品、医疗用毒性药品、放射性药品实行特殊管理。

麻醉药品是指连续使用后易产生生理依赖性、能成瘾的药品，包括阿片类、可卡因类、大麻类、合成麻醉药类以及其他易成瘾的药品、药用原植物及其制剂。精神药品是指直接作用于中枢神经系统，使之兴奋或抑制，连续使用能产生依赖性的药品。医疗用毒性药品是指毒性剧烈、治疗量与中毒剂量相近、使用不当会致人中毒或死亡的药品。放射性药品是指用于临床诊断或治疗的放射性核素制剂或其标记药物，包括裂变制品、加速器制品、放射性同位素发生器及配套药盒、放射性免疫分析药盒等。

特殊药品的包装必须印有规定的标志，进出口麻醉药和精神药品必须持国务院药品监督管理部门的进、出口准许证。特殊药品的运输要按照航运、铁路、公路运输部门和邮电部门的特殊规定，采取严格措施来保证运输安全。特殊药品的供应也应根据科研和教学的需要有计划地按规定组织供应，严格使用手续，防止流失或乱用。

五、药品监督管理的法律规定

为保障人民用药安全，维护人体健康，我国对药品实行严格的监督管理制度。

（一）药品监督管理机构

我国《药品管理法》规定，国务院药品监督管理部门主管全国药品监督管理工作。国家食品药品监督管理总局是主要负责药品监督管理的机构。省、自治区、直辖市的卫生行政部门设药政处，地（市、州、盟）卫生行政部门设药政科。

药品监督管理机构的主要职责包括以下几个方面：

1. 核发《药品生产企业许可证》、《药品经营企业许可证》、《医疗机构制剂许可证》。按照法律法规的规定对报经其审批的药品研制和药品的生产、经营以及医疗机构使用药品的事项进行监督检查，有关单位和个人不得拒绝和隐瞒。

2. 对有证据证明可能危害人体健康的药品及其有关材料可以采取查封、扣押的行政强制措施。

3. 根据监督检查的需要对药品质量进行抽样检验，并定期公告药品质量抽样检验的结果。

4. 负责进出口药品的管理，负责药品广告宣传审批。

5. 依据《药品生产质量管理规范》、《药品经营质量管理规范》，对经其认证合格的药品生产企业、药品经营企业进行认证后的跟踪检查。

6. 对一切违反药政管理的行为进行处罚等。

(二) 药品检验机构

药品检验机构是执行国家对药品质量实施技术监督检验的法定机关。我国国家设中国食品药品检定研究院，省、地、县设药品检验所。中国食品药品检定研究院是全国药品检验所的业务技术指导中心，各级药检所受各级行政部门领导，在业务上受上一级药品检验所的指导。

1. 中国食品药品检定研究院　负责全国药品检验仲裁，承担药品生产、经营、使用单位的检验。承担国家药品、生物制品标准的技术审核、修订或起草工作，承担新药的技术复核及药品、生物制品的质量认证工作等。

2. 省、自治区、直辖市药品检验所　负责辖区内的药品生产、经营、质检、质监和技术仲裁。负责制定地方标准。对省、自治区、直辖市审批的新药进行技术复核，开展有关药品质量、标准、药检技术等科研工作。

药品检验机构不得参与药品生产经营活动，不得以其名义推荐或者监制、监销药品。药品检验机构工作人员不得参与药品生产经营活动。

六、法律责任

(一) 行政责任

行政责任是指行政法律关系主体在国家行政管理活动中，因违反行政法律规范所应承受的由国家行政机关或国家授权单位对其依行政程序所给予的制裁。

违反《药品管理法》，应承担的行政责任主要包括以下几个方面。

1. 未取得《药品生产许可证》、《药品经营许可证》或者《医疗机构制剂许可证》生产经营药品或者配制制剂的，依法予以取缔，没收违法生产、销售的药品和违法所得，并处违法生产、销售药品（包括已售出和未售出的药品）货值金额2倍以上5倍以下的罚款。

2. 药品的生产企业、经营企业或者医疗机构从无《药品生产许可证》、《药品经营许可证》的企业购进药品的，责令改正，没收违法购进的药品，并处违法购进药品货值金额2倍以上5倍以下的罚款；有违法所得的，没收违法所得；情节严重的，吊销《药品生产许可证》、《药品经营许可证》或者医疗机构执业许可证书。

3. 提供虚假证明、文件资料样品或者采取其他欺骗手段取得《药品生产许可证》、《药品经营许可证》、《医疗机构制剂许可证》或者药品批准证明文件的，吊销《药品生产许可证》、《药品经营许可证》、《医疗机构制剂许可证》或者撤销药品批准证明文件，5

年内不受理其申请，并处 1 万元以上 3 万元以下的罚款。

4. 生产、销售假药的，没收违法生产销售的药品和违法所得，并处违法生产、销售药品（包括已售出和未售出的药品）货值金额 2 倍以上 5 倍以下的罚款；有药品批准证明文件的予以撤销，并责令停产、停业整顿；情节严重的，吊销《药品生产许可证》、《药品经营许可证》或者《医疗机构制剂许可证》。

5. 生产、销售劣药的，没收违法生产、销售的药品和违法所得，并处违法生产、销售药品（包括已售出和未售出的药品）货值金额 1 倍以上 3 倍以下的罚款；情节严重的，责令停产、停业整顿或者撤销药品批准证明文件，吊销《药品生产许可证》、《药品经营许可证》或者《医疗机构制剂许可证》。

6. 生产、销售假药、劣药，情节严重的企业或者其他单位，其直接负责的主管人员和其他直接责任人员 10 年内不得从事药品生产、经营活动。对生产者专门用于生产假药、劣药的原辅材料、包装材料、生产设备，予以没收。

7. 进口已获得药品进口注册证书的药品，未按照规定向允许药品进口的口岸所在地的药品监督管理部门登记备案的，给予警告，责令限期改正；逾期不改正的，撤销进口药品注册证书。

8. 药品的生产企业、经营企业、医疗机构在药品购销中暗中给予、收受回扣或者其他利益的，药品的生产企业、经营企业或者其代理人给予使用其药品的医疗机构的负责人、药品采购人员、医师等有关人员以财物或者其他利益的，由工商行政管理部门处 1 万元以上 20 万元以下的罚款，有违法所得的，予以没收；情节严重的，由工商行政管理部门吊销药品生产企业、药品经营企业的营业执照，由药品监督管理部门吊销其《药品生产许可证》、《药品经营许可证》。

9. 药品的生产企业、经营企业的负责人、采购人员等有关人员在药品购销中收受其他生产企业、经营企业或者其代理人给予的财物或者其他利益的，依法给予处分，没收违法所得。医疗机构的负责人、药品采购人员、医师等有关人员收受药品生产企业、经营企业或者其代理人给予的财物或者其他利益的，由卫生行政部门或者本单位给予处分，没收违法所得；对违法行为情节严重的执业医师，由卫生行政部门吊销其执业证书。

10. 药品监督管理部门对下级药品监督管理部门违反《药品管理法》规定的行政行为，责令限期改正；逾期不改正的，有权予以改变或者撤销。药品监督管理人员滥用职权、徇私舞弊、玩忽职守，尚不构成犯罪的，依法给予行政处分。

（二）民事责任

民事责任是指法律关系主体由于民事违法、违约行为或根据法律规定所应承担的民事法律后果。根据《中华人民共和国民法通则》的规定，承担民事责任的主要形式有：停止侵害、排除妨碍、消除危险、返还财产、赔偿损失等。

《药品管理法》规定，药品生产企业、经营企业、医疗机构违反法律规定，给药品使用者造成损害的，依法承担赔偿责任。

受害人向法院起诉要求赔偿，应当从知道或者应当知道受损害之日起 1 年内提出。

(三) 刑事责任

刑事责任是依据国家刑事法律规定,对犯罪分子依照刑事法律的规定追究的法律责任。对生产、销售假药、劣药,危害人民健康,造成严重后果的,依照《刑法》有关规定,追究刑事责任。

1.《刑法》第一百四十一条规定,生产、销售假药,处3年以下有期徒刑或者拘役;对人体健康造成严重危害的,处3年以上10年以下有期徒刑,并处罚金;致人死亡或者有其他特别严重情节的,处10年以上有期徒刑、无期徒刑或者死刑,并处罚金或者没收财产。

2.《刑法》第一百四十二条规定,生产、销售劣药,对人体健康造成严重危害的,处3年以上10年以下有期徒刑,并处销售金额50%以上2倍以下罚金;后果特别严重的,处10年以上有期徒刑或者无期徒刑,并处销售金额50%以上2倍以下罚金或者没收财产。

3.《刑法》第三百五十五条规定,依法从事生产、运输、管理、使用国家管制的麻醉药品、精神药品的人员,违反国家规定,向吸食、注射毒品的人提供国家规定管制的能够使人形成瘾癖的麻醉药品、精神药品的,处3年以下有期徒刑或者拘役,并处罚金;情节严重的,处3年以上7年以下有期徒刑,并处罚金;向走私、贩卖毒品的犯罪分子或者以牟利为目的,向吸食、注射毒品的人提供国家规定管制的能够使人形成瘾癖的麻醉药品、精神药品的,依照《刑法》第三百四十七条关于走私、贩卖、运输、制造毒品的规定予以定罪处罚。单位犯有上述罪刑的,对单位判处罚金,并对其直接负责的主管人员和其他直接责任人员,依照上述的规定处罚。

第二节 献血法律制度

一、概述

(一) 献血法的概念

献血法是指为了保证临床用血需要和安全,保障献血者和用血者身体健康,发扬人道主义精神,促进社会主义物质文明和精神文明建设而制定的法律规范的总称。1997年12月29日由第八届全国人大常委会第二十九次会议通过了《中华人民共和国献血法》(以下简称《献血法》),自1998年10月1日起施行。

(二) 献血法的目的

《献血法》第一条规定了其立法的目的,是为保证临床用血的需要和安全;保障献血者和用血者的健康;促进社会主义物质文明和精神文明的建设。

(三) 有关法律规定

医疗机构对临床用血必须进行核查,不得将不符合国家规定标准的血液用于临床。公民临床用血时只交付用于血液的采集、储存、分离、检验等费用。具体收费标准由国务院卫生行政部门会同国务院价格主管部门制定。无偿献血者临床需要用血时，免交前款规定的费用；无偿献血者的配偶和直系亲属临床需要用血时，可以按照省、自治区、直辖市人民政府的规定免交或者减交前款规定的费用。为保障公民临床急救用血的需要，国家提倡并指导择期手术的患者自身储血，动员家庭、亲友、所在单位以及社会互助献血。为保证应急用血，医疗机构可以临时采集血液，但应当依照规定，确保采血、用血安全。

医疗机构用血要求：医疗机构临床用血应当制定用血计划，遵循合理、科学的原则，不得浪费和滥用血液。医疗机构应当积极推行按血液成分针对医疗实际需要输血，具体管理办法由国务院卫生行政部门制定。

二、无偿献血的法律规定

（一）无偿献血制度及意义

生命离不开血液，输血是抢救危重患者的一种特殊医疗措施。在目前人造血液尚不能完全代替人体血液之前，临床用血只能靠健康人体捐献。因此只有实行无偿献血制度，坚决制止买血卖血行为，才能保证医疗用血的质量，遏制严重影响人民群众身体健康和社会安定的艾滋病、肝炎等疾病的传播，减少医疗费用支出，最大限度地保护供血者和受血者的身体健康。无偿献血是团结友爱、无私奉献精神的具体表现，也是一种互救互助的方式，今天献血救助他人，以后一旦自己或亲属得病之时，又会得到他人的帮助。这也充分体现了社会主义社会人与人之间团结互助和人道友爱的精神。

从血液生理学角度看，人体内的血液总量约占体重的8%，一般成人的血液总量为4 000～5 000 ml，而一次献血200 ml仅占总血量的1/25～1/20；在临床医学实践中，一般对失血量在600 ml以下的都不主张输血，可见献血200 ml不会影响健康。

人体内的血液并不都参与血液循环，有20%～25%的血液贮存在脾、肝、肺、皮肤等“贮血库”内。脾脏是人体中最大的“贮血库”，可以贮存人体总血量20%的血液。当人体血循环需要血液时，脾等会连续不断地释放血液进入血管，参与血循环。人体血液成分的吐故纳新活动十分活跃，人体内每天约有1/120的红细胞（即20亿个红细胞）衰老、死亡，白细胞的平均寿命为7～14天，血小板的寿命就更短，为7～9天。此外，人体骨髓有强大的代偿功能，在一定的条件激发下，骨髓造血功能可增加到正常的6～8倍，一个健康人每天生成红细胞约2 000亿个，血小板1 200亿个，即每个健康成人每年新生的血细胞相当于人体血细胞的总量。献血200 ml后人体很快就会得到补充，不会影响健康。

无偿献血是指为了拯救他人生命，志愿将自己的血液无私奉献给社会公益事业，而献血者不向采血单位和献血者单位领取任何报酬的行为。无偿献血是终身的荣誉，无偿献血者会得到社会的尊重和爱戴。无偿献血是无私奉献、救死扶伤的崇高行为，是我国血液事业发展的总方向。献血是爱心奉献的体现，使患者解除病痛甚至抢救他们的生命，其价值是无法用金钱来衡量的。近半个世纪以来，世界卫生组织和国际红十字会一直向世界各国呼吁“医疗用血采用无偿献血”的原则。无偿献血是保证医疗安全用血的必由之路。只有以人道主义无私奉献而不是以经济报酬为目的无偿献血，才能从根本上清除有偿供血带来的各种弊病；血液质量才能得到保证；才能保护受血者的安全；才能最大程度地降低经血液传播疾病的危险。

(二) 无偿献血方式

多年来，我国存在着3种献血形式：个体供血、义务献血、无偿献血。

国家提倡18周岁至55周岁的健康公民自愿献血。国家鼓励国家工作人员、现役军人和高等学校在校学生率先献血，为树立社会新风尚作表率。

三、临床用血的法律规定

(一) 临床用血的供给

无偿献血的血液必须用于临床，不得买卖。血站、医疗机构不得将无偿献血的血液出售给单采血浆站或者血液制品生产单位。

医疗机构对临床用血必须进行核查，不得将不符合国家规定的血液用于临床。

保证应急用血，医疗机构可以临时采集血液，但应当依照规定，确保采血、用血安全。

(二) 临床合理用血的管理规定

医疗机构临床用血应当制定用血计划。遵循合理科学的原则，不得浪费和滥用血液。公民临床需要用血时，只交付用于血液的采集、储存、分离、检验等费用。

无偿献血者临床需要用血时，免交前款规定的费用；无偿献血者的配偶和直系亲属临床需要用血时，可以按照省、自治区、直辖市的规定免交或者减交前款规定的费用。

四、血站管理的法律规定

《血站管理办法》经原卫生部部务会议讨论通过，自2006年3月1日起施行。

(一) 法律依据

《献血法》第八条规定，血站是采集、提供临床用血的机构，是不以营利为目的的公益性组织。设立血站必须经过省级以上卫生行政部门批准。血站的设立条件和管理办法由国务院卫生行政部门制定。

(二) 血站管理法律规定的主要内容

1. 分类管理　血站分为一般血站和特殊血站。一般血站指血液中心、中心血站、中心血库。特殊血站指脐带血造血干细胞库和根据医学发展需要设置的其他类型血库。

2. 调整设置规划　国务院卫生行政部门制定全国采供血设置规划指导原则，省级卫生行政部门制定血站设置规划后报国务院卫生行政部门备案。取消了基层血站。

(1) 一般血站设置原则　血液中心设置在直辖市、省会城市、自治区首府市。中心血站设置在设区的市。中心血库设置在中心血站覆盖不到的县级综合医院内。血站服务区域不受行政区域的限制。同一行政区域内不得重复设置血液中心、中心血站。血站不得与单采血浆站在同一县级行政区域内设置。有条件地设置集中化检测实验室。

(2) 特殊血站设置原则　国务院卫生行政部门根据人口发布、卫生资源、临床造血干细胞移植需要等情况,制定特殊血站设置规划和原则。不批准设置以营利为目的的特殊血站。对特殊血站有数量限制,对特殊血站的设置审批按申请的先后次序。

(3) 明确血站职责　发挥血液中心的技术和管理作用,巩固中心血站的中坚作用,保留中心血库的补充作用。

3. 规范执业行为

(1) 取得《血站执业许可证》　省级卫生行政部门负责执业登记,组织专家或者委托技术部门进行技术审查。血站设置分支机构,由省级卫生行政部门批准。设置固定采血点(室)、流动采血车,向省级卫生行政部门备案。血站设置储血点,由省级卫生行政部门批准。不予登记的情形:《血站质量管理规范》技术审查不合格;《血站实验室质量管理规范》技术审查不合格;血液质量检测结果不合格。《血站执业许可证》有效期3年。有效期满前3个月,应当办理再次登记,省级卫生行政部门进行审核。审核不合格的,责令限期整改;仍不合格的,注销《血站执业许可证》。有效期满未办理再次登记的注销许可证。

(2) 制定采供血计划　根据医疗机构临床用血需求,制定血液采集、制备、供应计划。

(3) 开展无偿献血宣传　开展献血者招募,提供良好服务。

(4) 规范采血行为　《献血法》规定,血站采血必须严格遵守操作规程和制度要求,为献血者提供安全、卫生、便利的条件。采血前,必须进行身份核对、登记、告知义务、知情同意、保密,对献血者进行免费的健康检查,建立有高危行为献血者献血后报告工作程序、献血屏蔽和淘汰制度。身体状况不符合献血条件的,向其说明情况,不得采集血液。对献血者每次采集血液量一般为200 ml,最多不得超过400 ml,两次采集间隔期间不少于6个月。严禁对献血者超量、频繁采集血液。采血后应建立献血档案,并给献血者发放《无偿献血证》。

(5) 质量管理　血站发出的血液必须保证质量。血站应遵守技术规范和标准,建立岗位责任制、工作人员考核培训制度、文书管理制度、实验室质量控制。血站发出的血液必须标有供血者的姓名、血型、品种、采血日期、有效期、采供血机构名称和许可证号。血液包装、储存、运输必须符合标准要求。

(6) 疫情报告制度　根据《中华人民共和国传染病防治法》(以下简称《传染病防治法》)、《突发公共卫生事件应急条例》、《传染病疫情监测信息报告管理办法》等规定,进行传染病信息报告。采供血机构应对献血人员进行登记,发现艾滋病病毒抗体检测2次初筛阳性结果的,应按传染病报告卡登记的内容,在24 h内,向属地疾病预防控制机构报告。

(7) 特殊血型调配、报废血管理　特殊血型调配由省级卫生行政部门批准;剩余成分血浆由省级卫生行政部门协调血液制品生产单位解决;保密性弃血处理,收入用于无偿献血返还费用。

4. 加强监督管理

卫生行政部门对下级卫生行政部门履行职责进行监督检查，对血站执业活动进行日常监督，组织对采、供血质量进行抽检，对临床供血活动进行监督检查。国务院卫生行政部门定期对血液中心、脐血库进行评价和监督，并向社会公布结果。国家实行血液质量监测、检定制度和血站质量管理、血站实验室质量管理技术评审制度，对违法行为进行处罚。

五、血液制品管理的法律规定

(一) 血液制品的概念

血液制品属于生物制品，是以健康人血液为原料，通过采用生物工程技术或分离纯化技术制备的具有生物活性的一类特殊制品（包括胎盘血制品），如血白蛋白、人胎盘血白蛋白、静脉注射用免疫球蛋白、肌内注射免疫球蛋白、组织胺免疫球蛋白、特异性免疫球蛋白、乙型肝炎免疫球蛋白、狂犬病免疫球蛋白、破伤风免疫球蛋白、人凝血因子Ⅷ、人凝血酶原复合物、人纤维蛋白原、抗人淋巴细胞免疫球蛋白等，是宝贵的人源性生物类药品，在医疗急救（如创伤失血、烧伤等）、战伤抢救以及某些特定疾病（如血友病等）的预防和治疗上，有着不可替代的作用。

血液制品是防病、治病、战备、救灾和临床抢救急需的重要产品。产品质量直接关系到千百万人的安全与健康，必须坚持“质量第一”的方针，实行全面质量管理，生产中必须具备必要的生产技术条件、严格的质量检定制度和严密的科学管理办法。

(二) 血液制品的生产

生产血液制品的单位，必须达到国务院行政部门制定的《药品生产质量管理规范》规定的标准，经国务院卫生行政部门审查合格，并依法向工商行政管理部门申请营业执照。要有适合所生产品种的工艺要求、合乎微生物操作的实验室，灭菌操作条件及保障安全的生产车间、辅助车间、冷藏设施以及相应配套的设备等。要有受过严格训练的主管技师以上的专业技术人员和熟练的技术操作人员；能解决生产、检定中遇到的实际问题。要有科学管理的职能机构，保证文明生产和正常的工作秩序。要有健全的检定机构，担负成品、半成品、原材料质量检验，确保制品合格。坚持质量第一，制品质量必须符合国家规定。不具备以上条件和要求的不得进行生产，产品不准出售、不准使用。

(三) 血液制品的鉴定

国家药品生物制品检定机构及国务院卫生行政部门指定的省级药品检验机构执行国家对制品质量进行检查、检验和鉴定，有权对血液制品生产、使用单位的制品质量进行检查了解、抽样检验以及调阅制检记录，并有权对违反规定的行为和低劣制品据情处理，各有关单位应积极协助，不得拒绝。遇有造成严重后果的质量问题和事故，要及时报告上级卫生行政部门。进口的血液制品列为法定检验，血液制品经进口口岸药检所检验或委托有关单位检验，合格者方准在人体使用。违者由组织进口单位和接货单位承担经济和法律责任。各级鉴定人员应坚持原则，严肃认真，不得玩忽职守，执法犯法。如在质量问题上不坚持原则，又不向上报告，从而产生严重后果的，要追究责任。

（四）血液制品的管理

血液制品除国家生物制品研究所生产外，省、市、自治区现已有生产并具备规定条件的省、市、自治区血站等单位，在综合利用血液的基础上，可进行生产，但不得超过1～2个生产单位。血站等单位所生产血液制品的质量监督检验，由所在省、市、自治区药品检验所负责进行。

纳入中华人民共和国国家卫生和计划生育委员会管理的血液制品品种及有部交生产任务的单位生产的血液制品，其生产、调拨、储备计划由国家卫生和计划生育委员会统一平衡、调配。省、市、自治区血站血液制品的生产、供应计划由省、市、自治区卫生行政部门安排。生产计划编制后，生产单位要与使用单位签订供货合同（规定供货时间、地点、数量及特殊要求等），双方应严格遵守；凡已发出的制品发现质量不符合要求的，要予以调换或退货。违背合同造成损失者，要负经济责任直至法律责任。血液制品价格的制订及调整按国家价格政策由中华人民共和国国家卫生和计划生育委员会统一管理。新制品的试销价格，由试制单位参照同类或近似产品价格自定，报中华人民共和国国家卫生和计划生育委员会备案；正式投产后，根据测算成本和薄利的原则，提出正式价格的意见，报中华人民共和国国家卫生和计划生育委员会审批。经营及使用血液制品的单位，要按规定妥为保藏，保管不善致遇热、冻结、变质、变色、安瓿裂纹及过期失效的制品，禁止销售使用。

知识链接

常用血液制品种类及作用见表9－1。

表9－1 常用血液制品种类及作用

血液制品种类	作用
人血白蛋白	治疗创伤性、出血性休克，严重烧伤及低蛋白血症
静注人免疫球蛋白	预防麻疹、传染性肝炎等，与抗生素合用可提高对某些严重细菌及病毒性感染的疗效
肌注人免疫球蛋白	预防麻疹、传染性肝炎等，与抗生素合用可提高对某些严重细菌及病毒性感染的疗效
组织胺人免疫球蛋白	用于病毒性感染，预防麻疹和传染性肝炎
人胎盘血白蛋白	治疗创伤性、出血性休克，严重烧伤及低蛋白血症
特异性免疫球蛋白	特异性作用
人凝血因子Ⅷ	用于防治甲型血友病的出血症状
人凝血酶原复合物	主要用于治疗先天性和获得性凝血因子Ⅱ、Ⅶ、Ⅸ、Ⅹ缺乏症
抗人淋巴细胞免疫球蛋白	主要用于临床器官移植的免疫排斥预防及治疗，骨髓移植的移植物抗宿主预防，以及再生障碍性贫血等病的治疗

续表

血液制品种类	作　用
狂犬病人血白蛋白	用于狂犬病的防治
破伤风免疫球蛋白	防治破伤风
人纤维蛋白原	用于治疗产后大出血和纤维蛋白原缺乏造成凝血障碍
乙型肝炎免疫球蛋白	用于乙型肝炎的预防

六、法律责任

(一) 血站的法律责任

血站违反有关操作规程和制度采集血液，由县级以上地方人民政府卫生行政部门责令改正；给献血者健康造成损害的，应当依法赔偿，对直接负责的主管人员和其他直接责任人员，依法给予行政处分；构成犯罪的，依法追究刑事责任。

(二) 医疗机构的法律责任

医疗机构的医务人员违反规定，将不符合国家规定标准的血液用于患者的，由县级以上地方人民政府卫生行政部门责令改正；给患者健康造成损害的，应当依法赔偿，对直接负责的主管人员和其他直接责任人员，依法给予行政处分；构成犯罪的，依法追究刑事责任。

(三) 血液制品有关的法律责任

血液制品生产单位擅自向其他单位出让、出租、出借以及与他人共用《药品生产企业许可证》、产品批准文号或者供应原料血浆的，由省级以上人民政府卫生行政部门没收违法所得，并处违法所得 5 倍以上 10 倍以下的罚款，没有违法所得的，并处 5 万元以上 10 万元以下的罚款。

血液制品生产经营单位生产、包装、储存、运输、经营血液制品不符合国家规定的卫生标准和要求的，由省、自治区、直辖市人民政府卫生行政部门责令改正，可以处 1 万元以下的罚款。

在血液制品生产单位成品库待出厂的产品中，经抽检有一批次达不到国家规定的指标，经复检仍不合格的，由国务院卫生行政部门撤销该血液制品批准文号。

擅自进出口血液制品或者出口原料血浆的，由省级以上人民政府卫生行政部门没收所进出口的血液制品或者所出口的原料血浆和违法所得，并处所进出口的血液制品或者所出口的原料血浆总值 3 倍以上 5 倍以下的罚款。

血液制品检验人员虚报、瞒报、涂改、伪造检验报告及有关资料的，依法给予行政处分；构成犯罪的，依法追究刑事责任。

卫生行政部门工作人员滥用职权、玩忽职守、徇私舞弊、索贿受贿，构成犯罪的，依法追究刑事责任；尚不构成犯罪的，依法给予行政处分。

知识链接

美国输血染病情况罕见

美国每年需要输血的患者超过400万，血液来自志愿献血人员，但因输血而染病的情况非常罕见。这主要得益于美国有关部门在血液采集和供应方面采取的一系列安全措施。

美国负责供血安全的主管部门是卫生与公众服务部下属的食品与药物管理局，而负责采血和供血的主要机构分别是美国红十字会和美国血液中心。为了保证血液和血液产品的安全，食品与药物管理局主要采取了如下措施：向献血员提供准确、全面的相关资料，通过问卷对献血员进行初步筛选；实施严格的血液检测程序；妥善运输血液和血液产品。

血液中心编写不适合献血人员的名单，防止从这些人身上采血。包括曾静脉注射毒品者、男同性恋者、艾滋病病毒检测呈阳性者、卖淫者、牛皮癣患者和肝炎病毒携带者等。采集来的血液必须进行7种病原体测试。此外，食品与药物管理局每两年至少对采血机构进行一次检查。在采血时采取了身份验证、体检、了解病史、填写表格等措施。采血机构如果发现某位献血者提供的血液不健康，将把这一结果通知献血者本人。

第三节　医疗器械监督管理的法律制度

一、概述

中华人民共和国国务院令第276号发布《医疗器械监督管理条例》，从2000年4月1日起施行。该条例适用于中华人民共和国境内医疗器械的研制、生产、经营、使用、监督管理。国务院药品监督管理部门负责全国的医疗器械监督管理工作。县级以上地方人民政府药品监督管理部门负责本行政区域内的医疗器械监督管理工作。国家对医疗器械实行分类管理制度。生产和使用以提供具体量值为目的的医疗器械应当符合计量法的规定。国家鼓励研制新的医疗器械。国家对医疗器械实行产品生产注册制度。生产第二类、第三类医疗器械，应当通过临床验证。国家对医疗器械检测机构实行资格认可制度。医疗器械广告应当经省级以上人民政府药品监督管理部门审查批准。

（一）医疗器械的概念

医疗器械是指单独或者组合使用于人体的仪器、设备、器具、材料、植入物、离体试剂或校准物、软件或者其他物品。其用于人体体表及体内的作用不是用药理学、免疫学或者代谢的手段获得，但是可能有这些手段参与并起一定的辅助作用。可达到对疾病的预防、诊断、治疗、监护、缓解，对损伤或者残疾的诊断、治疗、监护、缓解、补偿，对解剖或者生理过程的研究、替代、调节以及妊娠控制的预期目的。

（二）医疗器械的分类

第一类指通过常规管理足以保证其安全性、有效性的医疗器械。如简易理疗康复仪器、医用光源、基础外科用刀、剪、钳等。

第二类指对其安全性、有效性应当加以控制的医疗器械。如超声治疗设备、弱激光治疗仪器、血压计、无电能听诊器等。

第三类指植入人体，用于支持，维持生命，对人体具有潜在危险，对其安全性、有效性必须严格控制的医疗器械。如人工心脏瓣膜、人工器官、高频手术和电凝设备、微波治疗设备、X线治疗设备、医用磁共振成像设备、人工心肺设备、单采血浆机等。

二、医疗器械生产、经营和使用管理

（一）医疗器械注册

原国家食品药品监督管理局局务会议审议通过《医疗器械注册管理办法》，2004年8月9日经原国家食品药品监督管理局局令第16号公布，自公布之日起实施。国家对医疗器械实行分类注册管理。按规定，境内第一类医疗器械由设区的市级食品药品监督管理机构审查，批准后发给医疗器械注册证书。境内第二类医疗器械由省、自治区、直辖市食品药品监督管理部门审查，批准后发给医疗器械注册证书。境内第三类医疗器械由国家食品药品监督管理总局审查，批准后发给医疗器械注册证书。境外医疗器械由国家食品药品监督管理总局审查，批准后发给医疗器械注册证书。台湾、香港、澳门地区医疗器械的注册，除另有规定外，参照境外医疗器械办理。医疗器械注册证书有效期4年。注册证到期后需要继续销售或使用医疗器械的，生产企业应当在医疗器械注册证书有效期届满前6个月内，申请重新注册。

第二类、第三类医疗器械由国家食品药品监督管理总局会同国家质量监督检验检疫总局认可的医疗器械检测机构进行注册检验，经检验符合适用的产品标准后，方可用于临床试验或者申请注册。申请第二类、第三类医疗器械注册，应当提供临床试验资料，临床试验资料的提供方式执行《医疗器械临床试验资料分项规定》，并对医疗器械注册检测和免予进行注册检测的情况做了明确的规定。境内第二类、第三类医疗器械注册申报资料：要求提供产品生产质量体系考核（认证）的有效证明文件，根据对不同产品的要求，提供相应的质量体系考核报告；省、自治区、直辖市（食品）药品监督管理部门签章的，在有效期之内的体系考核报告；医疗器械生产管理规范检查报告或医疗器械质量体系认证证书；国家已经实施生产细则的，提交实施细则检查验收报告。

申请第二类、第三类医疗器械注册，同时满足以下条件的，可以免予注册检测。① 所申请注册的医疗器械与本企业已经获准注册的医疗器械的基本原理，主要功能、结构，所用材料、材质，预期用途属于同一类。② 生产企业已经通过医疗器械生产质量管理规范检查或者已经获得医疗器械质量体系认证，并且生产企业能够提供经原企业生产条件审查机构认可的检测报告。③ 所申请注册的医疗器械与本企业已经获准注册并且已经通过注册检测的同类产品比较，未发生涉及安全性、有效性改变，或者虽然涉及安全性、有效性改变，但是改变部分和由其引起产品其他相关安全性、有效性变化的部分都已经通过了医疗器械检测机构检测。④ 已经获准注册的本企业同类产品按照规定进行医疗器械不良事件监测，并且未发现严重不良事件。⑤ 已经获准注册的本企业同类产品 1 年内无食品药品监督管理部门产品质量监督抽查不合格记录。⑥ 境外医疗器械已经通过境外政府医疗器械主管部门的上市批准。

申请第二类、第三类医疗器械产品重新注册，同时满足以下条件的，可以免予注册检测。① 申请重新注册的医疗器械与本企业已经获准注册的医疗器械的基本原理，主要功能、结构，所用材料、材质，预期用途属于同一类。② 生产企业已经通过医疗器械生产质量管理规范检查或者已经获得医疗器械质量体系认证，并且生产企业能够提供经原企业生产条件审查机构认可的检测报告。③ 申请重新注册的医疗器械与已经通过注册检测的原注册产品相比较，未发生涉及安全性、有效性改变，或者虽然涉及安全性、有效性改变，但是改变部分和由其引起产品其他相关安全性、有效性变化的部分都已经通过了医疗器械检测机构检测。④ 申请重新注册的医疗器械在原医疗器械注册证书有效期内按照规定进行医疗器械不良事件监测，并且未发现不良事件。⑤ 原注册医疗器械 1 年内无食品药品监督管理部门产品质量监督抽查不合格记录。

(二) 医疗器械产品标准、说明书管理规定

1. 国家标准 在全国范围内统一的技术要求，由国务院标准化行政主管部门制定，分为强制性标准(GB)和推荐性标准(GB/T)。强制性标准：保障人体健康、人身、财产安全的标准；法律、行政法规规定强制执行的标准。如药品标准、食品卫生标准、兽药标准等。

2. 行业标准 没有国家标准而又需要在全国某个行业范围内统一的技术要求。由国务院有关行政主管部门制定，并报国务院标准化行政主管部门备案，在公布国家标准后，该项行业标准即行废止。

3. 地方标准 没有国家标准和行业标准而又需要在省、自治区、直辖市范围内统一的工业产品的安全、卫生要求。由省、自治区、直辖市标准化行政主管部门制定，并报国务院标准化行政主管部门和国务院有关行政主管部门备案，在公布国家标准或行业标准后，该项地方标准即行废止。

4. 企业标准 企业生产的产品没有国家标准和行业标准的，应当制定企业标准，作为组织生产的依据。

企业的产品标准须报当地政府标准化行政主管部门和有关行政主管部门备案。已有国家标准或者行业标准的，国家鼓励企业制定严于国家标准或者行业标准的企业标准，在企业内部使用。

5. 国际标准 国际标准化组织(ISO)、国际电工委员会(IEC)、国际电信联盟(ITU)制定的标准，以及 ISO 认可，收入国际标准题内关键词索引(KWIC Index)中的其他 25 个国际组织制定的标准。

医疗器械注册产品标准的基本内容有：注册产品标准名称、前言、范围、规范性引

用文件、分类和分类标记、安全性及有效性要求、试验方法、检测规则、标志、标签、包装、运输、储存、附录等。

6. 医疗器械说明书、标签、包装标识 医疗器械说明书是由生产企业制作并随产品提供给用户的，能够涵盖该产品安全有效基本信息并用以指导正确安装、调试、操作、使用、维护、保养的技术文件。医疗器械标签是在医疗器械或者包装上附有的，用于识别产品特征的文字说明及图形、符号。医疗器械包装标识是在包装上标有的反映医疗器械主要技术特征的文字说明图形、符号。医疗器械说明书、标签和包装标识的文字内容必须使用中文，可以附加其他文种。中文的使用应当符合国家通用的语言文字规范。文字、符号、表格、数字、照片、图片等应当准确、清晰、规范。

7. 医疗器械说明书的内容 有产品名称、型号、规格、生产企业名称、注册地址、生产地址、联系方式及售后服务单位，《医疗器械生产企业许可证》编号（第一类医疗器械除外）、医疗器械注册证书编号，产品标准编号，产品的性能、主要结构、适用范围、禁忌证、注意事项以及其他需要警示或者提示的内容，医疗器械标签所用的图形、符号、缩写等内容的解释，安装和使用说明书或者图示，产品维护和保养方法；特殊储存条件、方法、限期使用的产品，应当标明有效期限；产品标准中规定的应当在说明书中标明的其他内容。

三、医疗器械的监督管理

生产第二类、第三类医疗器械的企业必须具备的条件：企业的技术负责人应当具有与所生产医疗器械相适应的专业能力，并掌握国家有关医疗器械监督管理的法律法规和规章以及相关产品质量、技术的规定。质量负责人不得同时兼任生产负责人；企业内初级以上职称或者中专以上学历的技术人员占职工总数的比例应当与所生产产品的要求相适应；企业应当具有与所生产产品及生产规模相适应的生产设备，生产、仓储场地和环境。企业生产对环境和设备等有特殊要求的医疗器械的，应当符合国家标准、行业标准和国家有关规定；企业应当设立质量检验机构，并具备与所生产品种和生产规模相适应的质量检验能力；企业应当保存与医疗器械生产和经营有关的法律法规、规章和标准；符合质量管理体系要求的内审员不少于 2 名；相关专业中级以上职称或者大专以上学历的专职技术人员不少于 2 名。

四、法律责任

药品监督管理部门确认医疗器械生产企业因违反法律、法规、规章规定造成上市医疗器械存在缺陷，依法应当给予行政处罚，但该企业已经采取召回措施主动消除或者减轻危害后果的，依照《中华人民共和国行政处罚法》的规定从轻或者减轻处罚；违法行为轻微并及时纠正，没有造成危害后果的，不予处罚。发现医疗器械存在缺陷而没有主动召回医疗器械的，责令召回医疗器械，并处应召回医疗器械货值金额 3 倍的罚款；造成严重后果的，由原发证部门吊销医疗器械产品注册证书，直至吊销《医疗器械生产企业许可证》。

小结

- 健康相关产品管理法律制度
  - 药品管理法律制度
    - 概述
    - 药品生产和经营的法律规定
    - 医疗机构制剂管理的法律规定
    - 药品管理的法律规定
    - 药品监督管理的法律规定
    - 法律责任
  - 献血法律制度
    - 概述
    - 无偿献血的法律规定
    - 临床用血的法律规定
    - 血站管理的法律规定
    - 血液制品管理的法律规定
    - 法律责任
  - 医疗器械监督管理的法律制度
    - 概述
    - 医疗器械生产、经营和使用管理
    - 医疗器械监督管理
    - 法律责任

案例分析

2010 年 2 月，王某因患病经某医院诊断后，服用了某制药厂生产的卡马西平片药。因该药品说明书删除了有皮疹等 20 余项不良反应的内容，致使王某在出现皮疹后未能及时停药，病情加重，剥夺了王某对药品的知情权，造成王某严重人身伤害的后果。因此，王某要求制药厂予以赔偿各项损失共计 10 万余元。

【思考】

本案中某制药厂是否应承担赔偿责任？为什么？

（兰玉梅　钟响玲）

第十章　医疗损害和医疗事故处理法律制度

学习目标：

1. 掌握医疗损害责任的概念，分类，医疗过失的认定，医疗损害的归责原则及免责事由，医疗事故的概念及构成医疗事故的要件，不属于医疗事故的情形。
2. 熟悉医疗损害的鉴定和赔偿规定，医疗事故的预防、处置规定。
3. 了解医疗事故技术鉴定和医疗事故赔偿的规定，医疗事故的法律责任。

案例：

患儿谢某，3岁，因“右眼溅伤，疼痛伴视物不明12小时”为主诉就诊某眼科医院，该院医生经检查诊断为：右眼外伤性感染；右眼玻璃体损伤。经治医生为方便治疗，在没有征求患儿家属同意的情况下，对患儿进行右眼球注射抗生素治疗。随后经治医生与患儿家属沟通患儿的病情，向家属告知了患儿的病情及所采取的治疗措施，并建议对患儿行玻璃体手术，但患儿的父母亲以家庭经济困难为由拒绝进一步治疗并于次日出院。一个月后，患儿右眼失明。患儿家属以眼科医院在对患儿诊疗过程中存在过失为由，向人民法院提起诉讼，要求医院赔偿其经济损失18万元。

【思考】

1. 某眼科医院在对患儿进行诊疗的过程中是否存在过失？眼科医院是否应当承担对患儿的赔偿责任？为什么？

2. 本案中眼科医院的诊疗行为是否存在医疗过失？应当由谁承担举证责任？应如何完成举证责任？

近年来医患纠纷呈逐年上升的趋势，而医疗事故的处理涉及保护医患双方的合法权益，维护医疗秩序，保障医疗安全，促进医学科学的发展。这就要求医护人员必须掌握、熟悉和了解法律对医疗事故的概念、构成要件及相关问题的规定，提高预防和处置医疗事故的能力，规范自己的执业行为，维护医患双方的合法权益。

第一节 医疗损害责任概述

医疗损害责任是社会广泛关注的一个大问题。在《中华人民共和国侵权责任法》(以下简称《侵权责任法》)出台之前,医疗损害责任制度是由3个双轨制构成的二元化医疗事故与医疗过错救济体制。《中华人民共和国民法通则》第一百一十九条规定了侵害自然人身体造成伤害或死亡的民事责任。国务院于2002年发布的《医疗事故处理条例》第四十九条第二款规定“不属于医疗事故的,医疗机构不承担赔偿责任”。最高人民法院发布的《关于参照〈医疗事故处理条例〉审理医疗纠纷案件民事案件的通知》规定:“条例施行后发生的医疗事故引起的医疗赔偿纠纷,诉到法院的,参照条例的有关规定办理;因医疗事故以外的原因引起的其他医疗赔偿纠纷,适用民法通则的规定。”该规定明确了《医疗事故处理条例》对司法机关的适用效力,由此形成了医疗损害纠纷法律适用上的双轨制。因此,社会各界一直呼吁尽早消除医疗损害责任双轨制的局面。

2009年12月26日,全国人民代表大会常务委员会颁布并于2010年7月1日起实施的《侵权责任法》,统一了医疗损害责任的法律适用,改变了医疗纠纷案件在司法实践中法律适用的二元化问题,将医疗损害统一为一元化与三类型的医疗损害责任救济体制,成为司法机关解决医疗损害责任的统一法律依据。

一、医疗纠纷

医疗纠纷泛指医患双方就医疗法律行为的需求、采取的手段、期望的结果及双方权利义务的认识上产生分歧,并以损害赔偿为主要请求的行为。其特征是:① 医疗纠纷的主体是医患双方,即医疗纠纷是产生于医患之间的纠纷。② 医疗纠纷的客体主要为生命权或健康权。在实践中通常表现为经过诊疗护理过程,患者出现了不同程度的不良后果,或者感到埋下不良后果的隐患,并且患方认为这种不良后果是由医方的过错造成的,就会引发医疗纠纷。当然,医疗纠纷还包括由于患方认为在就医期间自己的其他民事权利,如人格权、财产权、知情同意权、选择权等受到医方侵害而引起的争议。③ 医疗纠纷产生于医患双方已经形成了医疗法律关系后。④ 医疗纠纷的原因发生于医疗服务提供者提供医疗相关服务的过程中,而非局限在诊疗护理过程中;不良后果可以出现在接受医疗相关服务的过程中,也可以出现在接受服务结束之后。

二、医疗损害责任概念及其法律特征

(一) 医疗损害责任的概念

医疗损害责任是指医疗机构及医务人员在医疗过程中因过失,或者在法律规定的情况下无论有无过失,造成患者人身损害或者其他损害,应当承担的以损害赔偿为主要方式的侵权责任。医疗损害责任的基本特征如下。

1. 医疗损害责任的责任主体是医疗机构　医疗损害责任的责任主体是医疗机构,且须为合法的医疗机构,其他主体不构成医疗侵权责任。《医疗机构管理条例》第二条规定，医疗机构应当是从事疾病诊断、治疗活动的医院、卫生院、疗养院、门诊部、诊所、卫生所(室)以及急救站等机构。除此之外，不属于医疗机构。

2. 医疗损害责任的行为主体是医务人员　医疗损害责任的行为主体是医务人员，包括医师和其他医务人员。《中华人民共和国执业医师法》(以下简称《执业医师法》)第二条规定，医师包括执业医师和执业助理医师，是指依法取得执业医师资格或者执业助理医师资格，经注册在医疗、预防、保健机构中执业的专业医务人员。尚未取得执业医师或者执业助理医师资格，经注册在村医疗卫生机构从事预防、保健和一般医疗服务的乡村医生，也视为医务人员。按照《执业医师法》第三十条的规定，执业助理医师应当在执业医师的指导下，在医疗、预防、保健机构中按照其执业类别执业。执业助理医师独立从事临床活动，也属于医务人员，发生医疗中的人身损害事故，构成医疗损害责任。不具有医务人员资格的，即使发生医疗损害，也不认为是医疗损害责任。

3. 医疗损害责任发生在医疗活动之中　医疗损害责任发生的场合是医疗活动，在其他场合不能发生这种侵权责任。医疗活动应当准确理解，并不是只有医疗才是医疗活动，如在医院进行的身体检查、医疗器械的植入、对患者的观察、诊断、治疗、护理、康复等，也都是医疗活动，不能认为身体检查、身体康复等不进行治疗，就不是医疗活动。医疗机构进行的影像、病理、超声、心电图等诊断性活动也是医疗活动。

4. 医疗损害责任不仅包括对患者的人身损害，也包括其他民事权益损害　主要有患者的生命健康权、姓名权、名誉权、肖像权、隐私权等人身权利以及患者的知情同意权、自主选择等权利。

5. 医疗损害责任是一种替代责任　医务人员在执行职务中，由于违反技术规范等，造成患者人身损害，构成医疗技术损害责任的，其直接责任人是医疗机构，而不是医务人员。对于医务人员的诊疗行为造成患者损害责任的，受害患者一方应当直接向医疗机构请求赔偿。医疗机构承担了侵权责任之后，可以向有过错的医务人员追偿，要求他们赔偿因医疗机构承担赔偿责任而造成的损失。

(二) 医疗损害责任的类型

我国医疗损害责任的类型包括：医疗技术损害责任、医疗伦理损害责任、医疗产品损害责任等。

1. 医疗技术损害责任　医疗机构及医务人员从事病情检验、诊断、治疗方法的选择，治疗措施的执行，病情发展过程的追踪，以及术后照护等医疗行为中，存在不符合当时医疗水平的过失行为，医疗机构所应当承担的侵权赔偿责任。医疗技术损害责任是以医疗机构和医务人员存在医疗过失为前提，即医生在诊疗活动中未尽到与当时的医疗水平相应的诊疗义务。这里的诊疗义务是指在一般情况下医务人员可以尽到的，通过谨慎的作为或者不作为避免患者受到损害的义务。目前，我国确定医疗过失的认定标准，是以当时的医疗水平为标准，同时参考地区、医疗机构资质和医务人员资质，确定医疗机构和医务人员应当达到的高度注意义务。违反了这样的注意义务，就是医疗过失。

2. 医疗伦理损害责任　医疗机构和医务人员违背医疗良知和医疗伦理的要求，

违背医疗机构和医务人员的告知或者保密义务，具有医疗伦理过失，造成患者人身损害以及其他合法权益损害的医疗损害责任。医疗伦理损害责任的核心内容是医疗机构和医务人员存在医疗伦理上的过失，主要包括：违反咨询告知义务的伦理过失、违反知情同意的伦理过失、违反保密义务的伦理过失、违反管理规范的伦理过失。在这一损害责任中，患者所受到的损害后果是多样的，包括人身损害、精神损害、财产损害，还有现实的一些权益损害，主要表现为患者丧失治疗的最佳时机、最佳治疗方案及其他的可期待性利益。

3. 医疗产品损害责任　医疗机构在医疗过程中使用有缺陷的药品、消毒药剂、医疗器械以及血液及制品等医疗产品，因此造成患者人身损害，医疗机构或者医疗产品生产者、销售者应当承担的医疗损害赔偿责任。在医疗产品损害责任中，如果医疗机构是缺陷药品、药剂、器材等的生产者，医疗机构则应对其所造成的损害负无过错赔偿责任；如果医疗机构不是缺陷药品、药剂、器材等的生产者，医疗机构仍应对其所造成的损害负无过错的赔偿责任，但只有在有过错的情况下才负最终的赔偿责任；医疗机构没有过错的，不承担最终责任，而由缺陷药品、药剂、器材等的生产者承担最终的赔偿责任，医疗机构在赔偿后，有权向负有责任的生产者追偿。

知识链接

法国医疗过失分类

法国把医疗过失分为医疗科学过失和医疗伦理过失。医疗科学过失主要是违反医学常规、医学原理、属于科学技术方面的规程所具有的过失。医疗伦理过失主要是违反医生良知、伦理道德的过失。这样 2 个过失区分得比较清楚。

三、医疗损害责任的归责原则及举证责任

（一）医疗损害责任的归责原则

我国医疗损害责任的归责原则采用的是过错责任的归责原则，在医疗伦理损害责任构成中采用的是过错推定责任。过错推定责任是过错责任归责原则运用中的一种形式。《侵权责任法》第五十四条规定，患者在诊疗活动中受到损害，医疗机构及其医务人员有过错的，由医疗机构承担赔偿责任。第五十八条规定，患者有损害，因下列情形之一的，推定医疗机构有过错：① 违反法律、行政法规、规章以及其他有关诊疗规范的规定。② 隐匿或者拒绝提供与纠纷有关的病历资料。③ 伪造、篡改或者销毁病历资料。

在医疗损害责任中采用过错责任归责原则可以很好地平衡医疗机构和患者之间的利益，主要体现在：一是没有医疗过失，医疗机构就没有责任；二是医疗机构仅就自己的医疗过失所造成的损害承担赔偿责任，对于其他原因造成患者的损害，医疗机构不承担责任；三是基于医疗行为的特殊性，医疗过失与其他侵权责任中的故意或过失

相比起来程度较轻,应当适当限制医疗过失中的精神损害抚慰金的赔偿数额,以利于医疗技术的发展。

知识链接

台湾地区医疗损害责任归责原则

台湾地区并没有对医疗损害赔偿责任进行专门的规定,在侵权法上是适用"民法"第184条的规定,即"因故意或过失,不法侵害他人之权利者,负损害赔偿责任。故意以背于善良风俗之方法,加损害于他人者亦同。违反保护他人之法律,致生损害于他人者,负赔偿责任。但能证明其行为为无过失者不在此限。"一般认为,"民法"第184条第一款的前段,旨在宣示过失责任原则。台湾判例学说上的过失责任,包括故意在内,即大陆地区民法中使用的"过错责任"。

(二) 医疗损害责任的举证责任

举证责任是指当事人对自己提出的主张有收集或提供证据的义务,并有运用该证据证明主张的案件事实成立或有利于自己的主张的责任,否则将承担其主张不能成立的危险。由于医疗损害责任采用的是过错责任原则,因此,患者如果要求医疗机构及其医务人员对其在接受诊疗过程中遭受的损害承担赔偿责任,患者就负有举证证明医疗机构及其医务人员在对其采取诊疗的过程中存在过错的义务,如果患者不能举证,医疗机构不用承担赔偿责任。

在医疗伦理损害责任中采用的是过错推定规则,在医疗机构没有履行充分告知义务造成患者损害的情形下,患者只需证明自己所遭受的损害和医疗行为的违法性、医务人员未能充分履行告知义务等事实,以及二者之间的因果关系,即可证明医疗机构存在医疗伦理过失行为,应对该损害承担赔偿责任。如果医疗机构要证明自己已经充分履行告知义务或已取得患者同意的,应就此承担完全的举证责任。

四、医疗损害责任的免责事由

由于医疗行业具有高技术性、高风险性、未知性以及疾病本身的复杂性等特殊性原因,医疗活动的效果实现有赖于多种因素的共同作用。对医疗机构的责任,如果法律规定得过于严格,可能会导致医务人员在诊疗活动中大量采用保守性甚至防御性的治疗措施,对于存在风险的治疗方案不敢问津,就会限制医疗技术的发展。《侵权责任法》在第三章之外,又规定了3种特殊的免责事由。

1. 患者或者其近亲属不配合医疗机构进行符合诊疗规范的诊疗。

2. 医务人员在抢救生命垂危的患者等紧急情况下已经尽到合理的诊疗义务。

3. 限于当时的医疗水平难以诊疗。

对于上述3种情形下发生的医疗损害,医疗机构不承担赔偿责任。当然,如果在上述3种情形中,医疗机构及医务人员的诊疗行为也存在过错的,医疗机构仍然应当承担赔偿责任。

五、医疗损害责任的鉴定

（一）医疗损害司法鉴定的内容

司法鉴定是指在诉讼活动中，鉴定人运用科学技术或者专门知识对诉讼涉及的专门性问题进行鉴别和判断，并提供鉴定意见的活动。我国目前施行的是鉴定机构和鉴定人审核管理制度，申请从事司法鉴定业务的个人、法人或者其他组织，由省级人民政府司法行政部门审核，对符合条件的予以登记，编入鉴定人和鉴定机构名册并公告。

在医疗损害责任纠纷中，医患双方对于医疗机构的诊疗行为是否存在过错往往存在较大争议，由于医疗行为的专业性较强，司法机关为了查清案件的事实，在案件审理过程中必须借助司法鉴定机构对专门性问题进行鉴定。医疗损害责任案件中的司法鉴定通常涉及的是临床医学专业问题，主要的委托鉴定事项一般包括患者损害结果鉴定和医疗过错鉴定。

1. **患者损害结果鉴定** 患者死亡的，死亡为损害结果。患者一般损害的，损害结果鉴定包括是否存在身体器官机能的器质性疾病、功能性障碍；是否需要后续治疗、加强营养、护理需求及期限等项目，构成伤残的，还需要进行伤残等级鉴定。

2. **医疗过错鉴定** 对诊疗过程中，医疗机构及医务人员的诊疗行为是否存在过错行为、过错行为与患者的损害结果是否存在因果关系，以及医疗过错行为对患者损害后果的参与度等方面进行鉴定。

（二）鉴定的提起

医疗损害司法鉴定一般由负有举证责任的当事人在法院规定的举证期限内对拟鉴定事项向人民法院提出申请。也可以由一方当事人自行委托鉴定机构进行鉴定，但是另一方当事人有证据足以反驳并申请重新鉴定的，人民法院应予准许。

当事人的鉴定申请经法院同意后，由双方当事人协商确定有鉴定资格的鉴定机构、鉴定人员，协商不成的，由人民法院指定。

（三）鉴定结论

鉴定结论是鉴定人运用自己的专门知识对与案件事实有关的某些专门性问题进行分析、鉴别后所作出的结论。在鉴定结论中，鉴定人不仅要叙述依据鉴定材料所观察到的事实，而且必须运用自己的专门知识分析研究这些事实，并以此为基础提出结论性意见。鉴定结论应当包括以下几方面的内容。

1. 委托人姓名或者名称、委托鉴定的内容。
2. 委托鉴定的材料。
3. 鉴定的依据及使用的科学技术手段。
4. 对鉴定过程的说明。
5. 明确的鉴定结论。
6. 对鉴定人鉴定资格的说明。
7. 鉴定人员及鉴定机构签名盖章。

鉴定结论作出后，应当由双方当事人质证，鉴定人应当出庭接受当事人质询；鉴定人确因特殊原因无法出庭的，经人民法院准许，可以书面答复当事人的质询。当事人对人民法院委托的鉴定部门作出的鉴定结论有异议申请重新鉴定，提出证据证明存在下列情形之一的，人民法院应予准许。

1. 鉴定机构或者鉴定人员不具备相关的鉴定资格的。

2. 鉴定程序严重违法的。

3. 鉴定结论明显依据不足的。

4. 经过质证认定不能作为证据使用的其他情形。

对有缺陷的鉴定结论，可以通过补充鉴定、重新质证或者补充质证等方法解决的，不予重新鉴定。

六、医疗损害责任的赔偿

医疗损害责任涉及的人身损害赔偿包括 3 个层次，即人身损害的一般赔偿、因伤致残的损害赔偿、受害人死亡的损害赔偿。人身损害一般赔偿的范围包括医疗费、误工费、护理费、交通费、住宿费、住院伙食补助费、必要的营养费；因伤致残的损害赔偿包括残疾赔偿金、残疾辅助器具费，以及因康复护理、继续治疗实际发生的必要的康复费、护理费、后续治疗费；受害人死亡的损害赔偿范围包括丧葬费、死亡赔偿金及家属因办理丧葬事宜支出的交通费、住宿费和误工损失等合理费用。各项的赔偿范围及相应标准如下。

1. 医疗费　医疗费是指自然人的身体受到侵害后所接受的医学上的检查、治疗和康复所必需的费用，包括挂号费、医药费、治疗费（包括后续治疗费）、检查费、住院费以及其他必要的医疗费用。医疗费根据医疗机构出具的医药费、住院费等收款凭证，结合病历和诊断证明等相关证据确定。

2. 护理费　护理费根据护理人员的收入状况和护理人数、护理期限确定。护理人员有收入的，参照误工费的规定计算；护理人员没有收入或者雇佣护工的，参照当地护工从事同等级别护理的劳务报酬标准计算。护理人员原则上为 1 人，但医疗机构或者鉴定机构有明确意见的，可以参照确定护理人员人数。护理期限应计算至受害人恢复生活自理能力时止。受害人因残疾不能恢复生活自理能力的，可以根据其年龄、健康状况等因素确定合理的护理期限，但最长不超过 20 年。受害人定残后的护理，应当根据其护理依赖程度并结合配制残疾辅助器具的情况确定护理级别。

3. 误工费　误工费根据受害人的误工时间和收入状况确定。误工时间根据受害人接受治疗的医疗机构出具的证明确定。受害人因伤致残持续误工的，误工时间可以计算至定残日前 1 天。受害人有固定收入的，误工费按照实际减少的收入计算。受害人无固定收入的，按照其最近 3 年的平均收入计算；受害人不能举证证明其最近 3 年的平均收入状况的，可以参照受诉法院所在地相同或者相近行业上一年度职工的平均工资计算。

4. 交通费　交通费根据受害人及其必要的陪护人员因就医或者转院治疗实际发

生的费用计算。交通费应当以正式票据为凭；有关凭据应当与就医地点、时间、人数、次数相符合。

5. 住院伙食补助费及住宿费　住院伙食补助费可以参照当地国家机关一般工作人员的出差伙食补助标准予以确定。受害人确有必要到外地治疗，因客观原因不能住院，受害人本人及其陪护人员实际发生的住宿费和伙食费，其合理部分应予赔偿。

6. 营养费　营养费根据受害人伤残情况参照医疗机构的意见确定。

7. 残疾赔偿金　残疾赔偿金根据受害人丧失劳动能力程度或者伤残等级，按照受诉法院所在地上一年度城镇居民人均可支配收入或者农村居民人均纯收入标准，自定残之日起按20年计算。但60周岁以上的，年龄每增加1岁减少1年；75周岁以上的，按5年计算。受害人因伤致残但实际收入没有减少，或者伤残等级较轻但造成职业妨害，严重影响其劳动就业的，可以对残疾赔偿金作相应调整。

8. 残疾辅助器具费　残疾辅助器具费按照普通适用器具的合理费用标准计算。伤情有特殊需要的，可以参照辅助器具配制机构的意见确定相应的合理费用标准。辅助器具的更换周期和赔偿期限参照配制机构的意见确定。

9. 丧葬费　丧葬费按照受诉法院所在地上一年度职工月平均工资标准，以6个月总额计算。

10. 死亡赔偿金　死亡赔偿金按照受诉法院所在地上一年度城镇居民人均可支配收入或者农村居民人均纯收入标准，按20年计算。但60周岁以上的，年龄每增加1岁减少1年；75周岁以上的，按5年计算。

第二节　医疗事故概述

一、医疗事故的概念

医疗事故是指医疗机构及医务人员在医疗活动中，违反卫生管理法律、行政法规、部门规章和诊疗护理规范、常规，过失造成患者人身损害的事故。医疗事故是个具有行政色彩的概念，是《医疗事故处理条例》中特指的一类医疗损害责任。

二、医疗事故的构成要件

构成要件是“法律构成要件”的简称，是指一定法律效果发生的前提条件。医疗事故的构成要件至少应当包括以下几方面的内容。

（一）主体要件

医疗事故的责任主体必须是医疗机构及其医务人员。医疗机构是指依照《医疗机构管理条例》的规定，取得医疗机构执业许可证的机构。医务人员是依法考核合格并经卫生行政机关批准或承认，取得相关资格的各级各类卫生技术人员。凡未经卫生行政部门批准的机构或者个人开展诊疗活动造成患者人身损害的非法行医行为，不受《医疗事故处理条例》的调整。

（二）行为违法性要件

医疗机构及其医务人员的诊疗行为违反了医疗卫生管理法律、行政法规、部门规章及诊疗护理规范与常规。医疗事故中认定的违法性，主要是指行为人违反了诊疗护理规章制度和技术操作规范。

（三）主观过错要件

医疗事故在主观上要求行为人存在过失，即医务人员应当预见自己的行为可能产生造成患者人身损害的后果，因为疏忽大意未能预见或者已经预见而轻信能够避免的心理态度。

（四）损害结果要件

医疗行为构成医疗事故不仅要求行为存在过错，过失行为同时必须造成患者人身损害的后果，如果仅有过失，尚未造成患者人身损害后果的，并不构成医疗事故。

（五）因果关系构成要件

责任主体的违法过失行为与患者的损坏后果之间存在因果联系，这是判定是否属于医疗事故的一个重要方面。虽然存在过失行为，但是并没有给患者造成损害后果，这种情况不应该被视为医疗事故；虽然存在损害后果，但是医疗机构和医务人员并没有过失行为，也不能判定为医疗事故。这种因果关系的判定，还关系到追究医疗机构和医务人员的责任，确定对患者的具体赔偿数额等。

三、医疗事故的分级

根据对患者人身造成的损害程度，医疗事故分为四级。

一级医疗事故：造成患者死亡、重度残疾的。

二级医疗事故：造成患者中度残疾、器官组织损伤导致严重功能障碍的。

三级医疗事故：造成患者轻度残疾、器官组织损伤导致一般功能障碍的。

四级医疗事故：造成患者明显人身损害的其他后果的。

为了科学划分医疗事故等级，正确处理医疗事故争议，保护患者和医疗机构及其医务人员的合法权益，根据《医疗事故处理条例》，2002 年 7 月 19 日，原卫生部通过了《医疗事故分级标准（试行）》。该标准要求专家鉴定组在进行医疗事故技术鉴定、卫生行政部门在判定重大医疗过失行为是否为医疗事故、医疗事故争议双方当事人在协商解决医疗事故争议时，应当按照标准确定的基本原则和实际情况具体判定医疗事故的等级。同时，该标准例举了医疗事故中常见的造成患者人身损害后果的情形，并确定医疗事故一级乙等至三级戊等对应伤残等级一至十级的标准。

四、不属于医疗事故的情形

由于医疗活动是一种高风险的活动，疾病本身的复杂性以及患者体质上的差异，仍然有许多疾病是目前医学技术所不能解决的，而且在医疗活动中，某些疾病的不良后果的出现是无法预见的。因此，《医疗事故处理条例》规定，有下列情形之一的，不属于医疗事故：① 在紧急情况下为抢救垂危患者生命而采取紧急医学措施造成不良后果的。② 在医疗活动中由于患者病情异常或者患者体质特殊而发生医疗意外的。③ 在现有医学科学技术条件下，发生无法预料或者不能防范的不良后果的。④ 无过错输血感染造成不良后果的。⑤ 因患方原因延误诊疗导致不良后果的。⑥ 因不可抗力造成不良后果的。

第三节 医疗事故的预防与处置

一、医疗事故的预防

医疗事故要防患于未然。医疗事故预防的主要措施有：① 医疗机构及其医务人员在医疗活动中，必须严格遵守医疗卫生管理法律、行政法规、部门规章和诊疗护理规范、常规，恪守医疗服务职业道德，才能保证医疗质量，保障医疗安全，防止医疗事故的发生。② 医疗机构应当经常对其医务人员进行医疗卫生管理法律、行政法规、部门规章和诊疗护理规范、常规的培训和医疗服务职业道德教育。③ 医疗机构应当设置医疗服务质量监控部门或者配备专（兼）职人员，具体负责监督本医疗机构医务人员的医疗服务工作，检查医务人员执业情况，接受患者对医疗服务的投诉，预防医疗事故的发生。④ 医疗机构应当制定防范、处理医疗事故的预案，预防医疗事故的发生，减轻医疗事故的损害。⑤ 在医疗活动中，医疗机构及其医务人员应当将患者的病情、医疗措施、医疗风险等如实告知患者，及时解答其咨询，但是，应当避免对患者产生不利后果。

二、医疗事故处理的原则

（一）公开原则

公开原则要求负责医疗事故争议处理的部门和单位公开医疗事故争议处理活动，让医疗事故争议的当事人了解医疗事故争议处理的法律依据、事实依据、处理过程以及处理结果。

（二）公平原则

公平首先体现在医患双方在处理过程中的地位平等，任何一方没有额外的特权。其次，体现在权利与义务的统一，双方在事故处理过程中享有相同的权利，承担同等的义务。再次，在适用法律上必须体现公平，不能针对同一个争议事实对医患双方适用不同的法律。

（三）公正原则

公正原则要求医疗事故处理机构应当正确适用法律，包括程序公正和实体公正。程序上的公正是保证实体公正的前提。实体上的公正，就是证据适用和法律适用的公正。在处理医疗事故争议时，必须按照法律法规的规定搜集证据，并在证据的基础上适用法律法规规定的相应条款。只有如此，才能保证正确处理。

（四）及时原则

及时原则要求医疗事故处理部门应当按照规定的程序，在规定的时限内及时处理医疗事故争议,不得无故推诿,拖延办理。

(五) 便民原则

便民原则要求医疗事故处理部门和单位应当简化手续、减少环节、方便群众、强化服务,在医疗事故争议处理过程中尽量为医患双方当事人提供方便。

三、医疗事故的处理程序

(一) 医疗事故的报告

医务人员在医疗护理活动中有下列情形的,应当立即向所在科室负责人报告:① 发生或者发现医疗事故。② 可能引起医疗事故的医疗过失行为。③ 可能发生医疗事故争议。科室负责人接到报告后应当及时向本医疗机构负责医疗服务质量监控的部门或者专(兼)职人员报告。负责医疗服务质量监控的部门或者专(兼)职人员接到报告后,应当立即进行调查、核实,将有关情况如实向本医疗机构的负责人报告,并向患者通报、解释。

发生医疗事故的,医疗机构应当按照规定向所在地卫生行政部门报告。发生下列重大医疗过失行为的,医疗机构应当在 12 h 内向所在地卫生行政部门报告:① 导致患者死亡或者可能为二级以上的医疗事故。② 导致 3 人以上人身损害后果。③ 国务院卫生行政部门和省、自治区、直辖市人民政府卫生行政部门规定的其他情形。

发生或者发现医疗过失行为,医疗机构及其医务人员应当立即采取有效措施,避免或者减轻对患者身体健康的损害,防止损害扩大。

(二) 病历资料和现场实物的封存

医疗机构应当按照国务院卫生行政部门规定的要求,书写并妥善保管病历资料。因抢救急危患者,未能及时书写病历的,有关医务人员应当在抢救结束后 6 h 内据实补记,并加以注明。严禁涂改、伪造、隐匿、销毁或者抢夺病历资料。发生医疗事故争议时,死亡病例讨论记录、疑难病例讨论记录、上级医师查房记录、会诊意见、病程记录应当在医患双方在场的情况下封存和启封。封存的病历资料可以是复印件,由医疗机构保管。

疑似输液、输血、注射、药物等引起不良后果的,医患双方应当共同对现场实物进行封存和启封,封存的现场实物由医疗机构保管;需要检验的,应当由双方共同指定的、依法具有检验资格的检验机构进行检验;双方无法共同指定时,由卫生行政部门指定。

疑似输血引起不良后果,需要对血液进行封存保留的,医疗机构应当通知提供该血液的采供血机构派员到场。

(三) 尸检

患者死亡,医患双方当事人不能确定死因或者对死因有异议的,应当在患者死亡后 48 h 内进行尸检;具备尸体冻存条件的,可以延长至 7 日。尸检应当经死者近亲属同意并签字。

尸检应当由按照国家有关规定取得相应资格的机构和病理解剖专业技术人员进

行。承担尸检任务的机构和病理解剖专业技术人员有进行尸检的义务。医疗事故争议双方当事人可以请法医病理学人员参加尸检,也可以委派代表观察尸检过程。拒绝或者拖延尸检,超过规定时间,影响对死因判定的,由拒绝或者拖延的一方承担责任。

患者在医疗机构内死亡的,尸体应当立即移放太平间。死者尸体存放时间一般不得超过 2 周。逾期不处理的尸体,经医疗机构所在地卫生行政部门批准,并报经同级公安部门备案后,由医疗机构按照规定进行处理。

(四) 病历资料的复印

患者有权复印或者复制其门诊病历、住院志、体温单、医嘱单、化验单(检验报告)、医学影像检查资料、特殊检查同意书、手术同意书、手术及麻醉记录单、病理资料、护理记录以及国务院卫生行政部门规定的其他病历资料。

患者依照规定要求复印或者复制病历资料的,医疗机构应当提供复印或者复制服务并在复印或者复制的病历资料上加盖证明印记。复印或者复制病历资料时,应当有患者在场。

医疗机构应患者的要求,为其复印或者复制病历资料,可以按照规定收取工本费。具体收费标准由省、自治区、直辖市人民政府价格主管部门会同同级卫生行政部门确定。

四、医疗事故争议的解决途径

发生医疗事故争议的,医患双方可以协商解决,不愿意协商或者协商不成的,当事人可以向卫生行政部门提出申请,也可以直接向人民法院提起诉讼。

(一) 医患双方协商解决

发生医疗事故,医患双方可以在平等、自愿、合法的基础上,就医疗事故争议事项进行协商、谈判。

协商的内容主要包括:① 事故是否属于医疗事故,双方若认为需要可以共同委托医学会进行鉴定,如果双方认为事实清楚的,也可以自己认定。② 民事责任承担的方式和赔偿的具体数额、给付的方式和时限等。③ 与医疗事故的赔偿等民事责任争议有关的其他事项,如患者的善后处理、尸体的处理以及协议后对双方权利义务产生的影响。

医患双方经协商达成一致调解意见的,应当制作协议书。协议书应当包括双方当事人的基本情况、医疗事故的原因与等级、确定的具体赔偿数额及给付时间与方式、协议生效后对双方权利义务的影响等事项。协议书应当由双方当事人共同签名确认。患者是无民事行为能力或限制民事行为能力人的,应由患者的监护人或法定代理人签字;如果患者已经死亡或者丧失意识,应当由其近亲属代为签字。

(二) 医疗事故的行政处理

卫生行政部门接到医疗机构关于重大医疗过失行为的报告后,除责令医疗机构及时采取必要的医疗救治措施,防止损害后果扩大外,应当组织调查,判定是否属于医疗事故;对不能判定是否属于医疗事故的,应当依照《医疗事故处理条例》的有关规定交由负责医疗事故技术鉴定工作的医学会组织鉴定。

发生医疗事故争议，当事人申请卫生行政部门处理的，应当提出书面申请。申请书应当载明申请人的基本情况、有关事实、具体请求及理由等。当事人自知道或者应当知道其身体健康受到损害之日起1年内，可以向卫生行政部门提出医疗事故争议处理申请。当事人申请卫生行政部门处理的，由医疗机构所在地的县级人民政府卫生行政部门受理。医疗机构所在地是直辖市的，由医疗机构所在地的区、县人民政府卫生行政部门受理。有下列情形之一的，县级人民政府卫生行政部门应当自接到医疗机构的报告或者当事人提出医疗事故争议处理申请之日起7日内移送上一级人民政府卫生行政部门处理：① 患者死亡。② 可能为二级以上的医疗事故。③ 国务院卫生行政部门和省、自治区、直辖市人民政府卫生行政部门规定的其他情形。

卫生行政部门应当自收到医疗事故争议处理申请之日起10日内进行审查，作出是否受理的决定。对符合《医疗事故处理条例》规定，予以受理，需要进行医疗事故技术鉴定的，应当自作出受理决定之日起5日内将有关材料交由负责医疗事故技术鉴定工作的医学会组织鉴定并书面通知申请人；对不符合《医疗事故处理条例》规定，不予受理的，应当书面通知申请人并说明理由。当事人对首次医疗事故技术鉴定结论有异议，申请再次鉴定的，卫生行政部门应当自收到申请之日起7日内交由省、自治区、直辖市地方医学会组织再次鉴定。

对已确定为医疗事故的，卫生行政部门可以根据当事人的申请，主持对医疗事故赔偿问题的调解。调解时，应遵循当事人自愿的原则，并依据《医疗事故处理条例》的规定计算赔偿数额。经调解，双方当事人就赔偿数额达成协议的，制作调解书，双方当事人应当自觉履行。调解不成或者经调解达成协议后一方反悔的，卫生行政部门不再受理。

当事人既向卫生行政部门提出医疗事故争议处理申请，又向人民法院提起诉讼的，卫生行政部门不予受理；卫生行政部门已经受理的，应当终止处理。

（三）诉讼解决

医疗事故争议的民事诉讼，是医疗事故争议的当事人在人民法院的主持下和其他诉讼参与人的配合下，为解决医疗事故争议，依照民事诉讼程序所进行的全部活动。诉讼体现国家对民事活动的干预，具有强制性、终局性、权威性，是解决医疗事故争议的最有力程序。

第四节　医疗事故的技术鉴定

一、医疗事故的技术鉴定机构

医疗事故技术鉴定由负责医疗事故技术鉴定工作的医学会组织专家鉴定组进行。设区的市级地方医学会和省、自治区、直辖市直接管辖的县（市）地方医学会负责组织首次医疗事故技术鉴定工作。省、自治区、直辖市地方医学会负责组织再次鉴定工作。

必要时，中华医学会可以组织疑难、复杂并在全国有重大影响的医疗事故争议的技术鉴定工作。

二、医疗事故的技术鉴定的提起

卫生行政部门接到医疗机构关于重大医疗过失行为的报告或者医疗事故争议当事人要求处理医疗事故争议的申请后，对需要进行医疗事故技术鉴定的，应当交由负责医疗事故技术鉴定工作的医学会组织鉴定；医患双方协商解决医疗事故争议，需要进行医疗事故技术鉴定的，由双方当事人共同委托负责医疗事故技术鉴定工作的医学会组织鉴定。当事人对首次医疗事故技术鉴定结论不服的，可以自收到首次鉴定结论之日起 15 日内，向医疗机构所在地卫生行政部门提出再次鉴定的申请。

三、专家库的建立

负责组织医疗事故技术鉴定工作的医学会应当建立专家库。专家库由具备下列条件的医疗卫生专业技术人员组成：① 有良好的业务素质和执业品德。② 受聘于医疗卫生机构或者医学教学、科研机构并担任相应专业高级技术职务 3 年以上。有良好的业务素质和执业品德并具备高级技术任职资格的法医可以受聘进入专家库。负责组织医疗事故技术鉴定工作的医学会依照规定聘请医疗卫生专业技术人员和法医进入专家库，可以不受行政区域的限制。符合规定条件的医疗卫生专业技术人员和法医有义务受聘进入专家库，并承担医疗事故技术鉴定工作。

四、医疗事故的技术鉴定程序和方法

（一）双方当事人提交进行医疗事故鉴定所需材料

负责组织医疗事故技术鉴定工作的医学会应当自受理医疗事故技术鉴定之日起 5 日内通知医疗事故争议双方当事人提交进行医疗事故技术鉴定所需的材料。当事人应当自收到医学会的通知之日起 10 日内提交有关医疗事故技术鉴定的材料、书面陈述及答辩。

医疗机构提交的有关医疗事故技术鉴定的材料应当包括下列内容：① 住院患者的病程记录、死亡病例讨论记录、疑难病例讨论记录、会诊意见、上级医师查房记录等病历资料原件。② 住院患者的住院志、体温单、医嘱单、化验单（检验报告）、医学影像检查资料、特殊检查同意书、手术同意书、手术及麻醉记录单、病理资料、护理记录等病历资料原件。③ 抢救急危患者，在规定时间内补记的病历资料原件。④ 封存保留的输液、注射用物品和血液、药物等实物，或者依法具有检验资格的检验机构对这些物品、实物作出的检验报告。⑤ 与医疗事故技术鉴定有关的其他材料。

在医疗机构建有病历档案的门诊、急诊患者，其病历资料由医疗机构提供；没有在医疗机构建立病历档案的，由患者提供。医患双方应当依照规定提交相关材料。医疗机构无正当理由未依照规定如实提供相关材料，导致医疗事故技术鉴定不能进行的，应当承担责任。

(二) 抽取参加医疗事故技术鉴定相关专业的专家

参加医疗事故技术鉴定的相关专业的专家，由医患双方在医学会主持下从专家库中随机抽取。在特殊情况下，医学会根据医疗事故技术鉴定工作的需要，可以组织医患双方在其他医学会建立的专家库中随机抽取相关专业的专家参加鉴定或者函件咨询。专家鉴定组进行医疗事故技术鉴定，实行合议制。专家鉴定组人数为单数，涉及的主要学科的专家一般不得少于鉴定组成员的 1/2；涉及死因、伤残等级鉴定的，并应当从专家库中随机抽取法医参加专家鉴定组。专家鉴定组成员有下列情形之一的，应当回避，当事人也可以以口头或者书面的方式申请其回避：① 是医疗事故争议当事人或者当事人的近亲属的。② 与医疗事故争议有利害关系的。③ 与医疗事故争议当事人有其他关系，可能影响公正鉴定的。

(三) 调查取证、听取陈述及答辩并进行核实

负责组织医疗事故技术鉴定工作的医学会应当自接到当事人提交的有关医疗事故技术鉴定的材料、书面陈述及答辩之日起 45 日内组织鉴定并出具医疗事故技术鉴定书。负责组织医疗事故技术鉴定工作的医学会可以向双方当事人调查取证。专家鉴定组应当认真审查双方当事人提交的材料，听取双方当事人的陈述及答辩并进行核实。双方当事人应当按照规定如实提交进行医疗事故技术鉴定所需要的材料，并积极配合调查。当事人任何一方不予配合，影响医疗事故技术鉴定的，由不予配合的一方承担责任。

专家鉴定组依照医疗卫生管理法律、行政法规、部门规章和诊疗护理规范、常规，运用医学科学原理和专业知识，独立进行医疗事故技术鉴定，对医疗事故进行鉴别和判定，为处理医疗事故争议提供医学依据。任何单位或者个人不得干扰医疗事故技术鉴定工作，不得威胁、利诱、辱骂、殴打专家鉴定组成员。专家鉴定组成员不得接受双方当事人的财物或者其他利益。

五、医疗事故的技术鉴定结论

专家鉴定组应当在事实清楚、证据确凿的基础上，综合分析患者的病情和个体差异，作出鉴定结论，并制作医疗事故技术鉴定书。鉴定结论以专家鉴定组成员的过半数通过。鉴定过程应当如实记载。医疗事故技术鉴定书应当包括下列主要内容：① 双方当事人的基本情况及要求。② 当事人提交的材料和负责组织医疗事故技术鉴定工作的医学会的调查材料。③ 对鉴定过程的说明。④ 医疗行为是否违反医疗卫生管理法律、行政法规、部门规章和诊疗护理规范、常规。⑤ 医疗过失行为与人身损害后果之间是否存在因果关系。⑥医疗过失行为在医疗事故损害后果中的责任程度。⑦ 医疗事故等级。⑧ 对医疗事故患者的医疗护理医学建议。

六、医疗事故的技术鉴定费用

医疗事故技术鉴定可以收取鉴定费用。经鉴定，属于医疗事故的，鉴定费用由医疗机构支付；不属于医疗事故的，鉴定费用由提出医疗事故处理申请的一方支付。鉴定费用标准由省、自治区、直辖市人民政府价格主管部门会同同级财政部门、卫生行政

部门确定。

第五节 医疗事故的法律责任

发生医疗事故后，医疗机构应当承担相应的行政责任，还应当向患者承担民事赔偿责任，情节严重的，甚至会追究相关人员的刑事责任。

一、医疗机构及其医务人员承担的行政责任

医疗机构发生医疗事故的，由卫生行政部门根据医疗事故等级和情节，给予警告；情节严重的，责令限期停业整顿直至由原发证部门吊销执业许可证；负有责任的医务人员尚不够刑事处罚的，依法给予行政处分或者纪律处分。

对发生医疗事故的有关医务人员，除依照前款处罚外，卫生行政部门并可以责令暂停6个月以上1年以下执业活动；情节严重的，吊销其执业证书。

医疗机构违反《医疗事故处理条例》的规定，有下列情形之一的，由卫生行政部门责令改正；情节严重的，对负有责任的主管人员和其他直接责任人员依法给予行政处分或者纪律处分：① 未如实告知患者病情、医疗措施和医疗风险的。② 没有正当理由，拒绝为患者提供复印或者复制病历资料服务的。③ 未按照国务院卫生行政部门规定的要求书写和妥善保管病历资料的。④ 未在规定时间内补记抢救工作病历内容的。⑤ 未按照规定封存、保管和启封病历资料和实物的。⑥ 未设置医疗服务质量监控部门或者配备专（兼）职人员的。⑦ 未制定有关医疗事故防范和处理预案的。⑧ 未在规定时间内向卫生行政部门报告重大医疗过失行为的。⑨ 未按照规定向卫生行政部门报告医疗事故的。⑩ 未按照规定进行尸检和保存、处理尸体的。

医疗机构或者其他有关机构违反规定，有下列情形之一的，由卫生行政部门责令改正，给予警告；对负有责任的主管人员和其他直接责任人员依法给予行政处分或者纪律处分；情节严重的，由原发证部门吊销其执业证书或者资格证书：① 承担尸检任务的机构没有正当理由，拒绝进行尸检的。② 涂改、伪造、隐匿、销毁病历资料的。

二、医疗机构对患者的民事赔偿责任

（一）医疗事故赔偿考虑因素

医疗事故赔偿应当考虑下列因素，确定具体赔偿数额。

1. 医疗事故等级。

2. 医疗过失行为在医疗事故损害后果中的责任程度。

3. 医疗事故损害后果与患者原有疾病状况之间的关系。

（二）医疗事故赔偿项目和标准

医疗事故赔偿按照下列项目和标准计算。

1. 医疗费 按照医疗事故对患者造成的人身损害进行治疗所发生的医疗费用计算，凭据支付，但不包括原发病医疗费用。结案后确实需要继续治疗的，按照基本医疗

费用支付。

2. 误工费　患者有固定收入的，按照本人因误工减少的固定收入计算，对收入高于医疗事故发生地上一年度职工年平均工资3倍以上的，按照3倍计算；无固定收入的，按照医疗事故发生地上一年度职工年平均工资计算。

3. 住院伙食补助费　按照医疗事故发生地国家机关一般工作人员的出差伙食补助标准计算。

4. 陪护费　患者住院期间需要专人陪护的，按照医疗事故发生地上一年度职工年平均工资计算。

5. 残疾生活补助费　根据伤残等级，按照医疗事故发生地居民年平均生活费计算，自定残之月起最长赔偿30年；但是，60周岁以上的，不超过15年；70周岁以上的，不超过5年。

6. 残疾用具费　因残疾需要配置补偿功能器具的，凭医疗机构证明，按照普及型器具的费用计算。

7. 丧葬费　按照医疗事故发生地规定的丧葬费补助标准计算。

8. 被扶养人生活费　以死者生前或者残疾者丧失劳动能力前实际扶养且没有劳动能力的人为限，按照其户籍所在地或者居所地居民最低生活保障标准计算。对不满16周岁的，扶养到16周岁。对年满16周岁但无劳动能力的，扶养20年；但是，60周岁以上的，不超过15年；70周岁以上的，不超过5年。

9. 交通费　按照患者实际必需的交通费用计算，凭据支付。

10. 住宿费　按照医疗事故发生地国家机关一般工作人员的出差住宿补助标准计算，凭据支付。

11. 精神损害抚慰金　按照医疗事故发生地居民年平均生活费计算。造成患者死亡的，赔偿年限最长不超过6年；造成患者残疾的，赔偿年限最长不超过3年。

参加医疗事故处理的患者近亲属所需交通费、误工费、住宿费，参照上述有关规定计算，计算费用的人数不超过2人。医疗事故造成患者死亡的，参加丧葬活动的患者的配偶和直系亲属所需交通费、误工费、住宿费，参照《医疗事故处理条例》第五十条的有关规定计算，计算费用的人数不超过2人。

医疗事故赔偿费用实行一次性结算，由承担医疗事故责任的医疗机构支付。

三、刑事责任

医疗事故发生后，对负有责任的医务人员依照《中华人民共和国刑法》（以下简称《刑法》）关于医疗事故罪的规定，依法追究刑事责任。《刑法》第三百三十五条规定，医务人员由于严重不负责任，造成就诊人死亡或者严重损害就诊人身体健康的，处3年以下有期徒刑或者拘役。

四、卫生行政部门及其他人员的法律责任

卫生行政部门的工作人员在处理医疗事故过程中违反规定，利用职务上的便利收

受他人财物或者其他利益，滥用职权，玩忽职守，或者发现违法行为不予查处，造成严重后果的，依照《刑法》关于受贿罪、滥用职权罪、玩忽职守罪或者其他有关罪的规定，依法追究刑事责任；尚不够刑事处罚的，依法给予降级或者撤职的行政处分。

卫生行政部门违反规定，有下列情形之一的，由上级卫生行政部门给予警告并责令限期改正；情节严重的，对负有责任的主管人员和其他直接责任人员依法给予行政处分：① 接到医疗机构关于重大医疗过失行为的报告后，未及时组织调查的。② 接到医疗事故争议处理申请后，未在规定时间内审查或者移送上一级人民政府卫生行政部门处理的。③ 未将应当进行医疗事故技术鉴定的重大医疗过失行为或者医疗事故争议移交医学会组织鉴定的。④ 未按照规定逐级将当地发生的医疗事故以及依法对发生医疗事故的医疗机构和医务人员的行政处理情况上报的。⑤ 未依照规定审核医疗事故技术鉴定书的。

参加医疗事故技术鉴定工作的人员违反规定，接受申请鉴定双方或者一方当事人的财物或者其他利益，出具虚假医疗事故技术鉴定书，造成严重后果的，依照《刑法》关于受贿罪的规定，依法追究刑事责任；尚不够刑事处罚的，由原发证部门吊销其执业证书或者资格证书。

以医疗事故为由，寻衅滋事、抢夺病历资料，扰乱医疗机构正常医疗秩序和医疗事故技术鉴定工作，依照《刑法》关于扰乱社会秩序罪的规定，依法追究刑事责任；尚不够刑事处罚的，依法给予治安管理处罚。

小结

- 医疗损害和医疗事故处理法律制度
  - 医疗损害责任概述
    - 医疗纠纷
    - 医疗损害责任概念及其法律特征
    - 医疗损害责任的归责原则及举证责任
    - 医疗损害责任的免责事由
    - 医疗损害责任的鉴定
    - 医疗损害责任的赔偿
  - 医疗事故概述
    - 医疗事故的概念
    - 医疗事故的构成要件
    - 医疗事故的分级
    - 不属于医疗事故的情形
  - 医疗事故的预防与处置
    - 医疗事故的预防
    - 医疗事故处理的原则
    - 医疗事故的处理程序
    - 医疗事故争议的解决途径
  - 医疗事故的技术鉴定
    - 医疗事故的技术鉴定机构
    - 医疗事故的技术鉴定的提起
    - 专家库的建立
    - 医疗事故的技术鉴定程序和方法
    - 医疗事故的技术鉴定结论
  - 医疗事故的法律责任
    - 医疗机构及其医务人员承担的行政责任
    - 医疗机构对患者的民事赔偿责任
    - 刑事责任
    - 卫生行政部门及其他人员的法律责任

案例分析

2004年5月3日，家住黑龙江省齐齐哈尔市建华区的陈某到齐齐哈尔市龙沙区某医院妇科准备生产。由于陈某曾经于4月14日在中国人民解放军203医院做了一次B超检查，该B超单提示一切均正常，因此医生们在对陈某进行正常的检查后，未发现临产过程有什么异常以及胎儿宫内窘迫现象，所以也没有再为其做B超检查，只是告诉她住在医院中等待生产。

2004年5月4日晚，陈某感觉腹部开始出现不规律的疼痛，在医生们的指点下走进分娩室后，负责接生的医生突然发现其腹中的胎儿竟然是左枕横位，而且脐带绕颈一周，值班医生为其进行了侧切术，但她在坚持了6小时后也未能完成生产。这种情况下，医生便准备使用胎头器助产，但因胎头吸引器没有负压，根本无法使用，因此用胎头吸引器助产也失败。值班医生万般无奈之下只好向主任汇报，约15 min后，妇科主任终于出现在分娩室内，主任采用手法旋转胎头后，使用产钳进行助产，终于一次拉产钳成功，一名全身青紫的小女婴终于产出，此时已是2004年5月5日7:50左右。最终，新生女婴因吸入性肺炎，缺氧缺血性脑病，呼吸衰竭抢救无效，于20:10左右死亡。

【思考】

1. 本案是否构成医疗事故？
2. 身心受到极大伤害的父母可否获得相应的赔偿？

（王翠玲　吴福林）

附录　主要参考法律法规目录

1.《中华人民共和国宪法》
2.《中华人民共和国民法通则》
3.《中华人民共和国刑法》
4.《中华人民共和国行政复议法》
5.《中华人民共和国行政处罚法》
6.《中华人民共和国执业医师法》
7.《中华人民共和国传染病防治法》
8.《中华人民共和国职业病防治法》
9.《中华人民共和国母婴保健法》
10.《中华人民共和国药品管理法》
11.《中华人民共和国献血法》
12.《中华人民共和国母婴保健法实施办法》
13.《护士条例》
14.《护士注册管理办法》
15.《乡村医生从业管理条例》
16.《执业药师资格制度暂行规定》
17.《执业药师继续教育管理暂行办法》
18.《外国医师来华短期行医暂行管理办法》
19.《放射工作人员职业健康管理办法》
20.《放射性同位素与射线装置安全和防护条例》
21.《艾滋病防治条例》
22.《全国医院工作条例》
23.《疫苗流通和预防接种管理条例》
24.《性病防治管理办法》
25.《结核病管理办法》
26.《中华人民共和国突发事件应对法》
27.《血站管理办法》
28.《医疗器械监督管理条例》
29.《医疗事故处理条例》

参考文献

[1] 杨芳,杨才宽.卫生法学.合肥:中国科技大学出版社,2007.
[2] 梁万年.卫生事业管理学.北京:人民卫生出版社,2007.
[3] 金新政.卫生信息管理系统.北京:人民卫生出版社,2009.
[4] 樊立华.卫生法规与监督学.北京:人民卫生出版社,2007.
[5] 姜小鹰.护士条例与护士守则问答读本.北京:人民卫生出版社,2009.
[6] 李淑迦.护理与法.北京:北京大学医学出版社,2008.
[7] 樊立华.卫生法学概论.北京:人民卫生出版社,2005.
[8] 刘义兰,赵光红.护理法律与病人安全.北京:人民卫生出版社,2009.
[9] 杨健,刘颖.如何获取医疗损害赔偿.北京:法律出版社,2007.
[10] 达庆东,徐青松.护理法导论.上海:复旦大学出版社,2009.
[11] 汪峰.卫生法律法规.北京:人民卫生出版社,2007.
[12] 徐天强.卫生行政处罚立案证据标准与法律适用.上海:上海交通大学出版社,2010.
[13] 李建光.卫生法律法规.北京:人民卫生出版社,2004.
[14] 田侃.卫生法规.长沙:湖南科学技术出版社,2009.
[15] 郑平安.卫生法学.2版.北京:科学出版社,2010.
[16] 陈瑶,田侃.卫生法学.北京:科学出版社,2010.
[17] 翟晓璞,王倩嵘.卫生法律教程.上海:第二军医大学出版社,2012.
[18] 王玉莲.卫生法与医疗纠纷案例.太原:山西出版集团·山西科学技术出版社,2007.
[19] 张琳琳,刘岩.卫生法规(供乡村医生培训用).北京:中国中医药出版社,2010.
[20] 宋文质,孙东东.卫生法学.北京:北京大学医学出版社,2002.
[21] 达庆东.卫生法学纲要.2版.上海:上海医科大学出版社,2000.
[22] 李长征.卫生法学教程.北京:人民卫生出版社,2003.
[23] 李中琳.医学伦理学与卫生法学.北京:人民军医出版社,2005.
[24] 卫生部卫生法律与监督司.卫生法立法研究.北京:法制出版社,2003.
[25] 赵同刚.卫生法.北京:人民卫生出版社,2006.
[26] 王岳.医事法.北京:对外经济贸易大学出版社,2010.
[27] 王传益,孙晓金.最新医疗事故认定与法律处理实务全书.北京:中国物价出版社,1999.

高等职业教育护理专业教学资源库平台使用说明

1. 登录 www.cchve.com.cn，在专业列表中选择“护理专业”。

2. 自行注册账号，登录后可看到相关课程及资源，还可进入课程中心进行选课。